NOUVEAUX ESSAIS

DE

CRITIQUE PHILOSOPHIQUE

DU MÊME AUTEUR

Dictionnaire des sciences philosophiques; 2º édition. 1 très fort volume grand in-8, broché............	35 fr.	»
Esquisse d'une histoire de la logique. 1 vol. in-8.....	3 fr.	»
La Kabbale. 1 vol. in-8............................	7 fr.	50
La certitude. 1 vol. in-8...........................	8 fr.	»
Études orientales. 1 vol. in-8......................	7 fr.	50
Réformateurs et publicistes de l'Europe. 2 vol. in-8.	7 fr.	50
Philosophie et religion. 1 vol. in-8.................	7 fr.	50
Moralistes et philosophes. 1 vol. in-8..............	7 fr.	50
Philosophes modernes. 1 vol. in-16.................	3 fr.	50
Philosophie du droit pénal. 1 vol. in-16............	2 fr.	50
Philosophie du droit civil. 1 vol. in-8..............	5 fr.	«
Philosophie du droit ecclésiastique. 1 vol. in-16....	2 fr.	50
Le mysticisme en France au XVIIIᵉ siècle. 1 vol. in-16...	2 fr.	50
La vraie et la fausse égalité. Brochure.............	»	25
La morale pour tous. 1 vol. in-16..................	1 fr.	50
L'idée de Dieu dans l'humanité, 1 brochure in-8....	1 fr.	»
Essais de critique philosophique. 1 vol. in-16......	3 fr.	50

COULOMMIERS. — Imp. P. BRODARD et GALLOIS.

NOUVEAUX ESSAIS

DE

CRITIQUE PHILOSOPHIQUE

PAR

AD. FRANCK

MEMBRE DE L'INSTITUT
PROFESSEUR HONORAIRE AU COLLÈGE DE FRANCE

PARIS
LIBRAIRIE HACHETTE ET Cie
79, BOULEVARD SAINT-GERMAIN, 79

1890

Droits de traduction et de reproduction réservés.

AVANT-PROPOS

L'accueil qu'ont reçu, en 1885, d'un public d'élite, mes *Essais de critique philosophique*, m'encourage à offrir aujourd'hui aux amis de la philosophie et des études sérieuses un livre du même genre. Dans les nouveaux essais de critique philosophique, comme dans les anciens, la critique tient la première place sans amoindrir celle qui appartient à l'histoire et à la doctrine. Toute pensée philosophique, sous quelque forme qu'on la présente, se compose nécessairement de ces trois éléments. On les trouve réunis aussi bien dans ces constructions générales qui affectent l'unité indivisible et les allures hautaines d'un système que dans les œuvres fragmentaires où chaque question, sans se perdre dans l'isolement, est étudiée en elle-même, sans parti pris, sans idée préconçue. Aucun des problèmes qui se rapportent à la nature morale et intellectuelle de l'homme ou au principe universel des choses, n'est absolument nouveau. Tous remontent à l'origine même de la société et de la parole. Tous ont donc un passé, tous ont donné lieu à des solutions plus ou moins acceptables. Ce passé, il faut le connaître, ces solutions, il faut les discuter, quand on veut entreprendre à nouveau ou simplement continuer l'œuvre des générations qui nous ont précédés. Quelques philosophes de génie se sont affranchis de ce travail; mais qui oserait soutenir que même les hommes de génie n'aient pas beaucoup perdu à ignorer ou à mépriser leurs devanciers?

Les morceaux dont se compose le présent volume, étroitement reliés entre eux par un même esprit, une même méthode, un même respect de la vérité historique, un même amour de la vérité dogmatique, se rapportent tous, directement ou indirectement, à un petit nombre de sujets qui, malgré les dénégations du positivisme, n'ont jamais cessé et ne cesseront jamais de préoccuper et de passionner l'humanité : la métaphysique, la morale, le droit, l'origine et le rôle de la religion. Le « Nouveau Spiritualisme » de M. Vacherot donne lieu à la discussion des plus graves et des plus délicats problèmes non seulement de la métaphysique, mais de la philosophie de la nature et de la philosophie de la religion. C'est encore une métaphysique et, tout à la fois, une philosophie de la religion, ou pour mieux dire, des religions, de toutes les religions présentes et à naître, que nous offre le singulier et paradoxal ouvrage de M. Guyau qui a pour titre : « L'Irréligion de l'avenir ». Je ferai la même remarque sur le beau livre de M. Ludovic Carrau, le dernier qui soit sorti de sa plume : « La philosophie religieuse en Angleterre depuis Locke jusqu'à nos jours ». La philosophie, c'est-à-dire la métaphysique et la religion y sont confondues par l'histoire même de l'Angleterre, où l'on voit souvent l'une de ces maîtresses de l'âme humaine prise pour l'autre.

La doctrine qui résulte de l'ensemble des œuvres de Hugues de Saint-Victor, si savamment passées en revue par M. Hauréau, est-elle une religion? est-elle une philosophie ou une métaphysique? Elle n'est à proprement parler ni l'une ni l'autre. Quoiqu'il soit difficile de la détacher de l'histoire religieuse du moyen âge, c'est une apparition du bouddhisme indien sous le nom même et sous la protection du christianisme. Ce serait rester au-dessous de la vérité de n'y voir qu'une résurrection du mysticisme alexandrin. Hugues de Saint-Victor va bien plus loin que Plotin et son imitateur Jean Scot Érigène.

M. Amélineau, dans son essai sur le gnosticisme égyptien, remet sous nos yeux le spectacle curieux et trop peu connu des sectes diverses qui, sous une même bannière, se sont agitées auprès du berceau du christianisme. Toutes ont essayé de l'absorber dans leur sein, de l'expliquer à leur profit et à leur gloire. Elles répondent à ce qu'on appelle aujourd'hui la théosophie et l'ésotérisme, elles nous donnent un avant-goût de ce que sera le pessimisme de nos jours, le communisme mal dissimulé sous le nom de socialisme et le Dieu néant que M. Herbert Spencer se flatte d'avoir inventé sous la désignation d'agnosticisme. Dans l'un de leurs systèmes, et non le moins célèbre, celui de Basilide, c'est expressément le néant ou le non-être qui nous est présenté comme le fond et la source de toutes les existences.

Si l'on veut se faire une idée des différents états qu'ont traversés, des controverses que provoquent encore aujourd'hui et des principes sur lesquels reposent la morale et le droit, on lira les observations qui prennent leur source dans les beaux ouvrages laissés par M. Beaussire sur ces deux branches capitales de la philosophie. M. Beaussire, que la science a récemment perdu, était un esprit droit et profond, mais trop enclin à la conciliation pour ne pas faire quelques concessions à la contagion si répandue aujourd'hui de l'évolutionnisme. Je crois avoir réussi à démontrer que l'évolutionnisme, en admettant qu'il trouve une certaine place en histoire naturelle, n'a rien à voir dans le domaine de la morale et du droit. Il n'y a plus ni bien ni mal, ni obligation, ni devoir, ni liberté, ni justice quand les idées exprimées par ces noms n'ont rien de fixe dans la raison ni dans la conscience et sont appelées à changer à chaque période de l'histoire, sinon à chaque génération humaine.

Si les « Études familières » de M. Francisque Bouillier ne remontent pas jusqu'aux fondements de la morale, elles nous en font connaître, avec beaucoup de finesse, les conséquences pratiques dans la vie la plus ordinaire et les applications les plus délicates. Aussi n'ai-je pas hésité à les présenter à mes lecteurs à la suite des travaux de M. Beaussire.

Aucune des matières dont je viens de parler n'est oubliée dans les deux ouvrages purement historiques en apparence et de très inégale étendue que MM. Janet et Jules Simon ont consacrés à Victor Cousin. Sans doute, c'est à la vie et à la personnalité de Victor Cousin que les deux auteurs, dans un esprit et, disons-le, avec des sentiments très différents, se sont attachés surtout. C'est là aussi que le public les a suivis avec le plus d'attention, avec une curiosité plus ou moins bienveillante. Mais comment oublier que Victor Cousin a été en France le restaurateur de la métaphysique, le réformateur de la philosophie tout entière, le défenseur du spiritualisme répudié par le XVIII° siècle, le directeur, on peut dire le dictateur de l'enseignement philosophique dans les établissements de l'État, le chef d'une nombreuse et vaillante école qui n'est pas morte avec lui? Comment oublier qu'il a eu une méthode, devenue célèbre entre toutes; qu'il a eu une doctrine, et même plusieurs, diront quelques-uns avec malice, mais non sans vérité; qu'il a fait, on sait avec quelle éloquence, l'application de ces doctrines aux arts, aux lettres, à l'histoire, à la politique, à la religion?

Pour toutes ces manifestations de sa noble et féconde activité je n'ai eu guère qu'à suivre M. Janet, sauf à le rectifier ou à le compléter sur un petit nombre de points que je comprends autrement que lui. Au premier rang de ces sujets de dissentiment se placent la fameuse méthode éclectique et le retour périodique des quatre systèmes auxquels elle s'applique. Je me permets de recommander particulièrement cette rectification à l'attention des amis de Victor Cousin.

Ayant personnellement connu Victor Cousin par de longues et familières relations, j'ai été amené à faire aussi plus d'une réserve sur la manière dont un des écrivains que je viens de nommer (ce n'est pas M. Janet) a raconté sa vie et apprécié ses idées. Il m'a semblé que, abusant de ses dons naturels, il y a mis plus d'esprit que de justice et de rigoureuse exactitude. Or, je soutiens qu'il n'y a pas de succès qui puisse excuser le plus léger manque de justice à l'égard d'un homme comme Victor Cousin.

Pour terminer ces pages, peut-être déjà bien longues pour un avant-propos, je me bornerai à une seule réflexion. On voit par les noms et par les œuvres qui viennent de passer sous les yeux du lecteur que, même aujourd'hui, par ce temps d'idolâtrie pour les faits visibles et palpables ou, ce qu'on appelle d'une façon trop exclusive, la science expérimentale, les défenseurs ne manquent pas à l'autorité légitime des idées, des principes, des éternelles et indispensables convictions; en un mot, à la cause du spiritualisme. Cette cause est la même que celle de la justice, de la liberté, de la tolérance, de la fraternité, de la noblesse originelle et de la dignité indestructible de l'espèce humaine. Cette cause, je la sers depuis que j'ai commencé à penser, elle s'est emparée de mon âme et de mon esprit au sortir de mon adolescence, et maintenant que je compte plus de quatre-vingts ans, je suis heureux de lui payer un tribut qui, de ma part, sera très probablement le dernier.

Paris, le 12 février 1890.

AD. FRANCK.

NOUVEAUX ESSAIS
DE
CRITIQUE PHILOSOPHIQUE

VICTOR COUSIN[1]

I

Il y a plaisir à parler d'un livre de M. Janet et d'un homme comme M. Cousin. Tout le monde reconnaît le talent, l'impartialité de M. Janet et la hauteur de ses vues philosophiques. Il s'en faut qu'on soit aussi juste pour M. Cousin. Il semble, au contraire, que, dans une certaine école et même dans plusieurs écoles qui ne s'entendent que sur ce point, on se soit donné le mot pour le rabaisser. Les uns ne lui pardonnent pas de les avoir éclipsés de son vivant et de les faire pâlir encore après

---

[1]. *Victor Cousin et son œuvre*, par Paul Janet, 1 vol. in-8 de vii-485 pages, chez Calmann Lévy. Paris, 1885.

sa mort. D'autres lui font un crime de la domination qu'il a exercée sur eux et à laquelle, tant qu'il était debout, ils n'ont pas eu le courage de résister. D'autres enfin, que je veux bien croire les plus nombreux, en se flattant d'inaugurer une nouvelle ère philosophique, ont pris à tâche d'annihiler le père de l'éclectisme, comme les grands réformateurs des siècles précédents ont eu l'ambition de faire oublier leurs devanciers. Ce n'est donc pas seulement une œuvre de science que M. Janet nous offre dans ce volume, c'est encore une œuvre de réparation et d'équité, j'irai jusqu'à dire de patriotisme. On ne saurait mieux la caractériser qu'il ne l'a fait lui-même dans ces mots de son *avant-propos* : « Notre but unique est une restauration historique qui remette à sa place une gloire nationale et un grand nom ». J'ajouterai que cette pieuse entreprise a porté bonheur à M. Janet. Nulle part, à mon sens, il n'a uni dans la même mesure le talent de l'expression avec la vigueur et l'étendue de la pensée; nulle part il n'a indiqué avec plus de sagacité et de profondeur les difficultés contenues dans chacun des grands problèmes de la métaphysique et la façon très diverse dont elles ont pu être résolues par des esprits également puissants et également sincères. Ce qui est un mérite aussi, et non le moindre, c'est la vive admiration qu'il a su concilier avec la liberté de ses jugements et le fidèle attachement qu'il garde à une école dont il ouvre les portes à tous les perfectionnements, à toutes les réformes et à toutes les critiques.

La plus grande partie du livre de M. Janet a paru par fragments dans la *Revue des Deux Mondes* ; mais sachant qu'on ne juge pas bien d'un écrit sérieux et de longue haleine tant qu'il reste revêtu de cette forme, l'auteur a voulu le reconstituer dans son unité, en le complétant par des éclaircissements et des développements qui n'auraient pas été à leur place dans un recueil périodique.

Les dix-sept chapitres dont l'ouvrage se compose se répartissent facilement entre trois époques, que M. Janet n'a pas expressément séparées, mais qui se distinguent d'elles-mêmes dans la suite des faits et des idées présentés à notre esprit. Dans la première époque, qui s'étend de 1815 à 1820, sont compris l'enseignement que Victor Cousin a reçu de ses maîtres et celui qu'il a donné lui-même au début de sa carrière. La deuxième époque, commençant en 1820, se termine après un silence forcé de huit ans, par les cours de 1828, de 1829 et 1830, parmi lesquels le cours de 1828 est resté de beaucoup le plus célèbre. Enfin la troisième est celle qui, inaugurée par la révolution de 1830, nous montre Victor Cousin investi d'une sorte de dictature sur l'enseignement officiel de la philosophie en France et modifiant peu à peu, aussi bien après que pendant l'exercice de ce pouvoir, les opinions qui marquent la plus grande audace, celles qui lui ont valu pour un temps le plus grand nombre de ses admirateurs et de ses adversaires. L'étude de ces trois périodes, où les détails, je ne dirai pas biographiques, mais personnels dans le sens le plus élevé du mot, sont heureusement mêlés aux considérations philosophiques, aboutit à une conclusion dans laquelle M. Janet porte un jugement final sur l'œuvre de M. Cousin et nous donne son interprétation de ce qu'on a appelé, de ce qu'on appelle encore l'éclectisme.

Né à Paris en 1792, Victor Cousin, après de brillantes études faites au collège Charlemagne et des succès non moins brillants obtenus au concours général, entra en 1810 à l'École normale, le premier de la première promotion de cette grande école. Aux deux ans qu'il dut y passer comme élève, il en ajouta trois autres en qualité de répétiteur. Ce n'était pas la philosophie qu'il eut pour tâche d'expliquer à ses jeunes camarades, mais les leçons de littérature de M. Villemain et particulièrement le vers latin. Devenu en 1815, presque au sortir de l'école et à peine âgé de 23 ans, le suppléant de Royer-Collard dans la chaire d'histoire de la philosophie de la Faculté des lettres de Paris, Cousin laissa voir, comme M. Janet le remarque avec justesse, que l'éclectisme était dans son esprit et pour ainsi dire dans son tempérament, avant qu'il eût songé à l'ériger en système. Trois maîtres très différents l'avaient initié à la science qu'il devait professer avec tant d'éclat et d'autorité : Royer-Collard, qui ne jurait que par les écossais, tout en portant leurs idées à un degré de clarté et de vigueur qu'ils n'avaient jamais connu; Laromiguière, qui faisait commencer la philosophie avec Condillac tout en introduisant dans le système de la sensation transformée un élément nouveau absolument étranger à la sensation; Maine de Biran, qui s'était tracé sa propre voie et qui appelait l'observation philosophique sur un fait entièrement négligé ou dénaturé jusqu'alors, le fait de la volonté manifesté par l'effort musculaire. Victor Cousin ne se prononce pour aucun de ces maîtres; mais il se donne la tâche, en leur ôtant ce qu'ils ont d'inconciliable, c'est-à-dire d'intolérant et d'absolu, de les réunir dans une doctrine unique, fondée tout entière sur l'expérience.

Cette disposition était d'autant plus remarquable qu'elle était sans exemple dans l'histoire de la philosophie en France. En effet, Descartes avait répudié la scolastique et, sans exception, tous les philosophes qui l'avaient précédé. Condillac avait répudié Descartes et généralement toute la philosophie du XVII° siècle. Est-ce que Royer-Collard, en introduisant dans notre pays la philosophie de Reid et de Dugald Stewart, n'en fit pas autant à l'égard de Condillac? N'est-ce pas la réfutation de Condillac qui est le but de sa dialectique dans les fragments qui nous ont été conservés de son cours de 1811? Enfin si nous voulions remonter plus haut, n'est-ce pas son ardente polémique contre les maîtres antérieurs qui a fait le succès et la gloire d'Abailard? Les esprits impartiaux et pondérés d'Albert le Grand et de saint Thomas d'Aquin n'étaient pas d'origine française. Je ne puis m'empêcher de faire la remarque que l'auteur même de l'*Essai sur l'indifférence en matière de religion*, Lamennais, en se proposant pour but d'en finir avec la raison individuelle et d'élever à sa place l'autorité de la tradition, aboutit à une doctrine qui ruine à la fois la tradition et les systèmes philosophiques plus anciens que le sien.

Il est pourtant juste de reconnaître que, dans la première tentative d'éclectisme que fit M. Cousin, les trois éléments philosophiques qu'il prétendait réunir n'occupaient point une place égale. L'élément écossais l'emportait de beaucoup sur les deux autres, si même il ne les retenait tout à fait dans l'ombre. Mais un tel aliment ne pouvait suffire à un esprit aussi ardent, aussi étendu et aussi curieux que celui de M. Cousin. Aussi, pour expliquer comment il s'était mis à la recherche d'un autre régime, laissa-t-il un jour échapper ces paroles : « J'en avais assez de la philosophie écossaise ».

C'était en 1817, la France ne connaissait guère l'Allemagne que par le livre de Mme de Staël, qui lui-même, étouffé en quelque sorte au moment de sa naissance par la censure impériale, n'arriva à la lumière qu'en 1814. C'est ce livre qui inspira à Cousin le désir d'aller visiter la terre privilégiée où retentissaient les noms de Kant, de Fichte, de Schelling, sur laquelle Hegel allait exercer sa longue domination et qui semblait être devenue, depuis un quart de siècle, la patrie de la métaphysique. Cousin nous a laissé le récit de ce voyage que M. Janet appelle avec raison « un écrit charmant ». Je ne résiste pas au plaisir d'en détacher quelques lignes où l'auteur nous explique pour quelles raisons, dans un pays étranger dont la langue lui était très imparfaitement connue, il trouva confiance et bon accueil auprès des grands hommes qu'il visita.

« J'étais jeune et obscur; je ne faisais ombrage à personne ; j'attirais les hommes les plus opposés par l'espoir d'enrôler sous leurs drapeaux cet écolier ardent et intelligent que leur envoyait la France. Privilège de la jeunesse perdu sans retour, avec le charme de ces conversations où l'âme d'un homme se montre à l'âme d'un autre homme sans aucun voile, parce qu'elle la croit encore vierge de préjugés contraires, où chacun vous ouvre le sanctuaire de ses pensées et de sa foi la plus intime, parce que vous-même vous n'avez pas encore sur le front le signe d'une religion différente. Aujourd'hui que j'ai un nom, que je suis l'homme de mes écrits et d'un système, si peu personnel, d'ailleurs, que je me sois efforcé de le rendre, on s'observe avec moi; les esprits se retirent dans leurs convictions particulières, les cœurs même se resserrent, et, rançon assurée d'une réputation incertaine, à force d'être connu en Allemagne, j'y suis devenu étranger. Mais alors, au delà du Rhin, j'étais accueilli comme l'espérance ; j'osais proposer toutes les questions, et on y répondait avec un entier abandon. Il n'y a qu'un printemps dans l'année, une jeunesse dans la vie, un fugitif instant de confiance entre les membres de la famille humaine [1]. »

Les idées que Cousin rapporta de l'Allemagne, surtout celles de Schelling et de Hegel, passèrent naturellement dans son enseignement et dans ses livres. C'est son cours de 1818, devenu plus tard le

---

[1]. Passage cité par M. Janet, p. 34-35.

livre *Du Vrai, du Beau et du Bien*, qui les recueillit d'abord. Ensuite elles se firent jour dans l'*Introduction au cours de 1820*, publié incomplètement en 1841. M. Janet nous donne, sur la composition et les destinées changeantes de ces deux ouvrages, des détails fort intéressants qu'il est le premier à faire connaître.

Il nous apprend que, pour se faire une idée exacte du cours de 1818, il faut lire l'édition qu'en a publiée Adolphe Garnier, en 1836, sur les rédactions mêmes des élèves de l'École normale. Dans les deux éditions postérieures de 1845 et de 1853, il perd, en gagnant en élégance, ce qui en fait la force et l'originalité, ce qui justifie la réputation de profondeur qu'il a value à Cousin parmi les premières générations de ses élèves et de ses auditeurs. Cent pages en ont été supprimées par la main de l'auteur qui contenaient toute une métaphysique et que ne rachètent pas, que ne remplacent pas des pages oratoires sur les beaux-arts et sur la morale. Cette mutilation, M. Janet la déplore, et l'on ne peut s'empêcher de lui donner raison quand il accuse Victor Cousin d'avoir été « injuste et en quelque sorte ingrat envers lui-même [1] ». Un de ses principaux titres à la reconnaissance de la philosophie, c'était, en effet, d'avoir réveillé le goût et l'esprit de la métaphysique dans un pays où, depuis les *Entretiens métaphysiques* de Malebranche, elle n'avait plus donné que de rares et de faibles signes de vie. Sans doute, M. Cousin a plus tard changé

---

1. P. 62.

d'opinion sur quelques points de la philosophie et sur le rôle de la métaphysique elle-même ; mais une philosophie n'est pas un dogme, elle n'est pas tenue, comme si elle avait la prétention d'être descendue du ciel, de rester toujours rigoureusement semblable à elle-même ; les changements qu'elle subit sont utiles à la connaissance de l'esprit humain. Voici, au reste, parmi les propositions soutenues dans ce cours de 1818, quelques-unes de celles qui m'ont paru les plus importantes et que Victor Cousin, cherchant à les atténuer ou les retirant tout à fait, a jugées les plus compromettantes à la fin de sa vie.

Au premier rang, je n'hésiterai pas à placer celle-ci : « L'être absolu qui, renfermant dans son sein le moi et le non-moi fini et formant, pour ainsi dire, le fond identique de toute chose, un et plusieurs, tout à la fois, un par la substance, plusieurs par les phénomènes, s'apparaît à lui-même dans la conscience humaine ». Tout en reconnaissant l'origine hégélienne de cette phrase, M. Janet fait remarquer que, avant d'avoir été en Allemagne, dans le programme de son cours de 1817, Victor Cousin écrivait déjà que « la notion du moi était la manifestation du principe de substance dans la conscience ». Pour ceux qui savent que, dans l'opinion et dans la langue philosophique de Victor Cousin, la substance est une et indivisible, que tout ce qui n'est pas elle se réduit à l'état de pur phénomène, la seconde proposition ne diffère pas de la première. Mais qu'y a-t-il donc de si scandaleux dans toutes deux ? Les penseurs les plus religieux et les plus orthodoxes en religion n'accordent-ils pas que Dieu se révèle par la raison en tant que faculté distincte de l'expérience, et que la raison se manifeste à la conscience ? Quant aux rapports qui existent entre la substance et les phénomènes ; entre l'unité, universellement reconnue, de l'être absolu et la pluralité des existences relatives, c'est le problème éternel qui peut être posé sous les formes les plus diverses et qui n'est pas plus résolu sous une forme que sous une autre. Aussi a-t-on lieu de s'étonner qu'un grand esprit comme Victor Cousin n'ait pas vaillamment pris son parti des paroles qui viennent d'être citées. Il est à croire qu'il l'aurait pris s'il avait vu un philosophe de la génération actuelle qui juge avec sévérité sa doctrine et sa méthode arriver exactement au même résultat. M. Ravaisson, tout en répudiant l'idée et le nom de la substance ; en faisant de la métaphysique une science expérimentale, est obligé de nous montrer l'absolu s'apparaissant à lui-même et, en quelque sorte, se créant lui-même dans un fait de conscience. Où est, en effet, la différence entre l'idée de l'homme et l'idée de Dieu, si l'idée disparaît en laissant à sa place un fait, un acte que la seule conscience nous atteste ?

A cette affirmation hardie que l'absolu est l'objet direct et l'objet unique de la conscience, se rattache étroitement la théorie de l'aperception pure, ou, pour parler exactement, les deux théories n'en font qu'une sous deux noms différents. Trouvant devant lui le problème soulevé par Kant de la valeur objective de la raison ou de la légitimité du passage de l'idée à l'être, Cousin s'est flatté de le résoudre par sa célèbre distinction entre la connaissance spontanée ou l'aperception pure et la connaissance réfléchie. C'est, d'après lui, la réflexion qui donne à nos idées et aux principes même les plus élevés de notre raison un caractère subjectif; mais la réflexion, mélange d'affirmation et de négation, suppose un état antérieur à elle-même, un état purement affirmatif où la vérité nous apparaît sans altération ni restriction. Cet état, c'est l'aperception pure. « Toute subjectivité, dit-il, expire dans l'aperception spontanée de la raison pure. »

Je suis ici, comme sur beaucoup d'autres points, de l'avis de M. Janet. Malgré son air de ressemblance avec l'intuition intellectuelle de Schelling, cette doctrine appartient bien à Cousin, qui d'ailleurs ne l'a jamais désavouée. C'est bien lui qui, avant son voyage en Allemagne, y a cherché un refuge contre les objections de la *Critique de la raison pure*. Nous en trouvons la preuve incontestable dans le programme du cours de 1817, dont M. Janet cite ce passage : « L'absolu apparaît à ma conscience, mais il lui apparaît indépendant de la conscience et du moi. Un principe ne perd pas de son autorité parce qu'il apparaît dans un sujet. De ce qu'il tombe dans la conscience d'un être déterminé, il ne s'ensuit pas qu'il devienne relatif à cet être. Nous croyons à l'absolu sur la foi de l'absolu, à l'objectif sur la foi de l'objectif. » J'oserai aller plus loin que M. Janet, qui n'aperçoit dans ces paroles que le germe de la théorie de l'aperception pure. J'y trouve la théorie elle-même avec une vigueur d'expression et un accent de conviction personnelle qu'elle a en partie perdus dans le cours de 1818.

Mais peu importe. Ce qui est surtout digne d'attention, c'est l'identité parfaite qui existe entre cette démonstration de l'objectivité de la raison et l'affirmation que l'absolu s'apparaît à lui-même dans la conscience humaine. Dans cette vérité qui se montre à nous tout entière et sans mélange de négation, dans l'aperception pure, nous ne pouvons voir et certainement Victor Cousin n'a vu que l'absolu; et comme l'absolu est unique, c'est l'être divin qui se révèle à lui-même, qui se connaît lui-même par la raison et la conscience de l'homme. On voit que nous ne sommes pas loin de cette fameuse théorie de la raison impersonnelle qui a fait tant de bruit dans le monde.

Voici la même conception métaphysique revêtue d'une nouvelle expression en donnant naissance à une troisième proposition qui ne le cède pas en hardiesse aux deux précédentes. Cherchant à savoir quelles sont les formes sous lesquelles l'absolu se manifeste à la conscience, Cousin n'en trouve que deux : la substance et la cause. C'est une véritable liste des catégories substituée à celle de Kant et dotées de l'objectivité, de l'autorité indiscutable que Kant leur refuse. Mais quelle différence, dans la théorie de Cousin, entre ces deux vérités fondamentales! La substance, c'est l'unité, l'universel, l'infini, le nécessaire, l'être en un mot. La cause, c'est-à-dire l'action, c'est le multiple, le variable, le phénomène. D'où il résulte qu'il n'y a qu'un seul être et que tout ce qui n'est pas éternel et infini comme lui, n'est qu'une manifestation passagère de son existence. Sans doute, la substance suppose la cause, comme la cause suppose la substance, mais cela signifie uniquement que l'être absolu n'est pas un être inerte, réduit à l'état de pure abstraction.

La suppression ou l'atténuation de ces propositions caractéristiques, devenues très embarrassantes en 1815, lorsque Cousin était en quelque sorte la personnification de l'enseignement philosophique dans les écoles de l'État, ne doit pas nous rendre injuste pour ce qui est resté du cours de 1818 dans le livre *Du Vrai, du Beau et du Bien*. Nous y reconnaissons ce fonds platonicien qui faisait en quelque sorte partie de l'esprit de Cousin et auquel, en dépit de l'influence germanique et du dédain de la France moderne pour le platonisme pur, il était resté attaché toute sa vie. Il en fait sortir l'idée de Dieu qui, si l'on excepte Rousseau, était devenue, depuis le commencement du xviii° siècle, presque étrangère à la philosophie française. Il en a tiré les principes de son esthétique qui, malgré les défauts qu'on lui a justement reprochés, n'en a pas moins été une tentative féconde et originale. « C'est ici encore, dit M. Janet, une création ou une renaissance qu'il faut attribuer à l'auteur *Du Vrai, du Beau et du Bien*. C'est lui qui a introduit l'esthétique dans la science et qui lui a assigné sa place dans le cadre de la spéculation philosophique [1]. » C'est aussi dans le cours de 1818,

1. P. 93.

d'où elle a passé dans le livre de 1845 et de 1853, que Cousin enseignait la morale de Kant, uniquement fondée sur l'idée du devoir. Avant lui, depuis Malebranche, qui faisait reposer la morale sur un fondement mystique, on ne connaissait dans notre pays que la morale du plaisir, la morale de l'intérêt et la morale du sentiment, c'est-à-dire la morale d'Helvétius, de Saint-Lambert et de J.-J. Rousseau.

Voyons maintenant quelles sont les transformations qu'a subies le cours de 1820. M. Janet fait à ce sujet un rapprochement curieux dont l'honneur lui appartient entièrement. « Par une rencontre piquante, dit-il, dans le temps même où Victor Cousin dénonçait avec tant d'éclat la mutilation de Pascal par ses amis de Port-Royal, il pratiquait sur lui-même et sur les pensées de sa jeunesse une mutilation analogue, et si la paix de l'Église avait été pour les éditeurs de Port-Royal la cause des suppressions et altérations qui leur étaient si sévèrement reprochées, cette fois c'était la guerre de l'Église qui était la cause d'une opération semblable [1]. » C'était en effet à cette époque que des attaques furieuses étaient dirigées par une partie du clergé et ses défenseurs les plus ardents contre l'enseignement donné au nom de l'État, particulièrement contre l'enseignement philosophique.

La première édition du cours de 1820, publiée en 1841 par M. Vacherot et devenue presque introuvable, ne contient au maximum que les deux tiers

---

1. P. 124-125.

du cours qui a été professé à la Sorbonne et dont M. Janet a eu sous les yeux le texte authentique, rédigé par les élèves de l'École normale. Quatre des leçons dont il était composé ont été entièrement supprimées; les autres ont subi les plus profonds changements. C'est la partie inédite de ces leçons que M. Janet nous fait connaître dans son livre par une substantielle analyse. Je me bornerai à en extraire les propositions les plus remarquables. On verra qu'au moment où il les produisait en public et leur prêtait le prestige de son admirable langage, Victor Cousin s'appartenait moins, était moins lui-même que lorsqu'il professait son cours de 1818. Il était alors entièrement sous la domination intellectuelle de Schelling, associée par intervalles aux idées de l'école d'Alexandrie. On reconnaît l'une et l'autre influence dans les paroles que voici :

« Il n'y a pas d'autre moyen d'arriver à l'unité que d'anéantir la pensée. » — « Je rayerai cette distinction de la pensée de l'homme et de la nature ; je détruirai le sujet et l'objet pour atteindre l'unité absolue et la substance éternelle qui n'est ni l'un ni l'autre et qui les contient tous deux. » — « C'est le moi qui, en se distinguant lui-même ou en faisant semblant de se détruire, trouve la substance éternelle. » — « L'amour tend à la mixtion la plus intérieure de la faculté d'aimer avec son objet, de l'essence qui désire avec ce qui est désiré. » Cela est mystique autant que philosophique, et l'on rencontrerait bien des expressions de ce genre dans les œuvres de Tauler et dans les *Lettres spirituelles* de Fénelon. Au reste, l'alexandrinisme a passé tout entier dans le mysticisme chrétien, et il est difficile de croire que Cousin, qui devait publier plus tard les œuvres inédites de Proclus, n'ait eu, dans le temps où il tenait ce langage, aucune familiarité avec sa méthode et sa doctrine ou celle de ses devanciers. D'ailleurs Cousin connaissait Platon dont l'inspiration se fait déjà sentir dans le cours de 1818, et qu'est-ce que l'amour mystique sinon la dernière expression de l'amour de l'idéal et du divin, tel que Diotime le définit dans *le Banquet*?

Je ne crains pas d'affirmer que c'est de Schelling tout seul que procède cette définition de la philosophie, considérée dans son unité et dans son résultat suprême : « Si je faisais de la synthèse, je commencerais par poser la substance éternelle : je vous montrerais comment, du sein de cette substance éternelle, sortent les deux grandes apparitions de l'homme et de la nature, avec des caractères contraires, bien qu'elles sortent toutes deux d'une substance commune, et comment elles retournent ensuite à cette substance dont elles sont émanées. » Ni Platon, ni les alexandrins n'ont supposé un tel parallélisme entre l'homme et la nature, ou entre la pensée et l'étendue; c'est Spinoza qui en a eu la première idée et Schelling l'a prise à Spinoza.

Mais, c'est par un retour au platonisme que Cousin, dans ces mêmes leçons, appelle la raison le verbe de Dieu, et c'est dans la pensée, qui l'a poursuivi toute sa vie, d'amener une conciliation entre la philosophie et la religion, qu'il applique à sa théorie métaphysique les formules les plus vénérées de la théologie chrétienne. Tout en donnant en France le premier exemple de ce langage depuis longtemps employé en Allemagne, il voulait cependant qu'il fût bien établi que les dogmes n'étaient à ses yeux que des symboles et n'obtenaient son respect que parce qu'ils sont une des preuves de l'éternelle vérité. « Les symboles, disait-il, peuvent être saints, mais toute sainteté ne leur vient que de la vérité qu'ils réfléchissent. »

Dans la partie restée inédite du cours de 1820, il y a une leçon qui l'emporte sur toutes les autres par l'intérêt qu'elle inspire et par la hardiesse où était alors arrivé l'enseignement de Victor Cousin. Elle a pour titre : *De l'esprit et de la lettre.* Il s'agit, non plus de la métaphysique, mais de la morale. Abandonnant la doctrine de Kant, qu'il avait précédemment défendue, et la règle inflexible de l'impératif catégorique, Cousin soutient que, sur le bien et le mal, la conscience prononce à la façon d'un jury, qu'elle décide souverainement sans avoir à tenir compte d'aucune règle établie, d'aucune formule consacrée. Les lois définies ne sont pour lui que la lettre de la loi. Il les répudie sans distinction et n'en retient que l'esprit, c'est-à-dire une loi non définie dont la conscience a le secret et qu'elle applique sans contrôle. La conscience ainsi livrée à elle-même, Cousin la compare au génie, et cette assimilation, absolument inacceptable, est le seul argument qu'il apporte en faveur de sa théorie. Je dis que cette assimilation est inacceptable, parce que le génie est le don de quelques natures privilégiées, tandis que la conscience est la règle universelle, la règle obligatoire de tous les hommes et de toutes les actions humaines. C'est une autre erreur de comparer le rôle de la conscience ou de la raison dans la morale à celui du jury dans l'œuvre de la justice criminelle. Le jury ne prononce pas sur le droit, mais sur le fait; il ne déclare pas qu'une action est criminelle ou innocente et dans quelle mesure elle a violé ou respecté la loi inscrite dans le Code, mais si elle doit être imputée ou non à l'accusé qui est devant lui. Et encore, qu'ils sont nombreux les scandales et les sottises qui sont justement reprochés au jury! La conscience prononce en même temps sur le droit et sur le fait, sur l'action qui est à juger et sur la loi qui l'absout ou la condamne. Sans un texte formel, un texte précis et immuable, quoique non écrit, la loi n'existe pas, la morale est supprimée, la fantaisie prend la place de l'ordre éternel et universel. C'est l'opinion que Bonaparte, si nous en croyons les *Mémoires* de Mme de Rémusat, faisait valoir en faveur de ses actes les plus arbitraires. « La loi qui commande aux autres, disait-il, n'est pas faite pour moi. »

Comment un noble esprit comme Victor Cousin a-t-il pu adopter, même temporairement, une doctrine aussi dangereuse et aussi fausse? Selon M. Janet, elle prend sa source, non dans la philosophie de Schelling ou de Hegel, mais dans celle de Fichte, qui avait encore, en 1820, un grand prestige en Allemagne. Selon Fichte, en effet, le moi seul existe, pourvu des attributs de la toute-puissance. Il se pose, s'oppose et ne relève que de lui-même. Je ne suis pas de cet avis, car je ne vois nulle part la méthode et les principes de Fichte intervenir dans l'enseignement de Victor Cousin. Je crois plutôt à l'influence de l'alexandrinisme, que nous avons déjà rencontrée ailleurs. C'est le moi, unifié avec l'Être divin par le pur amour, qui s'arroge un pouvoir absolu sur la loi morale; car il n'est pas réduit à la comprendre et à l'appliquer, il en est véritablement le créateur. C'est l'équivalent de la maxime de saint Augustin : *Ama et fac quod vis*. Combien est préférable et plus sûre cette maxime de Kant : « Agis de telle sorte que la règle à laquelle obéit ta volonté puisse devenir un principe de législation universelle pour tous les êtres intelligents et libres ».

Ce n'est pourtant pas pour son audace en métaphysique et en morale, mais pour son attachement à la cause libérale et aux principes de 1789, que Cousin fut écarté, le 29 novembre 1820, de la chaire de Royer-Collard. En même temps, on lui interdit l'accès de la chaire de droit naturel au Collège de France, à laquelle il avait été appelé par le vote unanime des professeurs de ce grand établissement. Enfin l'École normale ayant été supprimée en 1822, il perdit sa place de maître de conférences. Cousin supporta avec dignité cette triple disgrâce. Condamné au silence, ce qui était pour lui la suppression de la plus brillante partie de ses facultés, il témoigna par ses écrits son dévouement inépuisable à la philosophie. Il publia, coup sur coup, les œuvres inédites de Proclus, une édition de Descartes, aussi complète qu'elle pouvait l'être alors, et la traduction française des dialogues de Platon. Cette traduction est-elle entièrement de lui? Il a eu certainement des collaborateurs; mais qu'importe, si cette traduction n'a été appelée à l'existence que par lui, si elle a été impossible sans lui et si elle porte partout, sinon dans le tissu même de chaque dialogue, au moins dans les *arguments*, la trace de son grand style et le reflet de l'enthousiasme qu'il apportait à toute chose?

C'est un grand honneur pour elle d'avoir été appelée par Hegel « un modèle de traduction ».

C'est pendant cette retraite laborieuse et forcée que Victor Cousin écrivit la *Préface* de la première édition de ses *Fragments philosophiques*. On peut dire que c'est le plus profond et le plus éloquent de tous les écrits sortis de sa plume. C'est aussi celui qui est resté le plus célèbre parmi les philosophes. Nous avons de la peine à comprendre aujourd'hui, accoutumés que nous sommes à toutes les hardiesses, l'effet qu'il produisit sur des esprits surexcités par un régime de compression, irrités par une tentative de contre-révolution religieuse et politique, et par là même avides de nouveautés! On le lut avec l'imagination autant qu'avec la raison; on y découvrit des oracles à expliquer et un champ de méditations infinies. Cousin, par le ton inspiré et en plus d'un endroit par l'obscurité de son langage, prêtait beaucoup à ces suppositions irréfléchies. Cependant il n'y a rien de plus, comme Cousin plus tard le dit lui-même dans une lettre à Hegel, qu'un résumé et une condensation des cours de 1818 et de 1820, d'une partie même des cours antérieurs; mais ce résumé répand une lumière nouvelle sur plusieurs points restés dans l'ombre, il complète des idées à peine ébauchées, qu'on pourrait considérer comme de simples murmures. C'est ce qui fait de cette préface une œuvre de la plus grande importance, car c'est là qu'il faut chercher toute la pensée de Cousin, toute sa philosophie jusqu'au moment où il reparaît devant le public en 1828, ou plutôt jusqu'à l'époque où il a charge d'âmes en prenant la direction de l'enseignement philosophique dans l'Université. C'est ainsi que la considère M. Janet et c'est pour cette raison qu'il la ramène à un certain nombre de points fondamentaux en se servant presque toujours des paroles mêmes de Cousin. Je ne crois pas faire une chose inutile en les rappelant sommairement.

1° La philosophie doit commencer, non par la synthèse, mais par l'analyse. La méthode d'observation est son point de départ nécessaire, c'est elle qui sert de lien entre la philosophie du XIX° siècle et celle du XVIII° siècle.

2° La méthode d'observation appliquée à la philosophie, c'est la psychologie; mais la psychologie n'est que le vestibule de la philosophie. Au-dessus d'elle, il y a l'ontologie; au-dessus des phénomènes, il y a les êtres ou l'être, que la vraie philosophie ne doit pas regarder comme inaccessible à notre connaissance.

3° On atteint à la connaissance de l'être par les principes de la raison, principes absolus qui nous élèvent à des connaissances absolues, savoir : celle d'une cause absolue et celle d'une substance absolue.

4° C'est une erreur capitale de soutenir avec Condillac et tous les philosophes du xviii° siècle qu'il n'y a que des faits sensibles et que toutes nos facultés se réduisent à la sensation; outre les faits sensibles, il y a les faits intellectuels et les faits volontaires; et ces trois ordres de faits, il est impossible de les ramener les uns aux autres.

5° Tous les principes de la raison, toutes les lois de la pensée, toutes les catégories, comme les appelle Kant, se ramènent à deux : la substance et la cause. De ces deux lois essentielles toutes les autres ne sont qu'une dérivation ou un développement.

6° Les lois de la pensée, les principes de la raison ne sont pas purement relatifs à l'homme, ils n'ont pas une valeur purement subjective, ils ont une valeur par eux-mêmes, une valeur objective que leur donne l'aperception pure ou l'aperception spontanée de la vérité, mais que leur enlève ou que leur dérobe la réflexion.

7° Les lois de la pensée sont la raison suprême des choses. Elles gouvernent l'humanité et la nature. Sans les lois qui la règlent, sans les principes qui la dirigent, la nature et l'humanité s'abîmeraient dans le néant.

8° Le moi réside dans la volonté, selon la doctrine de Maine de Biran.

9° Il y a identité entre la volonté et la personne humaine, mais la causalité qui réside en elle est dans la volonté pure, et non pas seulement dans l'effort musculaire, comme le croyait Maine de Biran.

10° L'idée fondamentale de la liberté est celle d'une

puissance qui, sous quelque forme qu'elle agisse, n'agit que par une énergie qui lui est propre. Le moi doit y tendre sans cesse sans y arriver jamais ; il en participe, mais il n'est point elle.

11° Il y a une unité consubstantielle entre Dieu, l'homme et la nature. Dieu est infini et fini tout ensemble, à la fois Dieu, nature et humanité. Si Dieu n'est pas tout, il n'est rien. Tout le monde a dans la mémoire la phrase dans laquelle cette unité est affirmée et qui commence par ces mots : « Le Dieu de la conscience n'est pas un Dieu abstrait, un roi solitaire relégué par delà la création sur le trône désert d'une éternité silencieuse ».

Les deux derniers articles de cette profession de foi sont la réconciliation de la philosophie avec le sens commun et la théorie de l'éclectisme. L'humanité étant inspirée possède la vérité sans avoir la science, et les systèmes de philosophie n'étant que des faces différentes de la vérité, doivent être réunis et réconciliés dans une philosophie unique.

La *Préface* de 1824 n'a subi dans les éditions plus récentes que deux changements, mais ils sont significatifs. La théorie de la liberté a entièrement disparu et à la place de ces mots : « Si Dieu n'est pas tout, il n'est rien », nous lisons ceux-ci : « Si Dieu n'est pas dans tout, il n'est dans rien ».

Cousin lui-même, en la soumettant dans son intégrité au jugement de Hegel, la donne pour un résumé de ses *essais en philosophie* de 1815 à 1819, et la caractérise de cette façon charmante : « Il ne s'agit pas de créer ici en serre chaude un intérêt artificiel pour des spéculations étrangères ; il s'agit d'implanter dans les entrailles du pays des germes féconds qui s'y développent naturellement et d'après les vertus primitives du sol ; il s'agit d'imprimer à la France un mouvement français qui aille ensuite de lui-même. Nulle considération ne me fera abandonner cette ligne de conduite. Par conséquent, de là-haut, mes amis peuvent être avec moi d'autant plus sévères qu'ils ne doivent pas craindre de m'entraîner ici-bas dans des démarches mal calculées. Je mesurerai la force du vent sur celle du pauvre agneau ; mais quant à moi qui ne suis pas un agneau, je prie le vent de souffler dans toute sa force. Je me sens le dos assez ferme pour le supporter ; je ne demande grâce que pour la France. »

Mais voilà Hegel qui apparaît sur la scène ; il nous servira d'introducteur aux leçons de 1828, car c'est lui qui les a en grande partie inspirées.

II

Victor Cousin n'a jamais saisi que par les points les plus élevés et les plus généraux la différence qui sépare les deux systèmes de Schelling et de Hegel. Lui-même nous apprend, dans les récits de ses voyages en Allemagne, qu'il a eu mille peines à comprendre le dernier, tandis que le premier s'est emparé tout de suite de sa raison et de son imagination. Encore en 1833, il les comprend tous les deux sous le nom de philosophie de la nature, qui n'appartient qu'à celui de Schelling. Cependant, ayant été en correspondance suivie et ayant vécu pendant quelques semaines dans la plus grande intimité avec Hegel, il était impossible qu'il ne se fût pas fait une idée exacte, quoique insuffisante, des traits caractéristiques de sa doctrine. Mais il n'a jamais réussi à s'assimiler complètement ses audacieuses abstractions, ses arbitraires formules et son affectation à braver ce que la raison humaine a toujours considéré comme le premier fondement de toute logique, comme la condition suprême de toute unité dans la pensée : le principe de contradiction. Aussi, même dans les parties de son enseignement et notamment dans les leçons du cours de 1828, où il paraît subir le plus docilement l'influence du philosophe allemand, Victor Cousin ne manque-t-il jamais de faire une place à sa propre personnalité et de satisfaire aux exigences du clair génie de notre pays. Tout au moins sait-il éviter ce qu'il y a de plus choquant, j'oserai même dire de plus répugnant dans le panthéisme hégélien. Ainsi jamais il n'est allé jusqu'à affirmer l'identité des contraires qui, dans l'hégélianisme, occupe le rang d'un dogme indiscutable, et même le premier de tous les dogmes. Jamais il n'a osé dire, et peut-être un auditoire français ne l'aurait-il pas souffert, quoique la Grèce, au temps des sophistes, ait poussé la tolérance jusque-là, que l'être et le non-être sont une seule et même chose et ne présentent à l'esprit qu'une contradiction apparente.

Il résulte de cette disposition générale que s'il y

a évidemment, non pas seulement une inspiration hégélienne, mais un fond hégélien dans la plupart des propositions auxquelles Cousin parmi nous a attaché son nom et qui forment la substance, soit de son cours de 1828, soit de sa fameuse préface, soit d'une partie de ses *Fragments*, on y reconnaît aussi la marque de son propre esprit, la part de sa propre réflexion et plus souvent encore l'héritage des grands esprits des siècles précédents. C'est ce que je vais essayer de mettre en lumière.

La première des propositions dont je veux parler est celle qui fait de la philosophie la science des idées, ou le plus haut degré de la pensée, la pensée se comprenant et se pensant elle-même. Il est vrai que cette définition de la philosophie est tout à fait conforme, sinon aux expressions mêmes, du moins à l'intention et à l'esprit de Hegel. Mais tous ceux qui, depuis Socrate, ont voulu montrer en quoi la philosophie se distingue des autres connaissances humaines, l'ont caractérisée à peu près de la même manière. Est-ce que pour Platon, en cela plus fidèle qu'on ne croit aux leçons de son maître, elle n'est pas la science des idées? Est-ce que les idées, pour l'auteur du *Phédon* et de la *République*, ne sont pas supérieures aux sensations, à l'opinion et à tous nos modes de connaissance? Aristote, lui aussi, a reconnu la pensée de la pensée, et y a fait consister la perfection non seulement de l'homme, mais de Dieu. Si de l'antiquité nous passons aux temps modernes, nous apprendrons de Descartes que la marque de la vérité, par conséquent le plus haut degré du savoir, la connaissance vraiment philosophique est dans les idées claires et distinctes, c'est-à-dire simplement dans les idées, puisqu'il n'y a pas d'idées, mais seulement des sensations et des images avec l'obscurité et la confusion. Les idées adéquates de Spinoza ne sont, elles aussi, que les idées qui nous représentent l'essence même des choses et qui seules forment la matière de la science philosophique.

La seconde proposition que Cousin passe pour avoir empruntée à Hegel est celle qui, conséquence directe de la précédente, place la philosophie au-dessus de la religion et fait de celle-ci comme une simple figure, une forme voilée de celle-là. « La philosophie, dit-il, fait passer les âmes du demi-jour de la foi chrétienne à la pleine lumière de la pensée pure. » En s'exprimant ainsi, il veut qu'on sache que ce n'est pas là une vue isolée et spontanée de son esprit, mais toute une théorie qu'il a lui-même résumée dans ces termes : « La philosophie et la religion ont le même objet; seulement ce que la religion exprime sous forme de symboles, la philosophie l'éclaircit et le traduit en pensées, en vérités pures et rationnelles. Le christianisme est la philosophie des masses; la philosophie est la lumière des lumières, l'autorité des autorités.... Heureux de voir les masses, le peuple, c'est-à-dire à peu près le genre humain tout entier entre les bras du christianisme, elle se contente de lui tendre doucement la main et de l'aider à s'élever plus haut encore. »

Nul doute que cette manière de comprendre les rapports de la religion et de la philosophie ne fasse partie du système de Hegel et ne lui ait servi de règle dans ses relations officielles avec le pouvoir ; mais elle remonte beaucoup plus haut. On la rencontre dans l'antiquité grecque, orientale et même chrétienne. Platon se servait librement des mythes du paganisme pour donner une base poétique et populaire à ses théories métaphysiques. L'école stoïcienne et l'école d'Alexandrie, en généralisant ce procédé, l'ont étendu à toute la mythologie païenne. La méthode allégorique appliquée par Philon à tous les textes bibliques n'est pas autre chose qu'une philosophie, en partie venue de l'Orient, en partie empruntée à Platon et à la Grèce, qui se sert des dogmes comme d'une préparation aux idées. Cette méthode, comme on le sait, a été pratiquée avec une rare hardiesse, même sur les Évangiles, par Origène et Clément d'Alexandrie. Cousin n'avait donc pas besoin d'aller la chercher en Allemagne, lui que ses études sur Proclus avaient familiarisé avec le système des alexandrins. Mais quel que soit l'exemple dont il s'est inspiré, il a été certainement un novateur en France. Il rompait à la fois avec la tradition du xvii° siècle qui, isolant la philosophie de la religion, en faisait comme un accident ou un hors-d'œuvre dans la vie de l'humanité, et avec la tradition du xviii° siècle, qui, proscrivant la religion au nom de la philosophie et de la raison, la rendait inexplicable et incompréhensible. L'opinion de Cousin, consacrée par la sagesse des siècles bien plus que par la philosophie allemande, a eu le mérite de rétablir l'unité dans la nature humaine et de la réconcilier, tout au moins d'essayer de la réconcilier avec elle-même.

Est-ce à Hegel que Cousin est redevable du fond de sa métaphysique ou de cette pensée que Dieu est à la fois un et trois, un en substance, trois dans ses manifestations et dans ses attributs essentiels? Ici, au contraire, Cousin s'éloigne résolument du philosophe allemand tout en conservant sa formule trinaire ou sa division trichotomique; division non moins chère aux philosophes d'Alexandrie qu'à ceux de l'école allemande et reproduite parmi nous avec une confiance naïve par la religion saint-simonienne. Hegel a prétendu identifier dans une idée supérieure tous les contraires, à commencer par l'être et le non-être. C'est ce qu'il appelle la thèse, l'antithèse et la synthèse. C'est par une suite d'identifications de ce genre que se forme, selon lui, l'essence absolue des choses, l'essence divine. Cousin, comme je l'ai déjà dit, n'a jamais accepté cette violence faite à l'éternel bon sens. Il se contentait de ramener le fond de toutes les existences et l'esprit même qui le conçoit à ces trois éléments inséparables : le fini, l'infini et le rapport du fini à l'infini. Il n'y a rien à dire à cette manière de voir. Si elle n'étend pas beaucoup le champ de nos pensées et ne contribue pas à l'éclairer d'une vive lumière, elle est au moins à l'abri de tout sérieux reproche, car comment ne pas admettre, si l'on veut échapper au pur empirisme, que le principe suprême de toute réalité, ou, comme disaient les anciens, que le fond de la nature des choses est sans limite; qu'au-dessous de lui il y a des faits, des objets que nous connaissons ou que nous pouvons connaître, qui n'occupent qu'un point déterminé dans l'étendue ou dans la pensée; et que ces deux sortes d'existence ne sont pas étrangères l'une à l'autre, qu'elles ont entre elles des relations inévitables : l'illusion, on peut ajouter la faute de Cousin, car c'est une faute de conduite autant qu'une erreur de l'esprit, c'est d'avoir voulu reconnaître, dans cette division philosophique, le dogme chrétien de la Trinité. Dans la Trinité chrétienne le fini ne tient aucune place, elle ne tient compte que de l'infini en montrant quels sont les attributs éternels et nécessaires des trois personnes divines.

Une autre partie de la philosophie de Cousin sur laquelle Hegel n'a exercé aucune influence, c'est la fameuse théorie de la raison impersonnelle. Je ne reviendrai pas sur ce que j'ai dit à ce sujet en appréciant [1] *le Nouveau Spiritualisme* de M. Vacherot. Je crois avoir démontré par avance que, venant en ligne directe de Platon, passant par le système de Malebranche et consacrée implicitement par le dogme chrétien du Verbe, l'idée d'une raison qui éclaire toute l'humanité, qui est commune à l'humanité et à Dieu, diffère essentiellement de la pensée dont Hegel a fait l'essence de tous les êtres et qu'il fait passer par le non-être ainsi que par toutes les formes de la nature avant de l'élever à la conscience divine. Je dirai seulement qu'en défendant la doctrine de Cousin contre les objections de MM. Vacherot

1. On trouvera cette appréciation un peu plus loin dans le présent volume.

et Ravaisson, je me suis trouvé d'accord avec M. Janet. Lui, non plus, ne comprend pas que la raison, si elle existe, ne soit pas le patrimoine de tous les hommes, de tous ceux au moins qui s'élèvent au-dessus de l'animalité, et que, si Dieu existe, s'il est l'être parfait, par conséquent la suprême sagesse et la suprême raison, les lois qui commandent à cette raison éternelle ne ressemblent absolument en rien à celles qui dirigent et qui éclairent notre propre raison. Que deviendraient, sans cette ressemblance, les idées de Providence et de justice divine? Comment s'expliquerait-on les traces d'intelligence qu'une observation impartiale découvre dans la nature? Le reproche qu'on peut faire à la doctrine de Cousin et que je n'ai pas oublié de lui adresser précédemment, c'est de laisser croire que toute la raison divine est dans la raison humaine, et que l'essence divine, c'est-à-dire l'infini, n'est pas autre chose que la raison ou se confond entièrement, comme l'affirme Hegel, avec la pensée. Qui peut affirmer ces choses-là? Qui est en état de les savoir ou d'y avoir accès d'aussi loin que ce puisse être? Cette réserve ne détruit pas le service qu'a rendu Cousin à la raison, en la défendant avec les seules forces de son libre bon sens et de sa science personnelle contre l'école empirique, alors représentée par les adeptes du condillacisme, et contre l'école ultramontaine que Lamennais rajeunissait en la poussant aux extrêmes.

Enfin un dernier point, et non le moins important, par où Cousin se sépare de Hegel, c'est la manière dont il comprend et explique la création. Pas de création dans la philosophie hégélienne, ni même dans celle de Schelling, parce que rien n'a un commencement absolu, et il en est ainsi parce que rien n'est libre. Tout ce qui arrive ou semble arriver est déterminé par un fait antérieur, par une cause préexistante. Au contraire, pour Victor Cousin, instruit par les leçons de Maine de Biran, nous avons non seulement l'idée, nous avons l'expérience de la liberté. Nous produisons à chaque instant de notre vie des actes libres. Qu'est-ce qu'un acte libre? C'est un acte qui a un commencement absolu, c'est quelque chose qui est tiré de rien. Eh bien! tel est précisément l'acte de la création. Le monde, et en particulier notre âme, sont des actes de la libre volonté de Dieu. Cette doctrine a certainement ses difficultés, qu'il est malaisé de ne pas apercevoir; mais quelles qu'elles soient, elles laissent subsister la différence qui sépare, quant à l'origine des choses et à la nature psychologique de l'homme, le système de Cousin de celui d'où l'on prétend qu'il a été tiré tout entier.

Toute cette métaphysique a pu prêter le flanc à l'accusation de panthéisme, mais elle n'est pas moins propre à servir de base à un noble spiritualisme et à la foi en un Dieu distinct, sinon séparé du monde. Conséquente ou non avec elle-même, ce qui est très difficile à décider et peut-être ce dont Cousin lui-même ne s'est pas inquiété outre mesure, elle réserve la liberté de l'homme et la liberté divine. Par ce double caractère que Victor Cousin n'a jamais cessé de revendiquer depuis le commencement jusqu'à la fin de sa carrière, on peut dire qu'elle est française plutôt qu'allemande, française par la pensée aussi bien que par le langage, un des plus éloquents, le plus éloquent qui jamais se soit fait entendre dans une chaire d'enseignement public et qui, dans les âges modernes, ait été mis au service de la philosophie.

L'influence de Hegel est plus visible dans la partie du cours de 1828 où, quittant le terrain de la philosophie proprement dite, Victor Cousin nous expose ses idées sur la philosophie de l'histoire. C'est là que nous trouvons cette apologie du succès qu'on lui a si durement et si justement reprochée et à laquelle, d'ailleurs, tant en matière de politique intérieure que de politique étrangère, il est toujours resté assez fidèle, sans y chercher une autre satisfaction que celle de son esprit. Mais c'est là aussi qu'on trouve cette lumineuse division de l'histoire en trois époques : l'Orient, la Grèce et l'Occident chrétien ; le premier, voué au culte de l'idée d'infini ; le second, à celui de l'idée du fini et le troisième cherchant les rapports du fini et de l'infini, cherchant à unir le culte de Dieu avec celui de l'humanité. Cette justification, par la chronologie et par les faits, du principe fondamental de la métaphysique n'est pas hégélienne. Ce qui n'est pas hégélien non plus, c'est la délicatesse avec laquelle il a atténué, pour des oreilles françaises, quelques années après nos revers, le culte brutal de la fortune dont on ne réussira jamais à faire le culte de la raison. Tout le monde a entendu citer cette phrase : « A Waterloo, il n'y a eu ni vainqueurs ni vaincus; ce qui a triomphé, c'étaient la civilisation européenne et la charte ». Hélas! combien de temps a duré cette charte de 1814, qui a été conquise à Waterloo au prix de tant de sang et de ruines, et combien d'autres batailles nous sont racontées dans l'histoire, qui n'ont valu aux peuples que la servitude et la barbarie! Je ne sache pas que les hordes du Nord se ruant sur l'empire romain ou les Turcs se rendant maîtres de Constantinople aient fait beaucoup avancer la civilisation et la liberté. Ce fatalisme, avec son air optimiste et sa foi illimitée dans la loi du progrès, n'est au fond qu'une forme anticipée du pessimisme. C'est la glorification de tous les crimes qui ont réussi pour un temps et l'acceptation implacable de tous les désastres, de toutes les souffrances qu'a traversés l'humanité, de toutes les persécutions que les forts ont infligées aux faibles. Cela se traduit par le *væ victis* du chef barbare des Gaulois. Mais, comme le remarque justement M. Janet, Cousin et Hegel n'étaient pas les seuls qui, dans les premières années de notre siècle, fissent profession de ce système. Il représentait alors le courant général des esprits et peut-être n'en sommes-nous pas encore entièrement revenus. Les terribles scènes de la Révolution française et les guerres non moins terribles du premier Empire, avec la catastrophe finale à laquelle elles aboutirent, ont fait croire qu'une force surhumaine, obéissant à des lois qui nous échappent ou dont nous ne pouvons nous rendre compte qu'après coup, conduisait tous les événements de ce monde. C'est dans cet esprit qu'ont été écrites, avec quelques différences dans les conclusions, la lettre sur la Révolution française, par Saint-Martin, « le Philosophe inconnu », les *Considérations sur la France* de Joseph de Maistre, les deux histoires de la Révolution de Thiers et de Mignet, et l'*Histoire des ducs de Bourgogne*, par de Barante. M. Janet aurait pu remonter encore plus haut, il aurait acquis la preuve que c'est Herder qui est, sinon le premier inventeur du système dont nous parlons, du moins celui qui l'a exposé dans toute son audace et développé dans toutes ses conséquences. Il y a donc une véritable injustice à en faire porter la responsabilité sur Cousin et même sur le philosophe allemand dont il s'est inspiré.

Il est impossible de ne pas compter parmi les œuvres de Cousin l'influence décisive qu'il a exercée sur l'enseignement public de la philosophie en France, après la révolution de 1830, en qualité de membre du Conseil royal de l'Université. Cette influence lui a valu des reproches de plus d'une espèce, qui subsistent encore aujourd'hui dans un grand nombre d'esprits. M. Janet en fait justice avec une impartialité et une connaissance de la question qui l'honorent au plus haut point et qui donnent un intérêt particulier à cette partie de son livre, un intérêt d'ordre non seulement scientifique, mais historique.

Il y a des esprits absolus qui voudraient que la philosophie fût exclue de l'enseignement secondaire; ils ne l'admettent, à l'exemple de l'Allemagne, que dans l'enseignement supérieur, dans l'enseignement des universités, avec toute la liberté et l'on peut ajouter avec tous les hasards qu'il comporte. C'est là un grand danger que Cousin a très bien aperçu et qu'il s'est toujours efforcé d'écarter de notre pays. En tout cas, ce n'est pas lui qui a introduit la philosophie dans nos lycées et nos collèges, il l'y a trouvée établie depuis des siècles, elle y avait sa place même au temps où l'instruction de la jeunesse était aux mains des congrégations religieuses Mais à quelles conditions était-elle soumise? Enseignée en latin, et dans quel latin! elle avait pour base les dogmes du catholicisme et ne formait, pour ainsi dire, qu'une réduction de la scolastique. La *Philosophie de Lyon*, en dépit des éléments cartésiens qui s'y sont glissés, est restée fidèle à ces deux règles et il en est de même du programme de 1827, rédigé par l'abbé Burnier-Fontanelle, doyen de la Faculté de théologie de Paris. Il fallait que l'enseignement continuât d'être donné en latin; il fallait que ses prémisses fussent empruntées à la morale et à la théologie de l'Église. Pour ce qui est du dernier point, il était absolument impossible de s'en écarter. La religion catholique étant, aux termes de la Charte de 1814, la religion de l'État, l'enseignement, sans en excepter la philosophie et même en lui donnant le premier rang dans l'exécution de cette loi, devait être catholique. Quand la Charte de 1830 eut enlevé au catholicisme ce rang suprême et le pouvoir qui en était la conséquence ; quand l'État, selon l'expression de Guizot, fut devenu complètement laïque, que fit Cousin? Il imprima à la philosophie le même caractère, il la rendit laïque, c'est-à-dire indépendante de l'Église et de toute religion; il l'affranchit de la forme scolastique qui était, en quelque sorte, la livrée de l'Église et un insurmontable obstacle à l'esprit moderne, à la pratique de la méthode d'observation et d'induction. Par cette réforme, non seulement utile à la culture des esprits, mais nécessaire au point de vue de notre droit public, il espérait atteindre un but encore plus élevé, qu'il définit lui-même en ces termes : « créer une société qui reposât sur des principes communs et fraternels, sans exclure la diversité des opinions et des croyances ». De là son programme de 1832, où la psychologie tient le premier rang pour marquer l'avènement d'un nouvel esprit, d'une nouvelle méthode, où les questions de métaphysique sont indiquées sans solution imposée, quoique la solution spiritualiste ne fût pas supposée douteuse, où enfin l'histoire de la philosophie intervient dans de modestes proportions, comme un complément nécessaire de l'histoire générale de l'esprit humain. C'était un programme, c'était une méthode, c'était la recommandation des idées libérales dans la direction de la jeunesse, élevée sous la protection des principes de 1789, ce n'était pas ce dogmatisme impérieux et tyrannique qu'on a attribué à Cousin, que lui attribuent encore aujourd'hui de jeunes maîtres qui ne l'ont pas connu, qui, peut-être même, n'ont pas lu ses livres. Pendant les longues années que j'ai passées dans son commerce, depuis le jour où, en 1832, j'ai été reçu, sous sa présidence, agrégé de philosophie, jusqu'à la veille de sa mort, je ne l'ai jamais vu ni étonné, ni irrité de l'indépendance, quelquefois de l'hostilité dont on faisait preuve à son égard dans quelques chaires de philosophie de l'Université. Aux deux ou trois exemples qu'on a cités M. Janet, je pourrais en ajouter plusieurs autres.

Ce que Cousin ne comprenait pas, c'était la liberté d'enseignement, qui est encore bien loin d'être comprise et consacrée aujourd'hui. Ses vues, dans l'intérêt de la liberté même, n'allaient pas au delà de l'État enseignant; il trouvait dans ce régime la plus solide garantie qu'on pût offrir aux principes de 1789, et faut-il s'en étonner? A peine sécularisé, l'enseignement ne pouvait être pressé de partager la domination avec ceux qui naguère l'avaient asservi à leur usage. C'est ainsi qu'il s'est montré un des plus ardents adversaires de la loi de 1850, connue sous le nom de la loi Falloux. Il oubliait que les temps n'étaient plus les mêmes et que les passions déchaînées dans le pays depuis 1848 ne ressemblant en aucune façon à l'esprit libéral de 1830, appelaient le contrepoids des idées religieuses. Au reste, l'ayant vue à l'œuvre pendant plus de vingt ans, je ne crains pas de dire en passant que cette fameuse loi de 1850 ne mérite pas la mauvaise réputation qu'on lui a faite. Cousin lui-même, dans le court espace de temps où il fit partie de la section permanente du Conseil supérieur de l'instruction publique, c'est-à-dire depuis la fin de l'année 1850 jusqu'au 2 décembre 1851, lui prêta un loyal et ardent concours. S'il ne demanda pas la révocation d'Amédée Jacques, coupable d'avoir publié, dans la *Liberté de penser*, un article violent contre le christianisme, il ne fit rien non plus pour l'empêcher. Cela n'était pas contraire aux principes d'administration qu'il avait toujours mis en pratique, même au temps où il était le maître. Il voulait que les professeurs de philosophie fussent indépendants de la religion, il ne leur permettait pas de se montrer ses ennemis. C'était tout à la fois, de la part d'un mandataire de l'État, de la sagesse et de la logique.

Revenons à la philosophie de Cousin, non à celle qu'il faisait enseigner dans nos lycées et dans nos collèges, mais à celle qu'il enseignait lui-même dans ses livres et dans ses conversations et jusque dans ses actes, car il n'a jamais cessé d'exercer une grande influence et, selon l'expression de Jouffroy, d'être une cause.

Est-il vrai, comme on l'a dit, et comme on le répète encore souvent, que Victor Cousin ait eu deux philosophies, qui non seulement ne se ressemblent pas, mais qui se contredisent sur les points les plus importants et dont la dernière, embrassée dans la seconde moitié de sa vie pendant qu'il était au pouvoir, est la condamnation de la première? C'est là une pure légende à laquelle il importe de substituer la vérité. Sans doute, il y a dans le cours de 1818, si heureusement restauré par M. Janet, et dans la préface de 1826, des propositions qu'on peut comparer à des fusées lancées dans l'air par la main téméraire de la jeunesse et que Victor Cousin, dans un âge plus mûr, a discrètement retirées ou modifiées; mais ce n'était point par ménagement pour la haute position à laquelle l'avait élevé la révolution de 1830. Car, en 1833, quand il joignait à ses fonctions de conseiller de l'Université, la dignité de pair de France, il osait dire, en parlant de la philosophie de la nature : « Ce système est le vrai ». Quant à son cours de 1828, nous avons pu nous convaincre qu'on n'y trouve pas les idées, soit exotiques, soit dangereuses, qu'on a cru y découvrir et que Victor Cousin, à une autre époque de son existence, n'a pas eu à désavouer. En fait, ce désaveu n'a jamais eu lieu, on n'en trouvera la trace dans aucun de ses écrits. Seulement, les grands problèmes qu'il avait abordés donnaient lieu à des solutions plus précises, plus décidées que celles dont il s'était contenté pendant longtemps, et ces solutions, réclamées par le conflit des idées, par les objections pressantes de ses adversaires, il finit par les adopter.

Je n'oserais pas affirmer avec M. Janet qu'il passa du panthéisme au théisme, car il est bien difficile de tracer exactement la limite qui sépare ces deux doctrines ; je dirai seulement que, accusé de panthéisme par l'abbé Maret et l'abbé Gioberti, il se crut obligé de creuser plus profondément qu'il ne l'avait fait jusqu'alors la ligne de démarcation que toute métaphysique est forcée de reconnaître entre Dieu et le monde, entre l'infini et le fini, entre l'être absolu et les êtres relatifs. Panthéiste, il s'était toujours défendu de l'être, même dans sa préface de 1826 et dans son cours de 1818 ; mais il croyait qu'il suffisait pour cela de ne pas confondre le monde avec Dieu ; les objections de ses deux vénérables adversaires lui prouvaient que ce n'était pas assez. Son intérêt et son devoir étaient de répondre à deux hommes aussi considérables. En gardant le silence, comme il faisait, il leur donnait raison. D'un autre côté, son idéalisme platonicien ne suffisait pas à lui expliquer la nature de l'âme et se conciliait difficilement avec les théories de Maine de Biran sur l'acte volontaire. Il ne se conciliait pas mieux avec sa propre théorie sur la création, substituée depuis longtemps à la dialectique éternelle de la philosophie hégélienne. Il fallait s'avancer ou, si l'on veut, retourner en arrière jusqu'au spiritualisme, que professaient d'ailleurs, sans réticence, plusieurs de ses disciples. Sans en faire un événement, il franchit ce pas, et, réunissant en une seule doctrine l'idée d'un Dieu créateur et celle d'une âme spirituelle, il fut amené à délaisser la philosophie allemande pour revenir au cartésianisme, à cette vieille philosophie française, où la raison, avec Malebranche et Fénelon, s'élevait aux plus hautes régions de la métaphysique [1].

A partir de ce moment, vers 1853, quand parut la troisième édition *Du Vrai, du Beau et du Bien*, le respect que Victor Cousin n'avait jamais cessé de témoigner au christianisme, particulièrement à l'Église de France, devint plus profond et plus démonstratif. Les grands théologiens « qui avaient été en même temps de grands métaphysiciens » furent de sa part l'objet d'une préoccupation constante et d'une prédilection non dissimulée. Il les étudiait, les citait volontiers, mettait leurs œuvres au concours et ne se contentait pas toujours des hommages que leur ren-

1. Au spiritualisme de Descartes, il ajouta l'optimisme de Leibniz, dans lequel il ne cessa jamais de voir un disciple indépendant de l'auteur des *Méditations métaphysiques*.

daient même les croyants les plus convaincus. Voici ce qui arriva un jour à l'Académie des sciences morales et politiques, avant que M. Janet en fît partie. Le sujet du prix de philosophie, cette année-là, était la philosophie de saint Augustin. Parmi les mémoires présentés, il y en avait un que la section compétente avait particulièrement remarqué et qu'elle jugeait digne d'être couronné. Victor Cousin, au contraire, était d'avis de l'écarter comme une œuvre hostile au christianisme et aux idées religieuses en général. Il dut néanmoins se résigner à la décision de la majorité de ses confrères, et quelle ne fut pas sa surprise lorsque, à l'ouverture du billet cacheté qui accompagnait le mémoire proposé pour le prix, il entendit proclamer le nom de M. Nourrisson. Je crois avoir encore sous les yeux le sourire sardonique de Rémusat.

Mais ces excès de faveur pour les fondateurs et les interprètes de la métaphysique chrétienne n'étaient ni fréquents, ni de longue durée chez Cousin. Ils étaient provoqués par les excès contraires dont la France et l'Allemagne lui offraient alors le spectacle. Il voyait, dès 1830, se préparer en Europe un grand mouvement athée, et l'athéisme, c'était pour lui l'ennemi comme pour d'autres un peu plus tard le cléricalisme. Ce n'était pas seulement la vérité philosophique qu'il croyait défendre en défendant le spiritualisme et les points essentiels de la métaphysique chrétienne, c'était l'ordre social, c'étaient les fondements de la société moderne, telle que les progrès du temps et de la conscience humaine l'avaient faite.

Mais jamais il n'a sacrifié son indépendance même à ces intérêts supérieurs ; jamais il n'a rien dit ni rien fait qui puisse le faire soupçonner d'un tel sacrifice ; jamais la raison n'a rien perdu de son empire sur le fond de sa pensée. Au témoignage de sa vie entière et à celui de tous ses écrits, il me sera permis, je crois, de joindre quelques exemples particuliers. Un jour, après une longue conversation que j'eus avec lui sur les origines du christianisme et sur l'histoire des religions en général, il m'adressa ces paroles que je n'ai jamais oubliées : « Qu'est-ce que la religion ? C'est de la mythologie et de la métaphysique. » Un autre jour, après une lecture qu'il avait faite à l'Académie des sciences morales et politiques sur les rapports de la philosophie et du christianisme, et où le christianisme était présenté comme une philosophie populaire, tandis que la philosophie devenait, en quelque sorte, un christianisme ésotérique, à l'usage des esprits d'élite, il me dit, comme pour donner à son mémoire un sens plus libre : « Vous voyez, mon cher ami, que je fais comme Socrate, j'honore la religion de mon pays ».

Ce langage confidentiel ne contredit en rien ses déclarations publiques. De celles-ci aussi bien que de celui-là, il résulte que Cousin n'a pas varié dans son opinion sur le rôle respectif des idées philosophiques et des croyances religieuses. Les premières lui représentaient le jour complet et les dernières le demi-jour. Aussi regardait-il comme une cruauté d'ôter le demi-jour à ceux dont les yeux restaient fermés à une autre lumière. A une de ses réceptions hebdomadaires à la Sorbonne, réceptions qui étaient de simples conversations au coin du feu, quelques-uns de ses amis lui reprochaient assez sévèrement ses déférences envers l'Église et surtout la faveur qu'il témoignait aux écoles tenues par les Frères de la doctrine chrétienne. « Eh quoi ! leur répondit-il, vous voulez que j'explique le *Parménide* à Mme Blanchard ? » Mme Blanchard, sa vieille gouvernante, dont le nom intervenait souvent dans ses entretiens familiers, était pour lui une personnification de la simplicité populaire. Cousin n'avait-il pas raison, sinon dans la forme, tantôt un peu étroite et tantôt trop impérieuse dont il revêtait sa pensée, au moins dans le fond des choses? On n'a jamais vu jusqu'à présent, et il est permis de croire qu'on ne verra jamais, un peuple tout entier, à plus forte raison une vaste société composée de plusieurs peuples, se passer de religion. Pourquoi la religion, à la prendre dans sa généralité et dans sa diversité presque infinies, ne serait-elle pas une manifestation nécessaire, par conséquent une manifestation éternelle de la pensée humaine aussi bien que la poésie, l'art, la philosophie et la science elle-même? Je crois qu'il est plus facile de la dénigrer et même de la persécuter que de s'en passer.

Un autre article de la foi philosophique que Cousin a conservée jusqu'aux derniers jours de sa vie, c'est celui dont le nom s'est étendu à toute sa doctrine et est devenu le nom même de son école, c'est l'éclectisme. Mais l'éclectisme n'est qu'un principe ou, si l'on veut, une méthode dont les applications peuvent être très différentes et l'ont été, aussi bien chez le maître que chez les disciples. Comme principe, l'éclectisme est difficile à contester, car il se réduit à cette proposition qu'aucun système n'est complet et qu'à les considérer tous dans leurs caractères les plus généraux, ils sont plutôt incomplets que faux. Comment supposer, en effet, que l'esprit humain, s'il n'est pas frappé d'une déchéance incurable, s'il n'est pas atteint de folie encore plutôt que d'impuissance, ait pu se partager, depuis bientôt trois mille ans, entre tant de doctrines opposées qui sont toutes également des erreurs ? D'un autre côté, pour croire que ces doctrines sont également vraies, il faut nier le principe de contradiction, c'est-à-dire la condition même de tout raisonnement, de toute pensée, de toute vérité dans la pensée. Hegel a osé le faire ; mais cela seul est la condamnation de sa philosophie, quoiqu'il ait soin de distinguer entre les temps et que ce qui est pour lui faux dans un temps, soit vrai dans un autre. L'éclectisme échappe aux difficultés, soit de l'erreur universelle, soit de l'universelle vérité. Mais il a subi dans l'esprit même de Cousin plusieurs changements.

Dans l'origine, c'est-à-dire de 1815 à 1817, quand il en conçut la première idée qui lui appartient réellement, il ne l'appliqua, et encore d'une manière très inégale, qu'aux doctrines des trois philosophes qu'il reconnaissait pour ses maîtres, et subsidiairement aux trois dernières écoles du XVIIIe siècle.

Plus tard, dans sa préface de 1826 et surtout dans son cours de 1828, après avoir été captivé un instant par la méthode dialectique de Hegel, il donne à l'éclectisme un sens plus général, mais en même temps plus vague qui le rend à peu près insaisissable et impraticable. « Chaque système, dit-il, n'est pas faux, mais incomplet; d'où il résulte qu'en réunissant tous les systèmes incomplets on aurait une philosophie complète, adéquate à la totalité de la conscience. » Comment s'y prendra-t-on pour recevoir dans un tout homogène, expression fidèle de l'esprit humain, tant de systèmes, non seulement différents, mais contradictoires? Cousin n'a pas manqué de prévoir la difficulté, puisqu'il offre à ses lecteurs le moyen de la résoudre. En quoi consiste ce moyen? « Pour posséder, dit-il, la vérité tout entière, il faut rester au centre, rentrer dans la conscience et analyser la pensée dans ses éléments, dans tous ses éléments [1]. » S'il est possible, en restant au centre, c'est-à-dire dans la conscience, d'arriver à cette analyse complète de tous les éléments de la pensée, pourquoi la chercher dans l'histoire? Il y aurait dans ce travail un intérêt historique, mais non un intérêt philosophique. Nous apprendrions ce qui a occupé ou égaré l'esprit de différents groupes de penseurs, mais non ce qui doit être accepté par notre esprit. Si, au contraire, l'histoire est l'expression de la vérité, sous la condition déjà reconnue par Leibniz et renouvelée par Cousin, d'en retrancher tous les éléments négatifs pour ne laisser subsister que les éléments positifs, la philosophie est toute faite ou elle se fait d'elle-même à travers les siècles, nous n'avons pas à la faire.

1. Passage cité par M. Janet, p. 430.

Aussi, sans attendre les objections qu'on pourrait élever contre lui, Cousin a-t-il abandonné cette seconde interprétation de l'éclectisme pour lui en substituer une troisième. Celle-ci se trouve exposée avec une grande originalité dans le cours de 1829. C'est elle qui réduit tous les systèmes philosophiques à quatre : le sensualisme, l'idéalisme, le scepticisme et le mysticisme. Ces quatre systèmes, étroitement liés les uns aux autres, toujours les mêmes dans leurs principes, quoique mobiles et progressifs dans leurs résultats, forment dans l'histoire de l'esprit humain comme un rythme invariable, comme une symphonie à quatre parties qui, à peine terminée, recommence sur un autre mode et ne finira vraisemblablement qu'avec l'esprit humain lui-même. C'est à cette dernière manière de comprendre l'éclectisme que Cousin s'est arrêté et que nous devons nous arrêter avec lui. Pour ma part, je l'adopte complètement, pourvu qu'il soit entendu qu'il s'agit ici, non de quatre systèmes qu'il faut combiner entre eux en sacrifiant plus ou moins la vérité et même la vraisemblance, mais de quatre tendances indestructibles de la pensée humaine, de quatre aspects sous lesquels les choses se présentent à nous. N'est-il pas vrai qu'en réfléchissant sur la nature et sur notre moi, nous sommes forcés de les considérer ou dans leurs conditions extérieures ou dans leurs lois intimes, dans ces formes invisibles qu'on appelle des idées? N'est-il pas vrai que lorsque nous avons poussé à l'extrême chacune de ces deux manières de considérer les existences, nous sommes amenés à les révoquer en doute l'une et l'autre? Enfin, il est également vrai qu'au delà de ce que nous savons ou croyons savoir, il y a ce que nous ne savons pas, ce que nous ne saurons jamais et qui existe cependant, qui s'impose à notre foi, à une foi universelle que partage le genre humain, tout en échappant à notre raison. Le sensualiste et l'idéaliste d'un temps ne ressemblent pas à ceux d'un autre temps. De même, le sceptique et le mystique. Par exemple, entre Kant et Pyrrhon d'Élis la différence est grande. Mais toujours il y aura des penseurs qui considéreront la matière et l'âme dans leurs conditions physiques et organiques plutôt que dans leurs lois, dans leurs fins, dans leurs forces invisibles. Toujours il y aura des esprits critiques qui montreront l'insuffisance du dogmatisme philosophique et même scientifique de toute une époque. Enfin le mysticisme, le principe de la foi, le domaine de l'infini et de l'incompréhensible est, lui aussi, éternel, quoiqu'il change, d'une époque à une autre, de forme et de langage.

Cette façon de comprendre l'histoire et la constitution même, la constitution éternelle et les progrès nécessaires de la pensée philosophique, laisse subsister dans leur indépendance les vrais systèmes, les systèmes définis, les systèmes caractérisés de la philosophie. Elle ne leur impose aucune transaction contraire à la nature des uns avec les autres, aucune fusion capable de les amoindrir et de les rendre méconnaissables. Or je crains que sur ce point M. Janet n'ait ouvert la porte à de dangereuses confusions. Parce que la philosophie nous explique, en certains cas, les conditions organiques de l'intelligence, il veut qu'il y ait une conciliation possible entre le matérialisme et le spiritualisme. Mais ces conditions dont il parle ne sont qu'une application des lois de l'esprit à la constitution même de la matière vivante. Je n'admets pas davantage le traité de paix qu'il nous propose entre l'hérédité imaginée par l'école évolutionniste pour expliquer les lois de la conscience et ce que les philosophes appellent les idées innées, les principes invariables de la raison. Il n'y a aucune analogie entre ces deux choses et il est de toute impossibilité de les résoudre l'une dans l'autre. Les dispositions héréditaires se forment peu à peu et n'ont rien d'absolu. Les lois de la morale sont éternelles, universelles et ne comportent pas d'exception. Je demanderai, en manière d'exemple, quel traité de paix il réussira à établir entre la règle de charité, soit philosophique, soit religieuse, qui nous commande impérieusement de veiller sur les faibles, de secourir les pauvres, de soulager les malades, de les guérir si l'on peut, et cette implacable doctrine de Herbert Spencer qui exige de nous, pour ne pas compromettre la pureté de notre race, que nous les laissions périr comme des animaux immondes. Je voudrais savoir enfin comment il s'y prendrait pour accorder ensemble ceux qui reconnaissent l'unité du moi, l'identité de la personne humaine et ceux qui ne voient dans cette unité qu'une simple collection de petites unités innombrables, représentées par les cellules de nos nerfs, de notre cerveau. Que d'autres doctrines encore sont absolument réfractaires à cette tentative de pacification !

Je suis de l'avis de M. Janet lorsqu'il dit [1] que la philosophie n'a pas d'ennemis, mais des collaborateurs; qu'elle s'enrichit par l'importation aussi bien que par l'exportation; je crois cependant qu'il y a des erreurs qu'il faut se borner à supporter sans en être les complices.

1. P. 448.

VICTOR COUSIN[1]

Un de nos confrères pour lequel je professe la plus grande amitié, M. Charles Lévêque, m'a fait remarquer que, ayant rendu compte dans le *Journal des Savants* du beau livre de M. Janet sur *Victor Cousin et son œuvre*, je devais, en quelque sorte, me considérer comme obligé envers les lecteurs de ce journal de leur présenter aussi une appréciation, si courte fût-elle, du petit volume que M. Jules Simon vient de publier sur le même sujet. L'observation de M. Charles Lévêque m'a paru fondée, et je m'empresse de m'y conformer, en me déclarant seul responsable des erreurs ou des injustices qu'on pourra se croire en droit de me reprocher.

Je dirai d'abord que je n'ai pas gardé le souvenir de beaucoup de lectures qui m'aient charmé autant

---

1. *Victor Cousin*, par Jules Simon, dans la *Collection des grands écrivains de France*. 1 vol. in-12 de 184 pages, précédé d'un portrait d'après une photographie de Nadar; librairie Hachette et Cⁱᵉ. Paris, 1887.

que celle du volume en question. Je défie qui que ce soit de le commencer sans aller d'un trait jusqu'au bout. Je parle, bien entendu, de ceux qui comptent ou qui sont attirés vers de pareils écrits. C'est plein de grâce et d'esprit, de malice aussi, que les naïfs seront tentés de prendre pour de la candeur. L'admiration la plus émue, la plus profonde, y est souvent interrompue, je ne dirai pas seulement par la critique, mais par des traits de satire. C'est pourtant l'admiration qui l'emporte et, je le dirai tout de suite, c'est elle qui marque la fin et qui forme en quelque sorte la conclusion de l'ouvrage. Rien de plus beau, de plus éloquent, de plus vrai aussi que le portrait de Cousin opposé par M. Jules Simon à celui qu'en a tracé M. Taine dans ses *Philosophes français*. Bien que M. Jules Simon nous assure qu'il n'a voulu faire qu'un portrait, il faut se garder de le prendre au mot. Aux traits particuliers que la physionomie du maître a laissés dans sa mémoire et que son imagination nous rend avec tant de vivacité se mêlent à chaque instant les réflexions générales du moraliste et du politique. La biographie qui, vu le temps et les circonstances où elle recueille ses matériaux, est souvent obligée de se confondre avec l'autobiographie, ne se sépare point de la métaphysique ni de la critique des systèmes. Il était inévitable qu'un philosophe de profession tel que l'historien de l'école d'Alexandrie s'arrêtât particulièrement au système de Cousin. Il ne lui a pas suffi de le faire connaître après tant d'autres dans ses traits principaux, il éprouvait aussi le besoin de nous dire quels sont, dans l'état actuel de son esprit, les points par lesquels il s'en rapproche et ceux par lesquels il s'en éloigne.

Ici la différence est grande entre le livre de M. Jules Simon et celui de M. Paul Janet. Cela seul est un motif pour les lire attentivement tous les deux et y chercher la matière de quelques réflexions qui aideront peut-être à les compléter.

Mais ce n'est pas seulement sur les idées et les questions de doctrine que j'appellerai l'attention; il y a aussi des faits, les uns oubliés, les autres légèrement méconnus, que je crois utile de rappeler ou de redresser. Je commence par les faits. Malheureusement il en est quelques-uns qui se lient si étroitement à mon expérience personnelle qu'il m'est impossible de les en détacher sans leur ôter toute signification et toute garantie.

Tout en nous le montrant versant des larmes à la nouvelle de la mort d'Armand Carrel, qui n'était ni de son monde ni de son opinion, M. Jules Simon dit et répète à plusieurs reprises que « Cousin n'était ni bon ni tendre [1] ». Je puis citer de lui plusieurs traits d'une bonté tout à fait touchante. Il y en a un surtout qui a laissé dans mon esprit un souvenir ineffaçable et que je puis affirmer avec la même certitude que si j'y avais joué un rôle. Un professeur de philosophie encore jeune, mais marié et père de famille, s'était vu arrêter dans sa carrière par une de ces maladies pour lesquelles on recommande, ou du moins on recommandait, il y a un demi-siècle,

[1]. P. 94.

comme dernier moyen de salut le doux ciel de Pise. Le pauvre jeune homme n'avait pour toute fortune que la rémunération déjà à moitié dépensée de son dernier ouvrage, un ouvrage de philosophie, et bien plus encore d'érudition philosophique, ce qui veut dire très médiocrement payé. Il était de son devoir de ne point partir pour son douloureux exil sans avoir revu Cousin, qui lui avait toujours témoigné un vif intérêt. Après plusieurs heures d'une conversation animée sur les plus graves sujets : « Vous voilà donc, mon cher enfant, à la veille de votre grand voyage, lui dit le maître d'une voix visiblement émue. Et que deviendront en votre absence votre jeune femme et vos petits enfants ? Que deviendrez vous vous-même dans une ville étrangère avec les ressources que je vous connais ? Sachez qu'il est des circonstances où c'est un devoir de se souvenir qu'on a des amis. Ne me ménagez pas. Je suis riche, bien plus riche que vous ne croyez. » Cette manière de faire appel à l'amitié et de se vanter de sa fortune n'est-elle pas originale ? La proposition de Cousin ne fut pas acceptée ; mais c'est un acte de justice de ne pas la laisser dans l'oubli.

Je rappellerai aussi à quel point, dans les dernières années de sa vie, Cousin s'inquiétait d'une maladie qui faisait souffrir Morand, son fidèle domestique. On lui en demandait des nouvelles comme on le fait ailleurs des proches parents ou des enfants de la maison, et les consultations de médecins, des plus grands médecins, se succédaient sans relâche.

A en croire M. Jules Simon, Cousin n'aurait jamais eu qu'un très petit nombre d'amis. Sans doute il en avait moins que d'admirateurs. Cependant je lui en connus, je lui en connais encore qui n'ont jamais failli à sa mémoire et qui seront toujours prêts à la défendre contre ceux qui cherchent, n'importe pour quel motif, à la diminuer ou à la détruire. Il me serait facile, s'il m'était permis de citer tous les noms propres, de les porter à un nombre au moins égal à celui des apôtres. Et quel est donc l'homme supérieur, écrivain, penseur, ou homme d'État, qui a compté ses amis par légion? Que les amis de Cousin fussent rares ou nombreux, il leur était fidèle et rien ne peut donner une idée de la joie qu'il éprouvait lorsqu'il voyait revenir celui d'entre eux qui s'était détaché de lui. Cette joie, j'ai été assez heureux pour la lui faire éprouver en lui amenant un jour à Bellevue, dans sa résidence d'été, l'auteur de *la Juive*, Fromental Halévy, un ami de sa jeunesse avec lequel, pour des motifs dont il ne se rendait pas compte, il se croyait brouillé depuis bien des années. Halévy de son côté fut ravi de le retrouver. C'est alors que j'entendis parler pour la première fois des *Trois Flacons*, cet opéra-comique dont Cousin devait écrire le livret et Halévy la musique. Malgré l'assurance qui me fut donnée par l'artiste et le philosophe que l'œuvre commune avait été à peu près achevée, je suis porté à croire qu'elle n'a pas même été commencée.

Est-il vrai que Cousin, investi de la direction de l'enseignement philosophique dans l'Université, fut ce maître impérieux, cet intraitable tyran que nous montre en lui son dernier biographe? « Il considérait, dit M. Jules Simon [1], tous les professeurs de philosophie comme chargés de porter la parole en son nom. Il leur indiquait très expressément ceux de ses livres qu'ils devaient prendre pour base de leur enseignement. Il se faisait informer par les inspecteurs généraux, et quand un récalcitrant ou un hésitant venait à Paris, il était reçu et traité selon ses mérites. » A ceux qui vantent la grande liberté que Cousin laissait à ses élèves, M. Jules Simon répond : « On n'était libre que nominativement. On n'avait que la liberté de se casser le cou [2]. »

Cela revient à dire que, à partir de 1830 ou depuis le moment où Cousin fit partie du Conseil royal de l'instruction publique, nul n'était admis à occuper en France une chaire de philosophie s'il n'était ou ne se déclarait un élève de Cousin, et que tout élève de Cousin, s'il ne voulait encourir, selon la gravité des cas, une destitution ou une disgrâce, devait s'étudier à ne rien dire qui ne fût d'accord avec le texte et avec l'esprit des livres du maître. Pour l'honneur des professeurs de philosophie aussi bien que pour l'honneur de Cousin, je me crois obligé de déclarer que ces deux assertions sont également erronées.

J'ai cité [3] les faits incontestables que M. Janet leur oppose et j'ai pu les confirmer par mes propres observations. Mais ces faits ne se rapportent qu'à des professeurs qui ont enseigné à Paris. En voici d'autres qui me sont fournis par la province. Ni

---

1. P. 110.
2. *Ibid.*
3. *Journal des Savants*, année 1886, cahiers de novembre et de décembre.

Gatien-Arnault, ni Tissot, ni Patrice Laroque, ni Mahusiez, ni Lefranc n'étaient de l'école de Cousin, et aucun d'eux n'en souffrit dans sa carrière. Gatien-Arnault, qui a fait partie de l'Assemblée nationale en 1848 et en 1871, a été mon professeur de philosophie à Nancy en 1830. Cousin aurait pu être leur maître par ses livres, mais il ne l'a pas été, ce qui ne l'a pas empêché de faire arriver Gatien-Arnault à la Faculté des lettres de Toulouse. Tissot, toute sa vie, a été un pur kantiste, et c'est sous l'autorité et avec le plein consentement de Cousin qu'il est devenu professeur et ensuite doyen de la Faculté des lettres de Dijon. Patrice Laroque, qui affectait de s'éloigner de Cousin, non seulement par les principes, mais par la forme de son enseignement, est resté paisiblement dans sa chaire de Grenoble jusqu'au moment où le philosophe a fait chez lui place au théologien et au théologien ennemi du christianisme. La révolution de Février l'a récompensé en le faisant recteur de l'Académie de Caen. Mahusiez, professeur du collège royal de Toulouse, était un homme d'esprit, ennemi déclaré, après 1830, de la philosophie de Cousin et de la monarchie de Juillet. Il n'avait d'autre ambition que de garder sa tranquillité et son poste. On les lui a laissés jusqu'à la fin de sa vie. Lefranc était un original épris de ses propres idées à peine intelligibles à lui-même et qui ne souffrait pas qu'à un degré quelconque les idées d'autrui eussent prise sur lui. Cousin lui donna la chaire de philosophie du collège de Bordeaux et plus tard celle de la Faculté de la même ville. D'ailleurs, pour revenir un instant à Paris, est-ce que M. Jules Simon n'est pas forcé de reconnaître que Cousin, dans sa propre chaire de la Sorbonne, a été pendant de longues années suppléé par Poret, qui n'était pas de son école?

L'intolérance philosophique de Cousin est devenue avec le temps une sorte de légende qu'il est à peine permis de révoquer en doute. Il est difficile cependant qu'elle résiste à des souvenirs personnels. Quand je me présentai au concours de l'agrégation au commencement de septembre de l'année 1832, le jury était présidé par Cousin. De tous ses ouvrages, je n'en avais lu qu'un seul, le moins éclectique et le moins germanique, la critique de Locke. Je ne connaissais l'éclectisme que par les objections dont il était l'objet de la part de Gatien-Arnault. Lorsque, après la publication du rapport par lequel j'apprenais que j'étais nommé agrégé, Cousin me fit appeler chez lui, à la Sorbonne, veut-on savoir quelles recommandations il m'adressa à la veille de me confier une chaire de philosophie dans un collège royal? Il ne me dit pas un mot ni de ses livres, ni de sa doctrine, ni de son école; mais, sur la crainte que je crus devoir lui exprimer que le culte dans lequel je suis né ne fût pour lui une cause de difficulté, il me fit cette question : « Si, dans le cours de votre enseignement, vous rencontrez sur votre chemin ce grand personnage historique qu'on appelle le Christianisme, est-ce que vous éprouveriez quelque scrupule à lui tirer votre chapeau? — Assurément non, lui répondis-je. — Eh bien! reprit-il, cela suffit pour que nous ayons ensemble dans l'avenir les meilleurs rapports. » Je n'ai pas besoin d'ajouter qu'il me tint parole. Dans les lettres et dans les conversations dont il ne cessa de m'honorer depuis cette première entrevue, le nom de l'éclectisme et les titres de ses écrits n'intervinrent jamais.

Là où M. Jules Simon est parfaitement dans la vérité, c'est lorsqu'il affirme que, sur toute publication philosophique de quelque importance, Cousin s'étudiait à imprimer son nom et à exercer son influence, à la marquer en quelque sorte de son estampille. Celles qu'il n'avait ni provoquées, ni inspirées, ni dirigées, il les présentait à l'une ou à l'autre des deux académies dont il faisait partie, il les faisait couronner quand il y avait lieu ou récompenser de quelque autre manière, il les recommandait pour les bibliothèques des facultés ou des collèges et les faisait valoir de façon ou d'autre sous son autorité. Cela ne l'empêchait pas, lorsqu'il le fallait, de céder à l'indépendance des auteurs. Puisque M. Jules Simon a cité à ce propos le *Dictionnaire des sciences philosophiques*, on ne trouvera peut-être pas mauvais que je raconte avec quelques détails comment les choses se sont passées.

Le plan de l'ouvrage était dressé ainsi que la liste des collaborateurs, dont un grand nombre sont étrangers à l'école éclectique et même à l'Université. Le traité avec le libraire n'était pas seulement signé, il avait reçu un commencement d'exécution; plusieurs des articles destinés à faire partie du recueil étaient entre mes mains lorsque je me rendis chez Cousin pour le mettre au courant de ce que j'avais fait et de ce que je voulais faire. Naturellement je lui demandai aussi ses conseils; c'était un devoir auquel je me serais gardé de manquer. Il accueillit ma confidence avec beaucoup de joie. Quelques jours après, ayant réuni chez lui ceux qu'il appelait « ses amis », il leur annonça qu'un dictionnaire des sciences philosophiques allait être rédigé chez lui, sous ses yeux, c'est-à-dire sous sa direction, avec le concours de tous les assistants. La tâche qu'il m'assignait était celle de secrétaire. Je devais correspondre avec les collaborateurs du dehors, m'entendre avec le libraire et enregistrer les décisions prises par l'assistance. Je laissai dire et je laissai faire en silence. Je pris même la plume qu'on me tendit. J'écrivis sous la dictée du maître. Le lendemain, de très bonne heure, je me rendis chez lui : « Vous avez oublié, lui dis-je, la nature et l'étendue des engagements que j'ai contractés. Il n'entre certainement pas dans vos intentions et il n'est pas en mon pouvoir de m'y soustraire. » Il parut d'abord quelque peu étonné de cette déclaration, puis il en prit bravement son parti et se borna à témoigner son intérêt pour l'œuvre commencée sans lui et achevée de même.

La promptitude avec laquelle il renonçait à une entreprise mal justifiée, il la mettait aussi à se consoler des contrariétés de la vie, de la ruine de ses plus brillantes espérances. Parlant de la fin de son ministère, M. Jules Simon dit [1] : « La chute lui fut rude, surtout dans les premiers temps, parce que tout

---

1. P. 109.

lui manquait à la fois, son empire et son régiment ». Cela est possible, mais il savait du moins parler et agir de manière à ne pas le laisser soupçonner. Le jour même où le ministère du 1ᵉʳ mars venait de remettre sa démission entre les mains du roi, je me rendis, ignorant encore le grand événement, à la réception du ministre de l'instruction publique. Je trouvai Cousin sur le perron, enveloppé d'une houppelande et marchant à grands pas; il m'arrêta. « Vous savez, me dit-il, que j'ai supplié le roi de nous renvoyer. Il était grand temps. Mais parlons d'autre chose. » Là-dessus il m'emmène et m'entretient avec chaleur, pendant toute la soirée, d'un cours que je devais faire sur le mysticisme à la prochaine rentrée de la Sorbonne, en ma qualité d'agrégé de la Faculté des lettres de Paris. C'était un cours libre, *complémentaire*, comme on l'appelait officiellement, le premier de ce genre qui allait s'ouvrir en France. Cousin, pendant qu'il était au pouvoir, avait créé cette institution ainsi que l'agrégation des Facultés et il en suivait les destinées avec un intérêt passionné. Le nombre n'est pas grand, je suppose, des hommes d'État tombés du pouvoir qui, à l'instant même de leur chute et même longtemps après, trouvent dans le mysticisme un sujet d'ardentes préoccupations.

Trente-cinq ans de relations suivies avec Cousin ont laissé dans ma mémoire bien des paroles et bien des incidents qui ne seraient pas indignes d'être connus et qui peut-être modifieraient un peu à son avantage, l'opinion qu'on s'est faite de son caractère; mais j'ai hâte d'arriver à quelques-uns des reproches que

M. Jules Simon adresse à sa philosophie. Je m'efforcerai de ne pas répéter ce que j'ai déjà dit à ce sujet en analysant le livre de M. Janet.

M. Jules Simon rend justice à la morale de Cousin et ce n'est pas à tort qu'il regrette que l'idée du bien, seule base de cette morale, que l'idée du beau, seul fondement de son esthétique, n'aient pas été comprises par le chef de l'école éclectique au nombre des vérités premières ou des idées fondamentales de la raison. Mais il est impossible de lui accorder que l'inspiration de la conscience soit l'inspiration de la connaissance [1]. La connaissance dérive de la raison et même du raisonnement aussi bien que de la conscience, et celle-ci est renfermée dans des limites que les deux autres facultés de l'esprit sont obligées et sont en droit de franchir. Qui oserait soutenir que les sciences physiques, que la science de la nature en général soit renfermée dans les bornes de la perception extérieure ou du témoignage direct de nos sens? Le raisonnement, l'induction, qui n'est qu'une des fonctions de la raison, les sciences mathématiques, qui sont une autre fonction de la raison, y ajoutent des richesses incalculables, lui valent des conquêtes qui s'accroissent chaque jour et dont le nombre est infini. Il en est de même de la philosophie, quoiqu'on ne puisse pas concevoir pour elle un avenir de progrès illimités. L'emprisonner dans le cercle étroit de la conscience, c'est la condamner à n'être jamais autre chose qu'une collection de faits, c'est-

---

[1]. P. 62.

à-dire un pur empirisme, ou c'est l'amener à dire que l'infini lui-même, dont nous avons pourtant une idée et dont il nous est impossible de ne pas parler, n'est qu'un phénomène de notre moi, un fait de sens intime ; ce qui équivaut à les précipiter dans l'abîme du scepticisme. Victor Cousin n'a donc pas eu tort de demander à la raison la connaissance, ou, ce qui est ici la même chose, l'explication des rapports du fini avec l'infini, des effets transitoires avec leur cause nécessaire, de la nature avec Dieu.

« En vérité, dit M. Jules Simon [1], la philosophie constate, décrit, analyse plutôt qu'elle n'explique. Elle rapporte un phénomène à sa cause ; ce n'est pas une explication complète, ce n'est qu'un commencement d'explication, mais c'est tout ce qu'elle peut faire. » On ne saurait reconnaître en termes plus clairs que remonter des phénomènes à leur cause, ce n'est plus une simple constatation des faits de conscience, mais une explication obtenue par la raison. « Un commencement d'explication », ajoute M. Jules Simon. Nous le voulons bien, mais pourquoi s'en tenir à ce commencement ? On nous répond que la philosophie ne peut rien faire de plus, et que cela même est un acte de foi, non de science. « Il faut, ajoute l'élégant écrivain, ici critique et non plus portraitiste, il faut que je commence en tout par un acte de foi, ou que je me réfugie dans le scepticisme. » Ce sont là de graves paroles dont les ennemis de la philosophie abuse-

---

1. P. 153.

raient facilement et qui contiennent au moins la négation de la métaphysique.

Qu'est-ce qui a pu porter un libre esprit comme Jules Simon à se montrer aussi sévère pour un ordre de spéculations qui n'est pas seulement le luxe, mais la gloire de la pensée, le plus grand titre de l'esprit humain au respect de lui-même, et ne craignons pas d'ajouter son plus impérieux, son plus impérissable besoin? Comme tant d'autres, beaucoup moins sincères et moins dévoués que lui à la cause de la raison, il s'est laissé intimider ou tout au moins refroidir par le nom de panthéisme. « Cousin, dit-il [1], croyait avoir tout terminé en disant que le monde est nécessaire à Dieu, comme Dieu est nécessaire au monde, ce qui ressemble furieusement à la nature naturante de Spinoza. On cria de toutes parts dans le monde catholique au panthéisme. Il se défendit avec beaucoup de soin et d'éloquence dans sa préface de 1826. Il établit fortement qu'il a toujours enseigné l'existence de la liberté en Dieu et en nous.... »

C'était parfaitement vrai, mais, alors, que pouvait-on lui demander de plus? Quelle ressemblance y a-t-il entre un Dieu libre et la nature naturante de l'auteur de l'*Éthique*? Qui peut assurer que le monde, ayant sa raison d'être dans la nature divine, dans la divine intelligence, ne soit pas dans sa généralité nécessaire, et si toute raison d'être manque à l'univers, pourquoi et comment l'univers existe-t-il?

1. P. 50.

Jules Simon est convaincu que Cousin était panthéiste tout en croyant de bonne foi ne l'être pas, et il ajoute : « Je ne vois pas pour ma part ce qu'on gagne, au point de vue de la clarté, en préférant le panthéisme à la création [1] ». On aurait le droit de retourner la proposition et de dire : « Je ne vois pas pour ma part ce qu'on gagne, au point de vue de la clarté, en préférant la création au panthéisme ». Panthéisme, théisme (je ne dis pas déisme), unité de substance, création, substances distinctes, substances séparées, autant d'expressions dont l'interprétation varie à l'infini. La création, d'après la définition qu'en donnent les théologiens les plus accrédités, c'est l'acte qui consiste à tirer des existences du néant. Qui peut, je ne dirai pas expliquer, mais se représenter un tel acte, en faire une idée présente à son intelligence? Au fond, cela n'a jamais voulu dire autre chose que l'activité de la cause suprême s'exerçant sans le concours d'aucune matière coexistante avec elle et encore moins préexistante. C'est la négation du dualisme et l'affirmation d'une cause unique de tous les êtres, à proprement parler d'un Dieu unique. Mais ce que Dieu ne tire pas de la matière, il faut qu'il le tire de lui-même, c'est-à-dire de sa volonté, de son intelligence, de son amour pour sa propre perfection, en dernière analyse, de sa propre substance. Et cette activité, il faut qu'il l'exerce, sous peine de ne pas être, puisque agir, vouloir, penser sont dans son essence. Voilà, en

---

1. P. 157.

vérité, bien du bruit pour établir une différence là où il n'y en a pas.

M. Jules Simon se montre encore plus sévère, s'il est possible, pour l'éclectisme de Cousin que pour sa métaphysique. J'ai expliqué ailleurs [1] ce qu'il faut entendre par les quatre systèmes que Cousin nous montre se renouvelant sans cesse dans l'histoire de la philosophie. Ce sont quatre tendances, quatre formes de la pensée, et des formes éternelles, nécessaires, susceptibles de transformations indéfinies, d'un progrès illimité. Juger de tout par l'expérience et par les sens ou n'en juger que par la raison ; n'admettre, comme le positivisme de nos jours, que des faits ou ne reconnaître que des principes absolus, des idées nécessaires, comme font les métaphysiciens, les théologiens et même les mathématiciens, puis se trouver arrêté et se croire obligé d'arrêter les autres, d'arrêter la science elle-même devant les objections, devant les contradictions qui sortent de ces deux manières de voir ; enfin chercher un refuge dans le sentiment, beaucoup plus compréhensif et plus souple que la raison et les sens ; se consoler des échecs de la philosophie et de la science, par la pensée que la philosophie et la science ont des limites, que nous ne savons pas tout et que nous ne pouvons pas tout savoir ; que, par conséquent, la foi dans l'infini, dans le divin et ses insondables mystères nous offre un abri toujours ouvert contre l'abandon où nous laisse le doute, contre l'abaissement qui résulte de l'absence de toute

---

1. *Journal des Savants*, année 1886, cahier de décembre.

conviction : tels sont les quatre points de vue, les quatre mouvements signalés par Victor Cousin dans le champ illimité de la spéculation philosophique. Ce n'est point là ce qu'on pourra appeler avec M. Jules Simon : « le roman de la philosophie », c'est la réalité même, c'est l'histoire.

Quant au jugement porté sur l'éclectisme en général ou pris en lui-même : « un éclectique, ce n'est pas un philosophe, c'est une sorte d'écho qui répète tous les sons ; ce n'est plus un esprit, car il admet toutes les opinions ; ni une volonté, puisqu'il appartient à qui veut le prendre [1] » ; ce jugement, dis-je, ne peut guère s'expliquer que par l'envie d'égayer le lecteur. M. Jules Simon le condamne lui-même en ajoutant : « Je sais bien que je fais là une caricature de l'éclectisme. Cousin en particulier et Leibniz avant lui avaient trop de valeur, trouvaient en eux trop de forces pour s'abandonner ainsi. » Comment ! Leibniz et Cousin sont les seuls éclectiques qui aient jamais existé, ou les seuls qui aient fait quelque honneur à leur système ! Ce n'est pas à l'historien de l'École d'Alexandrie qu'il appartenait de tenir ce langage. Philon, Porphyre, Proclus et, avant eux, Platon lui-même, étaient des éclectiques, et quelle noble impulsion n'ont-ils pas imprimée à l'esprit humain, on peut ajouter à l'âme humaine, qui n'a jamais eu plus besoin d'être relevée qu'à leur époque de scepticisme et de décadence ! Platon n'était-il pas éclectique ? Ce n'est pas d'hier que date la remar-

[1] P. 68.

que, d'ailleurs inattaquable, que dans le système de Platon se trouvent fondus ensemble ceux de Cratyle, de Pythagore, de Parménide, je dirais de Socrate si Socrate avait eu un système. Il n'y a pas jusqu'à la dialectique des sophistes qui ne joue un rôle important dans ce magnifique épanouissement du génie grec. Sans quitter la Grèce, je trouve un autre argument que M. Jules Simon n'a pas le droit de répudier; puisqu'il a traduit le premier livre de la *Métaphysique* d'Aristote, il sait mieux que personne comment ce grand esprit, un des plus originaux qui aient paru dans le monde, si ce n'est le plus original de tous, a construit sa théorie de la causalité. Il a, comme il a soin de nous l'apprendre lui-même, rencontré chez les naturalistes l'idée de la cause matérielle. L'école de Pythagore et celle de Platon se sont attachées à la cause formelle. Anaxagore a proclamé l'existence d'une cause efficiente et Socrate celle d'une cause finale. Réunissant ces vues éparses chez ses devanciers, Aristote en a fait la théorie des quatre causes. Qu'est-ce que cela, sinon de l'éclectisme ?

Étant de ceux qui pensent que l'enseignement philosophique ne convient qu'aux facultés, M. Jules Simon blâme Cousin de l'avoir introduit dans les collèges en le soumettant à une rigoureuse surveillance et à un programme officiel. « Il était, dit-il, l'apôtre de la philosophie, il en devint le magistrat. » Cela est très bien dit, mais ne constitue pas un grief. Déjà M. Janet a démontré que la philosophie a de tout temps en France fait partie de l'enseignement des collèges.

J'ajouterai seulement que, loin de s'affaiblir, il n'a fait que s'étendre pendant ces dernières années, et qu'il est entré jusque dans les écoles de filles. C'est un trait de nos mœurs que rien ne saurait effacer.

Nous ne voulons pas, à l'exemple de l'Allemagne, après avoir élevé nos enfants dans une religion intolérante, les livrer sans défense aux systèmes aventureux et contradictoires qu'on professe dans les universités.

Cousin est-il réellement l'auteur d'un catéchisme laïque, où non seulement les lois de la morale, mais les dogmes sont expliqués, et qui devrait être imposé à toutes les écoles primaires sans se substituer toutefois au catéchisme diocésain. Si Cousin a écrit ce livre, il ne l'a jamais signé ni reconnu, et, pour ma part, je ne crains pas de dire que, les dogmes religieux mis à part, un ouvrage pareil est tout à fait à sa place dans les écoles d'un pays civilisé. Tout le monde a besoin de connaître ses devoirs, ses devoirs envers Dieu et envers ses semblables, comme le proposait un jour, au sein du Parlement, M. Jules Simon lui-même, et il y a une manière de les enseigner qui se concilie avec les dogmes essentiels de toute religion. C'est du reste ce qui a lieu dans tous nos établissements d'instruction publique, ceux de Paris exceptés. C'est une exception à laquelle il serait peut-être temps de mettre un terme, car il n'y a rien de bon à attendre d'une nation ou d'une ville dont les enfants sont élevés sans morale et sans religion.

Mais je ne veux pas terminer par des critiques

l'examen du charmant volume de M. Jules Simon ; j'ajouterai donc, aux choses excellentes que j'ai déjà signalées, l'appréciation de Cousin comme homme politique, comme orateur, comme causeur, comme critique littéraire, comme historien des grandes dames et du grand monde, comme défenseur de l'Université et de la philosophie à la Chambre des pairs. Personne n'a raconté, je ne dirai pas avec plus d'exactitude, mais d'une manière plus vive et plus plaisante que M. Jules Simon, les luttes que Cousin a soulevées contre lui et les colères qu'il a provoquées de la part des ultramontains, de la part des saint-simoniens, et de la part des hommes d'État. L'enseignement qui sort de tous ces récits, c'est qu'il y a peu d'hommes dans l'histoire de ce siècle, qui aient jamais joué un rôle aussi brillant et aussi bienfaisant pour l'esprit de la France que Victor Cousin.

LE
NOUVEAU SPIRITUALISME [1]

I

Pendant que, en France, en Angleterre et en Allemagne, l'empirisme et l'évolutionnisme, se flattant d'avoir triomphé de toute contradiction, se livrent à leurs plus malsaines et plus arbitraires fantaisies, c'est une véritable jouissance de rencontrer un livre comme celui que M. Vacherot a publié il n'y a pas longtemps et où la noble fermeté du langage est toujours unie à la noblesse et à la vigueur de la pensée. Si jamais, en lisant les ouvrages de M. Vacherot, on avait par impossible conçu un doute sur la profondeur des convictions qui les ont inspirés, on ferait une exception en faveur de celui-ci, que l'auteur nous présente comme son testament philosophique,

---

[1]. *Le Nouveau Spiritualisme*, par E. Vacherot, membre de l'Institut, 1 volume in-8, xv-400 pages, librairie Hachette et Cⁱᵉ, Paris, 1884.

on pourrait dire, à la rigueur, comme son testament religieux, car sa philosophie ne vient pas seulement de son intelligence, elle vient du fond de son âme et y tient, comme la foi tient à l'âme des croyants. Je cite ses propres paroles.

« *Ultima verba* fut l'adieu de Littré mourant à la science, qui ne perdit pas une heure de cette belle et laborieuse vie. Je n'en suis pas aux dernières paroles, mais j'en suis au dernier livre. Après celui-là, je pourrai dire à la métaphysique : *Nunc dimitte servum tuum.* A mon âge et avec mes mauvais yeux, on peut encore écrire quelques pages sur la politique ou sur toute autre chose; on ne fait plus de livres [1]. »

Le but que M. Vacherot se propose dans *le Nouveau Spiritualisme*, ce n'est pas, comme il le dit expressément, de faire du spiritualisme une doctrine nouvelle, mais de le renouveler par la science, de remonter à la grande tradition qu'Aristote a fondée, que Leibniz a rétablie en face du cartésianisme et qui consiste à faire de la philosophie l'explication supérieure et universelle des choses, en embrassant dans sa synthèse la nature entière aussi bien que Dieu et l'humanité [2]. Mais renouveler la philosophie par la science et lui demander cette explication supérieure des choses qui a été l'ambition de sa jeunesse, ce n'est pas autre chose que la réconcilier avec la science telle qu'elle existe aujourd'hui, telle que l'ont

1. Préface.
2. N° 209.

faite les rigoureuses méthodes et les merveilleuses découvertes de notre siècle. Et comme ce n'est pas toute la philosophie, mais seulement la métaphysique qui comporte et qui réclame cette réconciliation, ce que veut M. Vacherot, le dessein dont il poursuit la réalisation dans ce livre présenté par lui comme l'œuvre finale et capitale de sa vie, se réduit, en dernière analyse, à réconcilier l'une avec l'autre, la science et la métaphysique, aujourd'hui séparées par un abîme.

Le divorce auquel il s'agit de mettre un terme ne date pas d'hier. Il remonte aux premières années du XVIIIe siècle. Locke, Hume, Berkeley, Condillac et beaucoup d'autres y ont concouru, chacun dans sa mesure et à sa manière, mais nul ne l'a poussé plus loin, ne lui a fourni des motifs plus propres à désespérer toute tentative de réunion que l'auteur de la *Critique de la raison pure*. Kant a mis toute l'originalité et la force de son génie à enfermer la pensée de l'homme en elle-même, à lui fermer toute issue sur la réalité des choses, à démontrer que tout effort pour y atteindre la condamne à d'inévitables contradictions. Ce système, en disparaissant, a laissé dans les esprits une trace ineffaçable, et il produit son effet, encore aujourd'hui même, chez ceux qui l'ignorent ou qui ne l'ont jamais connu que par ouï-dire. A en croire certains philosophes qui se donnent pour des savants et certains savants qui ont la prétention d'être des philosophes, l'ère de la métaphysique est à jamais fermée, et il n'y a plus à se fier qu'à la science toute seule.

Pour combattre avec succès une opinion aussi enracinée et aussi répandue, il fallait connaître à fond toutes les raisons sur lesquelles elle s'appuie, les raisons scientifiques aussi bien que les raisons philosophiques, et se placer à un point de vue assez élevé pour les dominer les unes et les autres. Ces conditions difficiles, M. Vacherot les a remplies sans que pour cela on soit autorisé à dire qu'en répondant aux objections anciennes, il n'en a pas suscité de nouvelles, et que son spiritualisme rajeuni, surtout en ce qui concerne les rapports de Dieu avec le monde, ne laisse dans l'esprit aucun nuage. Je ne parle pas naturellement de l'obscurité inévitable du sujet, mais de la pensée personnelle de celui qui l'a traité.

Familiarisé comme il l'est avec tous les systèmes que la philosophie a mis au jour, M. Vacherot ne pouvait ignorer que beaucoup d'autres avant lui, et non les moins illustres, avaient essayé de relever la métaphysique de l'interdit prononcé contre elle par le fondateur du criticisme. Pourquoi ces tentatives ont-elles échoué ou sont-elles restées sans crédit sur la raison générale? Telle est la question qu'il fallait résoudre d'abord, et c'est en effet celle que M. Vacherot a abordée dans une première partie de son livre, laquelle a pour titre : *Aperçu historique*.

Dans une seconde partie, qualifiée de *Discussion théorique*, il apprécie la valeur des systèmes et des méthodes qui, en raison de leur action présente et de la place qu'ils occupent ou mériteraient d'occuper dans la philosophie de notre temps, ne peuvent pas être relégués dans le domaine de l'histoire. C'est là aussi que, tirant parti des résultats auxquels cette discussion le conduit, il traite quelques-uns des sujets les plus importants de la métaphysique : la matière, l'esprit, l'âme, Dieu, l'omniscience divine.

Les dernières pages, que l'on comptera sans doute parmi les plus éloquentes et les plus vigoureuses, mais qui rencontreront aussi dans l'esprit du lecteur, le plus de résistance, sont consacrées à la conclusion.

Cette ordonnance est si simple et si claire que nous n'avons rien de mieux à faire que de la suivre pied à pied en nous arrêtant sur les points qui offrent le plus d'intérêt ou qui appellent particulièrement les observations de la critique.

L'aperçu historique, comme on doit s'y attendre de la part d'un esprit comme M. Vacherot et dans un ouvrage comme celui dont nous sommes occupé à rendre compte, est tout autre qu'une histoire plus ou moins abrégée, ou une revue critique des systèmes qui se sont succédé en France et à l'étranger depuis le commencement de notre siècle. C'est un tableau vivant, animé, tracé à grands traits et où la vie, on pourrait presque dire la couleur, ne nuit pas à l'exactitude, et fait ressortir les défauts aussi bien que les qualités, les infirmités aussi bien que la force des grandes écoles dans lesquelles rentrent ces systèmes. Elles sont au nombre de quatre et ont pour noms : l'école de la spéculation; l'école de la raison; l'école de la tradition; l'école de la conscience.

L'école de la spéculation, par laquelle il faut entendre la philosophie allemande depuis et après Kant jusqu'à la seconde moitié de notre siècle, mérite en particulier de fixer notre attention. On n'a jamais écrit sur cette obscure matière, sur cette chaîne presque insaisissable de nébuleuses abstractions, des pages plus lumineuses, plus saisissantes. On dirait un drame qui, des profondeurs de l'esprit, a passé au grand jour et où toutes les péripéties, sorties d'une même cause, aboutissent à un dénouement commun, à une catastrophe identique. Je vais essayer d'en donner au moins une rapide esquisse ou ce qu'on appelle, en langage de théâtre, le *scenario*.

Kant, sans nier l'existence des êtres en soi, distincts des phénomènes qui nous sont connus par l'expérience, sans nier la réalité de Dieu, de l'âme et du monde, soutenait qu'il nous est impossible d'y atteindre, parce que les concepts de notre esprit par lesquels nous prétendons les saisir, sont tout simplement les formes de notre pensée, des formes subjectives, des moules uniquement propres à recevoir la matière fournie par l'expérience sensible. A cette distinction capitale, qui ruine la métaphysique par la base, Kant ajoutait ses terribles antinomies d'où il résulte que toute tentative pour démontrer l'existence de Dieu, celle de l'âme et du monde extérieur, aboutit à une contradiction ou se détruit d'elle-même.

Après Kant vient Fichte, qui, au nom même des principes de Kant, se flatte de relever le dogmatisme en ruine et la métaphysique détruite. Comment les relève-t-il ? à l'aide de cette méthode de construction qui est un des traits particuliers du génie de l'Allemagne et qui, au lieu de conquérir la science philosophique par l'expérience et par le raisonnement, se donne l'illusion de la créer de toutes pièces. Puisque, d'une part, se dit Fichte, Kant reconnaît qu'il y a des choses en soi, et que, d'une autre part, il ne permet pas à l'homme de sortir de sa propre pensée, pourquoi la pensée de l'homme ne serait-elle pas le principe, le fondement, la substance même de ces choses? Pourquoi n'aurait-elle pas la puissance de les créer? En fait, rien n'existe pour nous que ce que nous connaissons, que ce qui reçoit les déterminations de notre pensée, de notre moi! Donc, le moi seul existe substantiellement, et rien n'existe que ce qui procède de lui, que ce qui a reçu de lui la détermination qui le rend intelligible, que ce qu'il pose ou ce qu'il affirme en vertu de sa toute-puissance. Oui, le moi est tout-puissant ou absolu, il est infini, et le non-moi n'est qu'une limite qu'il se donne à lui-même, une limite qui le force à revenir sur lui-même et à prendre conscience de son activité, qui est tout son être.

Ce n'est que dans les dernières années de sa vie, quand il se vit en butte à l'accusation d'athéisme, que Fichte, sans renoncer à la faculté créatrice et au pouvoir arbitraire dont il avait usé jusqu'alors, plaça au-dessus du moi humain et personnel un moi divin, impersonnel et infini, dont le premier se rapproche de plus en plus par la liberté et la perfection morale. Mais de deux choses l'une : ou ces deux existences procèdent du même principe et sont constituées, c'est-à-dire *posées* de la même manière, alors elles se confondent; ou elles se rapportent à des principes différents, et dans ce cas le système s'écroule.

C'est ce que vit très bien Schelling en prenant, dans la direction des esprits, la place de Fichte, dont il avait été d'abord le disciple. Sans s'arrêter aux protestations éloquentes que Jacobi, appelé le Rousseau de l'Allemagne, faisait entendre au nom du sentiment, il poursuivit, sur une plus large base, l'usage de la méthode de construction. Pourquoi, objectait-il, le moi resterait-il enfermé dans la sphère de sa propre pensée?

La pensée du moi, comme Kant avait raison de le soutenir, ne peut être qu'une pensée subjective à laquelle manquent tous les moyens d'atteindre à une réalité placée hors d'elle, à la réalité objective. Ce n'est qu'en abusant de l'affirmation et en faisant violence au langage qu'on peut déclarer le moi tout-puissant, absolu, infini, qu'on peut tirer de lui, sans en sortir, le non-moi, c'est-à-dire l'universalité et la diversité des consciences individuelles. Pour échapper à ces difficultés, non moins insolubles que les antinomies kantiennes, pour échapper à ces antinomies elles-mêmes, il n'y a qu'une chose à faire : c'est de se placer par intuition, comme qui dirait par un acte de divination, d'inspiration, d'élévation soudaine, au sein même de l'absolu, de l'intelligence absolue ou divine, de l'idée absolue, complément identique avec son objet, qui est l'être absolu. Là, cela va sans dire, il n'y a plus d'opposition entre le subjectif et l'objectif, entre la pensée et la réalité, entre l'esprit et la nature, entre la science de l'esprit et les sciences de la nature. Comment une telle opposition serait-elle possible, puisque, dans l'intelligence divine, les idées se réalisent par cela seul qu'elles existent et que les choses existent par cela seul qu'elles sont pensées? La pensée et l'existence, les idées et les choses, l'esprit et la nature ne sont que deux expressions différentes d'un principe unique, d'une seule et même essence. L'acte par lequel la pensée divine ou l'idée absolue se réalise dans les choses, voilà ce que nous appelons la création. La création est donc éternelle, et le rôle de la philosophie consiste à la reproduire, à la représenter dans la conscience réfléchie. Ce système est bien nommé la philosophie de l'identité ou l'idéalisme absolu. C'est avec raison qu'on l'a accusé de panthéisme, car, si élevé qu'il soit par son principe et son étroite affinité avec le platonisme, il a cependant pour conséquence de supprimer la liberté de l'homme et de confondre Dieu avec la nature. Schelling ne s'est pas dissimulé que ce reproche était fondé et c'est afin d'y échapper qu'il essaya, pendant vingt ans de méditation et de silence, de remanier ses idées, de leur donner un autre tour, de manière à leur ôter ce qui choquait et scandalisait ses contemporains. C'est ce qu'il appelait la seconde face de sa doctrine. En réalité, c'était une nouvelle doctrine, appelée à réconcilier la philosophie spéculative avec les dogmes du christianisme et avec les exigences de la morale. Mais comme cette doctrine, après avoir fourni à Schelling la matière de plusieurs années d'enseignement, n'a jamais été publiée, l'histoire ne peut lui attribuer que la philosophie de l'identité ou l'idéalisme absolu, appelé aussi la philosophie de la nature.

Cette philosophie, telle que Schelling l'avait faite, ne blessait pas seulement les âmes religieuses par son caractère manifestement panthéiste, elle inspirait aussi de l'éloignement aux raisonneurs indépendants à cause de ses affirmations sans preuve et de ses propositions sans lien, sans unité logique. En un mot, on lui reprochait d'être dépourvue de méthode puisque l'intuition, sur laquelle elle se fonde, ne saurait en tenir lieu et semble plutôt rentrer dans l'imagination d'un poète que dans la froide raison d'un philosophe. Cette méthode qui lui manquait, Hegel entreprit de la lui donner sous le nom de dialectique. Mais personne ne s'y est trompé. Ce n'est pas seulement une méthode que Hegel a apportée, en se faisant passer d'abord pour un disciple de Schelling ; c'est en réalité un nouveau système, œuvre d'invention encore plus que d'observation et de raisonnement, je veux dire créé, comme ses devanciers, par la méthode de construction. Qu'est-ce, en effet, que cette dialectique hégélienne, dont la prétention est de nous instruire dans tous les secrets de la création, si l'on peut appliquer ce vieux mot à une conception toute récente, et de nous dévoiler de la manière la plus complète, non seulement la nature des choses, la nature de Dieu, de l'humanité et de l'univers, mais leur naissance, leur développement et leur marche ? Rien qu'une laborieuse construction de l'esprit qui n'a rien à faire avec la logique contenue dans l'*Organum* et qui est devenue la logique du genre humain. La dialectique de Hegel se déclare en révolte ouverte avec le premier principe de la logique universelle, celui qu'on appelle le principe de contradiction. Toutes les contradictions, à l'en croire, sont destinées à se neutraliser et à disparaître dans une forme supérieure aux deux termes inconciliables en apparence dont chacune d'elles se compose. De là le rythme éternel de la thèse, de l'antithèse et de la synthèse. La dialectique hégélienne a bien d'autres formules qu'elle impose *a priori* à toutes les sphères et à tous les modes de l'existence, à l'univers aussi bien qu'à l'homme, à la physique et à l'astronomie comme à l'histoire, à la politique comme à la religion, à la philosophie et à l'art. Fondée sur ces deux propositions : « Tout ce qui est rationnel est réel et tout ce qui est réel est rationnel », elle n'est dans son ensemble qu'un platonisme déguisé sous un vêtement scolastique. La rigueur qu'elle affecte est un pur artifice, car il n'y a pas une de ses formules, si impérieuses, qui ne soit contestable, quand par hasard elle est intelligible. M. Vacherot, je crois, leur fait trop d'honneur en les considérant, malgré leurs prétentions toutes spéculatives, comme autant d'emprunts faits à l'expérience. Elles ne font pas une moindre violence aux faits qu'elles se vantent d'expliquer qu'à la raison avec laquelle elles s'identifient faussement.

La philosophie de Hegel n'en est pas moins la plus grande tentative qui ait été faite, peut-être faudrait-il dire la plus grande aventure qui ait été courue par la métaphysique allemande. Est-ce la dernière ? M. Vacherot semble le croire. Je ne suis pas de son avis. L'athéisme de Feuerbach, le pessimisme de Schopenhauer et de M. de Hartmann sont des conséquences, je ne dirai pas nécessaires, mais légitimes, de cette même méthode de construction et de ce même principe d'identité qui ont produit l'idéalisme subjectif de Fichte, l'idéalisme absolu de Schelling, la logique spéculative de Hegel. Puisque, dans l'entité qu'on appelle Dieu, il n'y a ni plus ni moins que dans la nature ou dans le moi, ou dans le moi et dans la nature réunis, pourquoi Dieu serait-il autre chose qu'un nom, et pourquoi ce nom même serait-il conservé ? Qu'aurons-nous de plus avec lui ? Qu'aurons-nous de moins sans lui ? Voilà l'athéisme de Feuerbach et de ce qu'on a appelé la gauche hégélienne. Le pessimisme, malgré la haine insensée de Schopenhauer pour Hegel et, en général, pour tous les philosophes allemands, ne sort pas avec moins de régularité des mêmes prémisses. A la place de la pensée telle que nous la présente la dialectique hégélienne, c'est-à-dire à la place d'une puissance qui ne sait ce qu'elle fait et qui cependant, par une nécessité irrésistible, fait tout avec ordre, avec mesure et demeure inséparable de ses œuvres ; à la place de l'idée absolue de Schelling, privée à la fois de conscience et de liberté ; à la place du moi infini et absolu de Fichte qui tire de lui-même sans les séparer de lui, toutes les existences, uniquement parce qu'il le veut, mettez la volonté entendue à la façon de Shopenhauer, vous aurez, sous un autre nom, le même principe, la même puissance, le même fond des choses ; mais le résultat sera différent. Car cette volonté aveugle, inconsciente, poussée en avant par une rage fatale d'être, de vivre, d'agir ; conduite par une idée qui est son ennemie et à laquelle elle obéit sans la connaitre, pourquoi ne ferait-elle pas le mal plutôt que le bien, puisque le mal est dans son essence, c'est-à-dire dans son existence même? Voilà le pessimisme, plus odieux encore, plus malfaisant et plus méprisable que l'athéisme. Voilà le dénouement tragique, la catastrophe finale du drame intellectuel dont l'Allemagne a été le théâtre. Il ne faut donc pas s'étonner que, abandonnant la métaphysique, elle lui préfère aujourd'hui la physique, la physiologie, la science positive. Mieux vaut n'être absolument rien qu'être pessimiste.

Après nous avoir fait connaître et après avoir condamné par son récit même l'école de la spéculation, M. Vacherot s'occupe de l'école de la raison. Si l'on prenait le mot dans son sens propre, l'école de la raison ne serait pas autre chose que la saine et vraie philosophie dans tous les temps. Mais ce n'est pas ainsi que l'entend M. Vacherot. L'école de la raison, pour lui, c'est l'école de M. Cousin, ou plutôt, c'est la doctrine personnelle de M. Cousin, celle qu'il s'est faite sur la nature et la portée de la raison. Quelle est cette doctrine? Deux mots suffisent pour la caractériser : c'est la doctrine de la raison impersonnelle. Elle consiste à admettre, sous le nom de raison, comme une révélation naturelle accordée à toutes les intelligences, certaines idées, certains principes revêtus du double caractère de la nécessité et de l'universalité et sans lesquels aucune connaissance, aucun jugement, ni même aucune affirmation n'est possible. Ces idées, parmi lesquelles on compte celles de cause, de substance, de temps, d'espace, d'infini, d'absolu, de perfection, et dont le nombre n'est pas définitivement fixé, cesseraient d'être universelles et nécessaires et, par conséquent, seraient dépouillées de leurs caractères constitutifs, si elles étaient variables et personnelles, ou bien si, comme le suppose Kant, elles n'étaient que les formes subjectives de la pensée humaine. Cette théorie, dont je me borne à indiquer ici les traits essentiels, M. Vacherot l'expose et la développe, non seulement avec une irréprochable exactitude, mais en témoignant de son respect et de son admiration pour l'homme qui y a attaché son nom. Il démontre qu'elle est le fond du platonisme, qu'elle a été professée avec éclat par les plus grands esprits du XVII° siècle, par Malebranche, Bossuet et Fénelon, et que Schelling, en l'exagérant, en a fait la base de la philosophie de l'identité. Mais tout en lui rendant le plus éclatant hommage, M. Vacherot la répudie et la condamne. Par quels motifs? C'est ce que j'ai à cœur de faire connaître, parce que ici je suis obligé de quitter le rôle de rapporteur pour celui de critique.

Le premier reproche que M. Vacherot adresse à la théorie de la raison impersonnelle, c'est de mettre la science et la philosophie sous l'autorité du sens commun; par conséquent, c'est les circonscrire dans les limites que le sens commun leur impose. Or, le sens commun, ce n'est pas autre chose que cette croyance immédiate, irréfléchie, irrésistible que la masse du genre humain accorde à la raison et que M. Cousin, sous le nom d'aperception spontanée, d'aperception pure, ne craint pas de mettre au-dessus du scepticisme réfléchi et systématique de certains philosophes. M. Vacherot se trompe. Le sens commun est essentiellement distinct de la raison, et j'ajouterai, parce que c'est la même puissance sous un autre nom, de la conscience du genre humain. Le sens commun, c'est l'intelligence du vulgaire, d'une foule ignorante et raisonneuse qui érige en vérités indiscutables certaines propositions conformes à une superficielle expérience; tandis qu'elle rejette comme des utopies les vues supérieures de la science et de la morale. C'est le sens commun qui, des siècles après Copernic et Galilée, a refusé d'admettre les antipodes et la rotation de la terre autour du soleil. C'est aussi le sens commun qui voue les nègres à un éternel esclavage et qui professe cette maxime : « Charité bien ordonnée commence par soi-même ». La raison du genre humain se compose de vérités éternelles et universelles; elle en tire des conséquences spontanées qui ont les mêmes caractères, et elle conserve obstinément les unes et les autres en dépit des systèmes philosophiques qui les révoquent en doute ou qui les nient. C'est ce fonds commun, indestructible de l'esprit humain, et non le sens commun, que M. Cousin donne pour règle et pour base à la spéculation philosophique. Je n'en veux donner d'autre preuve que le passage même que M. Vacherot a cité à l'appui de sa propre supposition.

« Nul homme, écrit M. Cousin [1], n'est étranger à

---

[1] Préface des *Fragments philosophiques* : Vacherot, *le Nouveau Spiritualisme*, p. 54.

aucune des trois grandes idées qui constituent la science, à savoir : la personnalité ou la liberté de l'homme, l'impersonnalité de la nature et la providence de Dieu. Tout homme comprend ces trois idées immédiatement, parce qu'il les a trouvées d'abord et qu'il les retrouve constamment en lui-même. Les exceptions, par leur petit nombre, par les absurdités qu'elles entraînent, par les troubles qu'elles engendrent, ne servent qu'à faire ressortir davantage l'universalité de la foi de l'espèce humaine, le trésor de bon sens [1] déposé dans la conscience, et la paix et le bonheur qu'il y a pour une âme humaine à ne point se séparer des croyances de ses semblables. Laissez là les exceptions qui paraissent de loin en loin dans quelques époques critiques de l'histoire, et vous verrez que toujours et partout les masses, qui seules existent, vivent dans la même foi, dont les formes seules varient. Mais les masses n'ont pas le secret de leurs croyances. La vérité n'est pas la science; la vérité est pour tous, la science pour quelques-uns. Toute vérité est dans le genre humain; mais le genre humain n'est pas philosophe. »

Le second grief de M. Vacherot contre la raison impersonnelle, c'est qu'elle est un mystère pendant longtemps justifié par la doctrine ou plutôt par le dogme du Verbe, mais inacceptable aujourd'hui et qui, en fait, a été rejeté par les disciples mêmes de M. Cousin, par les héritiers encore vivants de sa philosophie.

Je commence par déclarer qu'on a très bien fait de

---

1. Le bon sens est autre chose que le sens commun.

renoncer aux expressions hyperboliques et presque
mystiques dont M. Cousin s'est servi. C'est une
grande témérité d'identifier la raison humaine avec
la raison divine, de faire de toutes deux, confondues
en une seule, « ce Verbe fait chair » qui sert d'inter-
prète à Dieu et de précepteur à l'homme, homme et
Dieu tout ensemble [1]. « Mais ce langage une fois
écarté, Dieu rendu aux profondeurs impénétrables de
l'infini et l'homme à la conscience de son intelligence faillible et bornée, la raison impersonnelle
demeure, je veux dire qu'il reste en nous des idées,
des jugements qui, d'une part, s'imposent absolument à notre acceptation, parce qu'ils sont la condition nécessaire de toute idée, de tout jugement, de
tout exercice de la pensée, et que, d'autre part, les
intelligences dans lesquelles nous supposerions qu'ils
n'existent pas, en quelque lieu qu'elles fussent placées, au ciel ou sur la terre, ne seraient plus des
intelligences, n'appartiendraient plus à des êtres
semblables ou supérieurs à nous. Qu'y a-t-il au monde
ou que pouvons-nous concevoir qui mérite à plus
juste titre la qualification d'impersonnel? On a osé
comparer les idées et les jugements de la raison aux
perceptions que nous avons des choses extérieures.
On a demandé pourquoi l'impersonnalité que nous
attribuons aux premiers n'appartiendrait pas aussi
aux dernières, puisque tous les hommes ont les
mêmes perceptions. Mais cette assimilation est fausse
de tous points. Les perceptions varient d'un homme

---

[1]. Préface, *Fragments philosophiques*.

à un autre avec l'état de leurs sens, et quelques-unes d'entre elles peuvent manquer entièrement quand viennent à manquer ou à s'oblitérer les organes qui en sont les agents. Les hommes ainsi mutilés n'en sont pas moins des êtres raisonnables et intelligents; quelquefois même ils jouissent d'une intelligence exceptionnelle. Milton et Beethoven étaient l'un aveugle et l'autre sourd au moment où ils composaient leurs chefs-d'œuvre. Mais celui qui, en dehors de l'esprit de système, n'aurait aucune notion ni de l'espace, ni du temps, ni d'un rapport d'un effet à sa cause, ni des trois dimensions de l'espace, celui-là ne serait plus un homme, il serait au-dessous des animaux, dont un grand nombre connaissent par instinct les choses dont nous parlons.

Du moment qu'il y a des idées, ne craignons pas de dire des vérités impersonnelles, ou universelles et nécessaires, comment, si Dieu existe, ne feraient-elles point partie de la raison divine sans être toute la raison, et moins encore toute l'essence divine? De là est née la doctrine du Verbe, doctrine tout à la fois théologique et philosophique, qui s'est fait jour dans plusieurs vieilles religions de l'Orient avant d'être adoptée par la philosophie de Platon, et que Platon a connue avant qu'elle trouvât place dans la théologie et la philosophie chrétiennes. Un tel passé, une aussi glorieuse histoire, loin d'être une objection contre l'impersonnalité de la raison, est un argument en sa faveur. Cette preuve historique aurait dû toucher le savant historien de l'école d'Alexandrie. Il n'en est rien cependant. M. Vacherot conteste qu'il y ait des idées absolues, des idées nécessaires et universelles qui soient l'objet d'une simple intuition ou, comme disait M. Cousin, d'une aperception spontanée de la raison.

Prenant une à une chacune de ces idées, il croit réussir à démontrer qu'elle se réduit à une pure abstraction. Ainsi que d'un être concret, dont la connaissance nous est donnée par l'expérience, nous séparions les changements qui lui appartiennent, les phénomènes qu'il subit en vertu de la loi du perpétuel devenir, nous aurons l'être tout seul, l'être proprement dit et avec lui l'idée de l'immuable. Que de l'être individuel on retranche les qualités, les caractères définis qui constituent son individualité même, nous aurons l'idée de l'universel. Il en est de même de la beauté, de la moralité et de la vertu. Toute beauté réelle a ses taches, toute moralité, toute vertu a ses imperfections. Que par un acte de la pensée nous effacions ces taches, nous supprimions ces imperfections, nous aurons l'idée de la beauté idéale, de la vertu parfaite. Ce n'est pas non plus la raison, considérée comme une faculté supérieure à l'expérience et à la réflexion, qui nous donne l'idée de l'infini. Toute succession est finie, toute étendue a ses limites; en leur enlevant les bornes avec lesquelles nous les percevons d'abord, nous créons, en quelque sorte, l'infini.

Pour ne pas prolonger inutilement cette énumération, je citerai la conclusion qu'en tire M. Vacherot. « C'est donc l'abstraction, dit-il [1], qui est toujours en

---

1. P. 80.

jeu dans l'exercice de la prétendue faculté révélatrice qu'on nomme la raison. C'est elle qui fait du mobile l'immuable; du devenir, l'être; du contingent, le nécessaire; du réel, l'idéal; du fini, l'infini; du relatif, l'absolu, dans toutes les catégories de la pensée. C'est donc la logique seule qui engendre les conceptions que l'école idéaliste a toujours attribuées à une révélation rationnelle. »

Tout d'abord il semble étrange qu'un philosophe spiritualiste, et que dans le monde religieux on appellera certainement un philosophe rationaliste, se déclare en insurrection contre la raison. Nous verrons plus tard qu'il lui sera difficile de s'en passer quand il viendra combattre l'empirisme, le positivisme, le matérialisme et les partisans d'une science hostile à la métaphysique. Une autre réflexion qui se présente à l'esprit devant cette théorie si énergiquement défendue, c'est que M. Cousin ne l'ignorait pas et qu'il l'a réfutée, je dirai même victorieusement réfutée dans sa critique de la philosophie de Locke. Il y a peu de chose à ajouter à ses arguments pour les rendre applicables à M. Vacherot, à M. Ravaisson et à toute une jeune école qui, en répudiant M. Cousin, et avec lui Platon, a la prétention de ressusciter la philosophie d'Aristote. Il est impossible de reproduire ici, même en la réduisant à un rapide résumé, cette brillante et profonde discussion. Je me bornerai à une observation générale dont il est difficile, je crois [1], de ne pas tenir compte.

[1] P. 80.

« Cette sorte de révélation rationnelle, dit M. Vacherot[1], que l'école éclectique a empruntée à la tradition platonicienne, renouvelée par Fénelon, par Malebranche, par Jacobi, par Schelling, n'a pas tenu devant l'analyse et la critique de la science contemporaine. La théodicée n'est pas si facile et aussi sûre que l'a cru cette école. » Cette analyse et cette critique contemporaine dont on parle avec tant d'orgueil et une si naïve confiance, me font penser à ces gens à qui les arbres dérobent la vue de la forêt. Que faites-vous de l'esprit humain, de la foi de l'humanité embrassés dans leur action, dans leur marche, dans leur vie historique si puissante et si continue? Sans avoir le moindre soupçon de la décomposition que vous lui faites subir et, on peut l'assurer, sans en prendre souci si elle la connaissait, la raison du genre humain, identique par son essence à celle de l'individu, affirme spontanément, avec une confiance inébranlable, l'éternité, l'infinitude, la toute-puissance, l'insondable sagesse, l'idéale beauté, l'absolue perfection, la loi divine, universelle, immuable, qui commande aux actions humaines et à toutes les actions d'un être libre et intelligent. Ce n'est pas, comme je le disais tout à l'heure en parlant du Verbe, depuis Platon et à son exemple, qu'elle croit à ces choses, elle y croyait longtemps auparavant et ailleurs que dans la Grèce, et elle y croira encore quand tous les traités d'analyse et de critique transcendantale auront été dévorés par les vers. De qui est cette

[1] P. 81.

maxime : « Soyez saints, comme l'est votre Père dans le ciel » ? Est-ce de quelque logicien qui s'est dit : toute vertu connue chez les hommes est mêlée de faiblesses et de vices ; je vais, par ma pensée, supprimer les faiblesses, jeter un voile sur les vices, j'aurai alors pour résultat une idée de la sainteté, c'est-à-dire de la perfection, que j'offrirai comme règle de conduite à l'humanité ? Cette supposition est de tout point inacceptable et mériterait d'être rejetée quand même il ne serait pas absolument faux que de plusieurs choses imparfaites on puisse tirer, en écartant leurs défauts, l'idée de perfection. Ce n'est pas une moindre erreur, ou, pour employer le vrai mot, ce n'est pas une contradiction moins choquante de s'imaginer que de la vue de plusieurs choses moitié belles et moitié laides on puisse tirer l'idée de la beauté idéale. Comprend-t-on Phidias faisant comparaître devant lui plusieurs hommes et Raphaël plusieurs femmes d'une beauté mêlée, ordinaire, et composant d'après ces multiples modèles, après les avoir soumis en imagination à un sévère triage, l'un le type du Jupiter Olympien, l'autre celui de la Vierge de Dresde ?

M. Vacherot n'en persiste pas moins à croire que l'école de la raison n'a pas mieux réussi que celle de la spéculation et ne réussira pas mieux dans l'avenir à relever la métaphysique de l'interdit prononcé contre elle par la philosophie de Kant et par la science contemporaine. Ce que n'ont pu ces deux écoles si libres, si entreprenantes, si pleines de force et d'espérance, l'école de la tradition, appuyée sur le passé et occupée à le faire revivre sous une forme nouvelle, le pouvait encore moins. C'est ce que M. Vacherot s'efforce de prouver dans un ingénieux et brillant chapitre consacré à Lamennais, à Pierre Leroux et à Jean Reynaud ; car ce sont ces trois philosophes qui représentent à ses yeux la tradition dans la première moitié du xixᵉ siècle. On sera peut-être étonné de voir le révolutionnaire Pierre Leroux considéré comme une des colonnes de l'école traditionnelle. Mais l'esprit de la Révolution n'a pas eu moins de prise sur Lamennais et Jean Reynaud, et il est incontestable que tous les deux ont donné dans leurs spéculations un rôle prépondérant aux dogmes du christianisme et à la théologie de l'Église interprétés à leur manière. Pierre Leroux en a fait autant. Seulement il l'a fait avec moins de suite et avec moins de talent. Aussi M. Vacherot ne s'est-il occupé de lui qu'en passant ; tandis qu'il donne la plus sérieuse attention à l'auteur d'une *Esquisse de philosophie* et à celui de *Terre et Ciel*. Nulle part les idées de ces deux profonds penseurs, dont l'un est un des plus grands écrivains de notre langue, n'ont été résumées avec plus de clarté et plus de force et appréciées avec plus de justice. Mais M. Vacherot n'en ayant tiré aucune conséquence pour sa propre doctrine, je ne vois pas grande utilité à m'y arrêter plus longtemps.

Tous les éloges et toutes les sympathies de M. Vacherot sont pour l'école de la conscience. Mais qu'est-ce qu'il entend par l'école de la conscience ? Je ne puis mieux faire que de citer la définition qu'il en donne lui-même. « Expliquer, dit-il, la nature par l'esprit, ce qui est le contraire du matérialisme ; l'expliquer sans avoir recours à d'autres révélations qu'à celles de l'expérience : voilà la méthode et la conclusion sur lesquelles tous les maîtres de cette école sont d'accord [1]. »

Il est impossible, devant cette définition et la dénomination à laquelle elle s'applique, de ne pas se demander si l'école de la raison, telle qu'il nous l'a montrée, personnifiée non seulement dans M. Cousin, mais dans Fénelon, dans Bossuet et dans Malebranche, s'est jamais refusée à invoquer le témoignage de la conscience, et si l'école de la conscience, quelles que soient ses doctrines, quels que soient ses représentants, a jamais pu et pourra jamais se passer de la raison.

La première question trouve dans l'histoire une solution éclatante et incontestable. Où donc y a-t-il plus de psychologie et une meilleure psychologie, c'est-à-dire un plus savant emploi de la conscience, que dans la *Recherche de la vérité*, dans la *Connaissance de Dieu et de soi-même*, et dans le *Traité de l'existence de Dieu?* Ce n'est pas M. Cousin qu'on accusera avec justice, avec une apparence de vraisemblance d'avoir négligé la conscience et l'expérience, lui qui fait de la psychologie la base de la philosophie tout entière, lui qui, sur les traces de Maine de Biran, enseignait que la conscience, que l'expérience intime nous fait connaître aussi bien l'essence du moi que ses phénomènes, lui enfin qui proclamait au nom de la conscience l'autorité même de la raison.

[1]. P. 118.

La seconde question doit être divisée en deux. Puisque M. Vacherot comprend dans l'école de la conscience, d'une part, les derniers disciples, les disciples encore vivants de M. Cousin; d'autre part, cette nouvelle école dont j'ai déjà parlé, à la tête de laquelle s'est placé M. Ravaisson et dont la première autorité, après M. Ravaisson, est M. Lachelier, il y a lieu de rechercher laquelle des deux fractions de l'école expérimentale fait profession de se passer de la raison. Il est hors de doute que ce n'est pas la première. Elle se lèverait tout entière pour protester contre cette imputation. Voyons si c'est la seconde. Elle en a assurément la prétention ; elle ne laisse pas échapper une occasion d'annoncer à la philosophie une nouvelle ère dont le caractère propre est de fonder la métaphysique sur la conscience toute seule, sur la base de l'expérience. Mais je n'aurai pas de peine à prouver que cette prétention est de tout point insoutenable, qu'elle se contredit elle-même chaque fois qu'elle se produit.

Je mettrai M. Lachelier hors du débat. N'ayant rien publié sur la métaphysique que sa thèse sur l'induction, insuffisante pour faire connaître toute sa pensée, il est resté, pour ainsi dire, un philosophe ésotérique, dont la doctrine, produite dans le demi-jour de l'École normale, ne nous a été dévoilée que par des disciples plus ou moins autorisés à parler au nom du maître. Mais avec M. Ravaisson l'école de la conscience est en pleine lumière, et elle n'a rien à regretter d'être ainsi représentée.

Dans la philosophie de M. Ravaisson, nous n'avons,

pour le besoin de la présente discussion, que deux points à considérer : sa méthode et sa conclusion. Or voici quelle est sa méthode, celle qu'il propose « comme la méthode proprement dite de la haute philosophie, de la métaphysique ». N'oublions pas que c'est sa propre définition, citée avec admiration par M. Vacherot, que je reproduis ici : « C'est la conscience immédiate dans la réflexion sur nous-même et par nous-même sur l'absolu auquel nous participons, de la cause ou raison dernière [1] ». Arrêtons-nous à ces quelques mots, dont chacun renferme un problème insoluble. Comment ! vous ne voulez pas de la raison, vous ne voulez pas des idées supérieures aux faits, et vous parlez d'absolu, de participation à l'absolu, de la cause ou raison dernière ! Où avez-vous pris tout cela ? Où avez-vous pris aussi la connaissance de l'infini, de la personnalité parfaite, de la sagesse infinie dont vous parlez dans le commentaire qui suit ce texte sibyllin ? Vous répondez que c'est dans votre conscience et dans la réflexion de votre conscience sur elle-même. Laissons la réflexion, qui n'est que la doublure de la conscience, et dites-nous par quel miracle (car il en faut un) la conscience, c'est-à-dire le sentiment de votre personnalité, de votre activité limitée, relative, imparfaite, renferme *en elle-même et par elle-même*, sans intervention d'une faculté supérieure, l'absolu, l'infini, le parfait, la cause dernière, la

---

[1]. P. 124 dans le livre de M. Vacherot, 245 et 246 dans le *Rapport* de M. Ravaisson.

cause suprême. Pour être en droit d'affirmer une telle énormité, il faut que vous soyez vous-même l'infini, l'absolu, l'être parfait, la suprême cause et la suprême sagesse. Encore l'expérience est-elle incapable d'embrasser un tel champ, car l'expérience n'embrasse qu'un point déterminé de l'espace et de la durée. « Je ne suis pas l'absolu », me pourrez-vous répliquer, je n'ai rien avancé de pareil, mais « je participe à l'absolu ». Je demanderai de nouveau : d'où savez-vous, n'ayant que votre conscience, que l'absolu existe et que vous y participez ?

Voici maintenant le commentaire auquel j'ai fait allusion et je demande, sans autre observation, s'il y a quelqu'un au monde qui, en restant strictement dans les limites de l'expérience psychologique, dans la limite du moi, se trouve en état de comprendre la phrase suivante : « L'absolu de la parfaite personnalité, qui est la sagesse et l'amour infinis, est le centre perspectif d'où se comprend le système que forme notre personnalité imparfaite et par suite celui qui forme toute autre existence. Dieu sert à entendre l'âme, et l'âme la nature. »

La conclusion de M. Ravaisson est telle qu'on peut l'attendre de sa méthode. Depuis la publication de la première édition de son rapport sur la philosophie en France au XIX° siècle [1], elle a acquis une certaine

---

[1] In-8, Paris, 1868. La 2° édition vient de paraître dans la présente année 1885. Qu'il me soit permis de rappeler que j'ai fait, dans le *Journal des Débats*, une critique approfondie de ce travail, laquelle a été réimprimée dans un volume publié en 1872, sous ce titre : *Moralistes et Philosophes*.

célébrité parmi les personnes qui, dans notre pays, s'occupent de philosophie, surtout parmi les professeurs de l'Université. Je ne crois pas cependant inutile de la reproduire ici, puisque M. Vacherot l'a reproduite dans son livre. « Dieu a tout fait de rien, du néant, de ce néant relatif qui est le possible : c'est que ce néant, il en a été d'abord l'auteur, comme il l'était de l'être ; de ce qu'il a annulé en quelque sorte et anéanti de la plénitude de son être (*se ipsum exinanivit*), il a tiré, par une sorte de réveil et de résurrection, tout ce qui existe. » Toutes les philosophies et toutes les religions qui ont pour fond commun le panthéisme revêtu d'une forme mystique, ont tenu le même langage. M. Vacherot le comprend et s'en montre presque scandalisé. Il y voit une de ces subtilités alexandrines qui doivent rendre l'école spiritualiste indulgente pour toutes les énormités du panthéisme. Dans son opinion, ce n'est plus de la philosophie, mais de la théologie orientale. Cette théologie, il la distingue de la métaphysique de M. Ravaisson, et autant il éprouve d'admiration pour celle-ci, autant il a d'éloignement pour celle-là.

M. Vacherot se trompe. La théologie de M. Ravaisson et sa métaphysique sont une seule et même chose. L'une et l'autre découlent logiquement, nécessairement de cette méthode ambitieuse, non moins féconde en contradictions qu'en hardiesses de toute sorte, dont la prétention est de faire sortir de l'expérience intime, de la conscience immédiate de notre moi, l'infini, l'absolu, l'immuable perfection, le divin.

L'homme ne peut pas tirer Dieu de lui-même s'il ne se fait pas Dieu.

D'après l'aperçu historique de M. Vacherot, nous pouvons déjà nous faire une idée de ce que sera sa discussion théorique.

II

La discussion théorique est de beaucoup la partie la plus importante du livre de M. Vacherot. C'est là que l'auteur du *Nouveau Spiritualisme* soumet à son examen, non plus les systèmes, mais les questions de la métaphysique, à commencer par la plus difficile de toutes, à savoir si la métaphysique est une science et à quelles conditions elle est une science.

Pour M. Vacherot, la métaphysique, pourvu qu'on la sépare des hypothèses et des erreurs qui ont si souvent pris sa place, est une science aussi certaine que toutes les autres, et même plus certaine, car elle contient en elle leurs derniers principes, elle les domine et les explique. Il ne peut donc se dispenser d'écarter tout d'abord du terrain de ses recherches le positivisme, qui nie la métaphysique et la relègue dans le passé à côté de la théologie, si ce n'est même de la mythologie. M. Vacherot est sévère pour le positivisme, et il a raison, car on ne saurait l'être trop pour une doctrine qui apporte tant d'orgueil dans ses négations et semble mettre sa gloire à abaisser l'esprit humain, je dirai volontiers à le décapiter. Le positivisme, selon lui, n'a jamais rien compris ni à l'objet, ni à l'esprit, ni aux origines, ni aux résultats de la métaphysique. C'est pour cela qu'il voudrait supprimer une branche de spéculation et une classe de problèmes dont l'esprit humain n'a jamais pu et ne pourra jamais se passer. « Ce que ne fera jamais l'esprit humain, dit-il, c'est de se laisser enfermer dans cette espèce de cage sans air où l'on prétend lui faire expier les hardiesses parfois sublimes, toujours intéressantes de sa pensée. La pénitence du régime positiviste lui serait trop dure. On peut dire même qu'elle serait contre nature. A cet oiseau de haut vol il faudra toujours les grands espaces et les vastes horizons. C'est d'un guide qu'il a besoin, non d'un geôlier. Le positivisme est une philosophie de myopes. »

On ne saurait mieux dire. Le dernier trait surtout est d'une vérité saisissante. Mais pourquoi le positivisme est-il tombé dans cette erreur? C'est au nom de la science qu'il condamna la métaphysique. Or, selon M. Vacherot, il n'a pas une idée plus juste de la première que de la dernière. La science n'est pas hostile à la métaphysique ou inconciliable avec elle. Sans dire la même chose que la métaphysique, elle ne dit pas le contraire. Elle lui prête même le secours de son absolue certitude et de ses démonstrations évidentes pour établir l'objectivité de nos perceptions contre le scepticisme, principalement contre le scepticisme de Kant, le plus savant, le plus profond de tous. Ainsi, par exemple, pour soutenir avec l'auteur de la *Critique de la raison pure* que l'espace et le temps ne sont que des formes de notre sensibilité, c'est-à-dire des manières d'être toutes subjectives, auxquelles ne répond aucune réalité hors de nous ou comprise dans la nature, dans l'univers, il faudrait que la géométrie, l'astronomie, les sciences mathématiques fussent erronées ou purement illusoires. Comment s'arrêter à une pareille supposition? Comment concevoir que des lois immuables établies par le calcul et vérifiées par l'expérimentation ne s'appliquent qu'à des phénomènes et à des rapports dépourvus de toute existence en dehors de nos sensations ou identiques à nos sensations mêmes?

La science ne démontre pas seulement la vérité objective de quelques-unes de nos connaissances, elle distingue aussi, à un certain point de vue et dans une mesure indéterminée, entre la vérité relative et la vérité absolue : c'est ce qui lui arrive quand elle passe, dans n'importe quelle sphère de ses recherches, de l'explication d'un phénomène à une explication supérieure, c'est-à-dire plus générale, par conséquent plus vraie, et de celle-ci à une autre, sans qu'on puisse assigner un terme à cette marche ascendante. M. Vacherot en cite plusieurs exemples qu'il emprunte à M. Cournot. Mais on ne voit pas que ces faits s'adaptent mieux que beaucoup d'autres à la conclusion qu'il en tire, à savoir que la science « poursuit indéfiniment l'absolu sans jamais l'atteindre ».

Enfin la science, réduite à elle-même, nous ouvre encore un autre horizon. C'est celui de l'infini, en quelque sorte réalisé dans la nature ; et c'est particulièrement à l'astronomie que nous sommes redevables de ce spectacle, absolument inconnu de l'antiquité, soit religieuse, soit philosophique. « Quelle pauvre idée, dit M. Vacherot, du ciel de la théologie et de la philosophie ancienne, à côté de cette sublime représentation de l'infini, de l'infini dans le nombre, dans le temps et dans l'espace! Quelle étonnante révélation que la genèse de toutes ces nébuleuses d'où sont sortis les innombrables systèmes solaires qui parsèment l'immensité du ciel étoilé! Comment l'esprit humain a-t-il pu atteindre ce qu'il ne peut saisir par l'observation directe? Comment a-t-il pu suivre les mouvements, calculer les distances, pénétrer la composition des corps célestes? Quand on n'a pas le secret des méthodes scientifiques, on est tenté de ne voir que des rêves dans ces hautes spéculations avec lesquelles l'enseignement élémentaire est devenu familier. C'est que la science aussi a des ailes pour faire son voyage dans l'infini [1]. »

Cela est très bien dit et ne fait pas moins d'honneur à la justesse d'esprit de M. Vacherot qu'à son éloquence. Non, la science ne peut s'inscrire en faux contre les idées sur lesquelles repose la philosophie, à quelque source qu'elle se croie obligée de les puiser; car « voyager dans l'infini », selon la belle expression dont on vient de se servir, « c'est voyager dans un pays qui appartient à la métaphysique, ou que tout au moins la science est tenue de partager avec elle ».

[1]. P. 89.

Mais s'il n'y a aucune incompatibilité, aucune contradiction logique ou de fait, et même s'il y a des points communs entre ces deux applications de l'intelligence humaine, il n'en résulte pas qu'elles tendent au même but et qu'elles produisent des résultats, c'est-à-dire des connaissances identiques. Les problèmes que la science est appelée à résoudre diffèrent essentiellement de ceux qui s'imposent à la métaphysique. La science ne s'occupe que de la composition des choses et de leurs conditions d'existence. Elle analyse les êtres dans leurs éléments les plus simples, puis elle les reconstitue dans leur unité première, leur unité collective, la seule espèce d'unité qu'elle puisse atteindre du point de vue où elle se place. Ainsi, pour elle, l'unité que constitue notre personnalité, notre activité volontaire et libre, est un mot vide de sens. C'est, au contraire, cette unité supérieure, cette unité réelle et non fictive, vivante par elle-même et non par un effet de composition, que recherche et que constate la métaphysique, ou, pour l'appeler de son nom le plus général, la philosophie. C'est aussi la philosophie qui s'applique à découvrir, non la condition d'existence d'un tel être, mais sa raison d'exister, le but auquel il doit tendre, la fin qu'il lui est donné de réaliser. En un mot, la philosophie a pour objet les causes ou les raisons des choses, leur causalité et leur finalité, qui seules méritent le nom de principes.

Si nous voulons connaître les principes, il faut les chercher en nous, dans notre activité libre et personnelle, dirigée vers un but, vers une fin qui est également en nous. Hors de notre conscience ils n'ont point de réalité, ils ne répondent à aucun type défini, et ce n'est pas la science qui peut leur donner ce qui leur manque. La science nous apprend que tout est mouvement et force. Mais qu'est-ce que les mouvements, qu'est-ce que ces forces dont le jeu mystérieux produit le cosmos? La science pure ne le sait pas ni ne peut le savoir.... Quand la science a dit que la force est la cause du mouvement et que le mouvement est un changement de lieu ou de forme, elle a dit tout ce qu'elle sait sur l'effet et sur la cause. C'est par ces lois de l'expérience qu'elle explique l'ordre universel. Mais l'explication de ces lois lui échappe, et elle ne la cherche même pas, parce qu'elle n'a pas le flambeau qui pourrait la lui révéler [1].

Quel est ce flambeau? Je l'ai déjà dit, c'est la conscience. Elle seule perçoit des forces qui sont de véritables causes et non plus seulement les conditions dans lesquelles se produisent les phénomènes. Elle seule perçoit des mouvements volontaires qui tendent à une fin également perçue par elle.

Avec la causalité et la finalité, nous ne sommes pas enfermés dans la conscience ni réduits à n'embrasser dans notre vie que nous-mêmes, ces deux principes s'étendant à la totalité des existences, à l'universalité des êtres, que Vacherot se complaît à appeler du nom de cosmos. Ils nous en révèlent l'intérieur, la réalité invisible, que seule la philosophie, éclairée

---

[1]. P. 210.

par cette double lumière, est appelée à connaître; tandis que la science n'en saisit que l'extérieur ou la réalité visible. Mais les deux réalités sont inséparables, elles se complètent l'une l'autre et le cosmos est uni. C'est à tort que l'idéalisme, avec Platon, et le spiritualisme vulgaire, avec la tradition de l'École, ou avec une fausse interprétation de Descartes, ont voulu le diviser.

Il n'en est pas moins vrai que la philosophie et la science ont deux manières très différentes de le comprendre. La science explique tout, même l'esprit, par la matière, en montrant que tout est soumis aux lois de la mécanique. La philosophie explique tout, même la matière brute, par l'esprit, en montrant que tout obéit aux lois de la finalité. Les deux explications sont-elles inconciliables? Leibniz ne l'a pas pensé, lui qui voyait dans l'œuvre entière de la création l'unité et l'harmonie et qui faisait de la matière une combinaison de forces immatérielles. M. Vacherot ne le pense pas davantage et ne va pas moins loin que Leibniz tout en suivant une voie quelque peu différente. Puisque la philosophie seule a des principes, puisqu'elle seule va au fond des choses, la manière dont elle comprend et explique les rôles est la vraie ou nous offre la vérité absolue, tandis que les observations de la science ne renferment qu'une vérité relative. Elle nous fait connaître le pourquoi de tout ce qui est et de tout ce qui arrive. La science n'en étudie que le comment. Cela revient à dire que tout est esprit, que l'esprit est le vrai principe des existences, que la matière n'en est que la condition. Mais ici il est important que nous laissions la parole à M. Vacherot, car on pourrait m'accuser d'exagérer sa pensée.

« Oui, dit-il, l'esprit est dans toute la nature, dans l'atome éthéré, dans l'atome pondérable, comme dans la cellule vivante, comme dans l'organisme complet, comme dans l'homme, le type de la nature spirituelle pour notre intelligence bornée à la connaissance des êtres de notre planète. Loin que l'esprit ne soit qu'un *maximum* de la matière, c'est la matière qui est le *minimum* de l'esprit : car dans le type le plus simple, comme dans le type le plus complexe de l'être, c'est toujours l'esprit qu'on retrouve. L'être, c'est l'esprit; l'esprit, c'est l'être : proposition dont l'identité peut être algébriquement exprimée par $A = A$. L'esprit est déjà dans le mouvement mécanique allant géométriquement à sa fin; il est plus visiblement dans le mouvement organique procédant par la voie de l'évolution; il se manifeste plus clairement encore dans le mouvement instinctif, suivant une impulsion invincible; il éclate enfin dans l'acte psychique où la notion de cette fin apparaît à l'état conscient. Donc, au lieu de dire : tout est matière, c'est : tout est esprit, qu'il faut dire. C'est le cas de répéter, avec plus de raison encore, le mot de la sagesse antique : *il n'y a rien de vil dans la maison de Jupiter*. Le stoïcisme qui a dit ce beau mot, pensait à cette raison universelle qui pénètre toute forme et toute vie dans la nature. Cette grande doctrine touchait à la vérité; elle n'était pas encore toute la vérité! La raison n'est pas seulement dans la nature, elle est la nature elle-même [1]. »

A l'exception des derniers mots qui, sans un commentaire de Malebranche ou de Fénelon, peuvent sembler équivoques ou obscurs, c'est avec grand plaisir que j'ai transcrit cette page. Elle forme un heureux contraste avec les habitudes et les dispositions de certains esprits de notre temps qui, faisant reculer la philosophie jusqu'à l'empirisme de l'école médicale de Sextus, ne s'occupent que de faits isolés, individuels et autant que possible exceptionnels.

Voilà donc la philosophie, telle que la comprend M. Vacherot, bien assurée de son existence, puisqu'elle a des principes parfaitement certains, parfaitement clairs. La voilà, non seulement égale, mais supérieure à la science, puisqu'elle seule a de véritables principes et connait de véritables causes. Enfin son objet, aussi étendu, mais plus réel au fond que celui de la science, n'est rien moins que le monde, ou l'âme et le monde réunis en un tout indivisible, le cosmos pris dans son essence. Ce nom d'essence, qui semble appartenir surtout à la langue de l'idéalisme, ne répugne pas à M. Vacherot, il en fait le synonyme de l'absolu. Qu'est-ce que l'absolu, dit-il, sinon l'être même des choses, et qu'est-ce que l'être des choses, sinon la causalité finale qui est le fond de toute existence [2]? « C'est donc l'absolu qui est, selon lui, en dernière analyse, l'objet direct de la philosophie.

1. P. 214-215.
2. P. 220.

Mais par quelle voie, par quelle méthode la philosophie atteindra-t-elle l'absolu ? On nous l'a déjà dit, mais il n'est pas inutile de l'entendre répéter, afin que nous soyons sûrs de ne pas nous tromper. L'absolu est un objet d'expérience, et c'est par la méthode expérimentale que la philosophie pourra l'atteindre. Seulement l'expérience dont il s'agit ici est celle de la conscience, non celle des sens. « La seule méthode féconde pour cette vision supérieure qui se nomme la métaphysique, c'est la réflexion appliquée comme un microscope intérieur aux phénomènes de la conscience. Telle est la vraie méthode spiritualiste, celle qui concentre la pensée philosophique dans l'intuition des vrais principes des choses, tandis que toutes les autres, dans l'antiquité comme dans les temps modernes, s'égarent dans l'abstraction et perdent de vue l'essence de la réalité, le fonds de l'être, le vrai *noumène* que Kant a cru impénétrable parce qu'il n'a pas vu où il fallait le chercher [1]. » — « La vraie méthode de l'absolu, dit encore M. Vacherot, est l'expérience intime et la réflexion, qui, éclairée par la lumière, pénètre dans l'essence même de la réalité [2]. »

C'est dans cette méthode, préconisée avec tant de chaleur et de persévérance, que réside le vice capital de la philosophie de M. Vacherot, ce qui la rend incapable de se défendre contre les autres systèmes de philosophie et contre la science, à laquelle elle a l'ambition de s'assimiler. Car en vain ajouterait-

1. P. 210.
2. P. 223.

on à la conscience la réflexion et l'induction, comme M. Vacherot n'a pas manqué de le faire, la conscience ne peut pas donner ce qu'elle ne contient pas, elle ne peut nous donner que des faits et non des principes, je parle de principes qui s'étendent à l'universalité des choses. Le moi aperçu comme une force, comme une cause effective, selon la vigoureuse analyse de Maine de Biran, n'est pas un principe de ce genre; il ne nous apprend pas que toute existence qui commence a nécessairement une cause supérieure à elle-même. Il ne nous apprend pas davantage ce qu'est le parfait, ce qu'est l'infini. « Qu'est-ce que le parfait, qu'est-ce que l'infini, demande M. Vacherot [1], vu autrement que dans le miroir de la conscience? » A cette question, je me contenterai d'en opposer une autre : « Comment, dans le miroir de la conscience, pourrai-je apercevoir le parfait et l'infini, moi qui suis fini et imparfait? » Dans ma conscience, je ne puis voir que moi-même, et pour m'élever au-dessus de moi-même, pour sortir de moi, il me faut de toute nécessité une autre lumière, un autre principe de connaissance, une intelligence qui ne soit pas renfermée dans les limites de l'expérience. Comment! vous affirmez que la philosophie seule peut nous découvrir les raisons des choses et vous répudiez la raison, sans laquelle le mot même dont vous vous servez est dépourvu de sens, sans laquelle rien n'est raisonnable dans l'homme ni dans la nature, sans laquelle les raisons n'existent pas et sont impossibles

---

[1]. P. 220.

à concevoir. Parce que la raison est supérieure aux faits, il n'en résulte pas qu'elle en soit séparée et nous condamne à admettre sous son nom de pures abstractions. Voilà ce qu'ont oublié ou ne semblent pas avoir compris les plus modernes défenseurs du spiritualisme et même du mysticisme.

Il y a donc un désaccord logique, une solution de continuité, ou tout au moins un défaut de proportion entre la méthode de M. Vacherot, non pas celle qu'il pratique, mais celle qu'il préconise, et son système de métaphysique. Mais celui-ci pris en lui-même est, je me plais à le dire, plein de grandeur. Il abonde en vues profondes et originales. Les questions capitales de la philosophie y sont traitées avec une unité d'esprit qui ne se dément pas et une remarquable vigueur. J'aurai pourtant quelques réserves à faire sur les solutions adoptées; mais toutes prennent leur origine dans le vice de la méthode.

Voici d'abord ce qu'est la matière pour M. Vacherot. Il distingue entre l'image ou la perception de la matière, telle que nous la devons à l'expérience de nos sens, et la notion que nous en donne la science ou l'analyse chimique poussée à son dernier résultat. C'est l'image qui nous fait attribuer à la matière plusieurs qualités que nous considérons comme essentielles et que nous appelons des qualités premières : l'étendue, la figure, l'impénétrabilité, l'inertie. Mais l'analyse chimique nous apprend qu'il n'y a dans la matière que de la force. « La réalité que nos sens nous font percevoir est essentiellement mouvement et action, et l'idée de force est tout ce qui reste de la notion expérimentale de la substance matérielle, du moment que l'analyse en a éliminé les sensations et les images [1]. » L'idée que nous avons de la matière s'étend nécessairement aux atomes, qui d'ailleurs ne sont qu'une hypothèse, dont la science jusqu'ici n'a pu se passer. Les atomes sont des centres de forces, non des corpuscules étendus et indivisibles, comme le croyait l'ancienne philosophie. Et quant aux corps qu'on a qualifiés d'impondérables, il est également démontré par la science moderne que ce sont des mouvements, et ces mouvements supposent une force, ils nous en attestent l'existence. Donc partout, dans toute la nature, des mouvements et des forces. La matière étendue et divisible que la philosophie cartésienne opposait à la substance pensante et qu'aujourd'hui encore la grande majorité des hommes, même toute une classe de savants, ceux qui cultivent la physique mécanique, persistent à reconnaître ; la matière ainsi comprise est une pure illusion.

C'est la science qui, remplaçant la matière par la force et tous les phénomènes de la matière par les mouvements, a substitué le dynamisme universel au monde physique tel qu'on le comprenait, ou plutôt tel qu'on le voyait autrefois. Mais c'est à la philosophie à changer ce dynamisme en spiritualisme ou à mettre l'esprit à la place des forces brutes, à mettre l'ordre, le cosmos à la place du chaos. Elle y parviendra facilement en montrant que les forces sont des causes, des causes véritables, les seules que nous

[1]. P. 238.

connaissions, les seules qui existent, et en transforment le mouvement mécanique en mouvement final. Non, la matière n'est pas un pur néant, une ombre sans réalité, comme les idéalistes et les mystiques le répètent sur tous les tons. Non, la matière n'est pas une pure possibilité, comme l'enseigne Aristote. C'est l'être, c'est-à-dire l'esprit à son plus humble degré, à son *minimum*, comme on nous l'a déjà dit, mais c'est l'esprit. La finalité des mouvements n'est pas plus difficile à établir. Est-ce que tout mouvement ne tend pas à une fin? Le voilà par là même devenu un acte spirituel. Il sort de la fatalité, ainsi que la force qui l'a produit, pour entrer dans le monde de la Providence. « Tous ces atomes du chaos primitif, si l'on pouvait prouver que le chaos a eu un commencement dans l'éternelle durée du cosmos, sont autant d'ouvriers qui travaillent à l'œuvre cosmique, sans intelligence, sans instinct, mais avec une activité plus sûre, plus appropriée à la fin que celle de l'instinct et de l'intelligence. Telle est la vraie notion de la matière, à laquelle peut atteindre la métaphysique par les révélations de l'expérience intime [1]. »

L'expérience intime n'y suffit pas, mais peu importe. Cette conception du monde physique n'en est pas moins forte et peut-être est-il permis d'ajouter qu'elle n'en est pas moins juste. Maintenant interrogeons M. Vacherot sur la nature de l'âme.

On est d'abord heureux de constater qu'il affirme résolument son existence, non pas sans doute dans un

[1]. P. 251.

sens absolu, conforme à la foi traditionnelle et à la métaphysique cartésienne, mais dans un sens relatif, en la considérant comme une force distincte du corps. Avec beaucoup de raison, M. Vacherot soutient que la distinction de l'âme et du corps ne doit pas être aujourd'hui, dans l'état actuel de la psychologie et de la science physiologique, comprise comme elle l'a été pendant longtemps dans l'École d'après les *Méditations métaphysiques* de Descartes. Il ne suffit pas de dire que l'une des deux substances étant simple et l'autre divisible, il en résulte l'impossibilité de les confondre. L'étendue, dont on fait dériver la divisibilité, n'est qu'un phénomène apparent de la matière, et, considérée dans son fond, la matière est composée de forces simples. Si l'âme est une, ce n'est pas de cette unité abstraite, insaisissable, dont on s'est longtemps contenté pour elle, c'est d'une unité vivante et active qui en fait une cause, une force consciente, intelligente, libre aussi, parce qu'elle trouve en elle-même la raison ou la fin de ses actions. En un mot, sur la nature de l'âme, M. Vacherot pense entièrement comme Maine de Biran. A l'exemple de ce philosophe, il croit que la conscience ne saisit pas seulement les phénomènes du moi, mais son essence même, le fond de son être, qui est tout activité. Or le moi est le vrai type de l'âme et de l'esprit. Il en résulte que l'âme se connaît expérimentalement et non par l'usage d'une faculté ou par l'intermédiaire d'une idée étrangère à l'expérience, qu'elle est une réalité, et non, comme le veut Kant, un *noumène* ou un produit de notre raison.

Mais l'unité active, la force spontanée qui constitue l'individualité n'est pas seulement dans la conscience de l'homme, elle existe plus ou moins développée, à tous les degrés de la vie et de l'organisation ; car, tout être vivant, tout être organisé est un individu. Or si l'on veut savoir à quelle hauteur est placé l'homme dans la nature et quelle est la portée de ses facultés, on n'a qu'à mesurer la distance qui le sépare de tous les degrés inférieurs. De cette comparaison, M. Vacherot fait sortir une preuve indirecte de la liberté humaine, « le plus grand titre de supériorité de l'homme sur l'animal [1] ».

Mais encore une fois, quand M. Vacherot nous entretient de l'âme et du corps et qu'il insiste sur les différences qui les séparent l'un de l'autre, sur les contrastes qu'ils nous présentent, il ne veut pas parler de deux substances, mais de deux vies, de deux natures, de deux sources de phénomènes qui font de l'homme un être double ; il se place sur le terrain de la psychologie, non de l'ontologie, de l'expérience, non de la raison pure et des idées abstraites qu'on lui attribue. « Une matière abstraite, dit-il, une âme abstraite, un Dieu abstrait, trois abstractions qui n'ont rien de commun avec aucune espèce d'expérience. L'âme immatérielle n'est pas plus intelligible que le corps matériel, dans le vieux sens du mot. Il a fallu que l'expérience sensible et l'expérience intime vinssent renouveler la philosophie de la nature et la philosophie de l'esprit

[1]. P. 269.

en révélant le vrai sens de ces mots : matière et esprit, âme et corps [1]. »

Soit! l'âme et le corps ne sont pas des substances, mais des forces, quoiqu'on puisse très bien dire, avec Leibniz et Maine de Biran, que les forces sont les vraies substances, qu'elles répondent à l'idée que se faisait Aristote de l'entéléchie. Encore faut-il savoir si, dans leurs rapports avec l'ensemble des choses, ces forces conservent toujours leur réalité, leur existence substantielle, comme on dirait plus exactement dans l'ancienne langue philosophique, ou si elles ne deviennent pas elles-mêmes de simples phénomènes, des phénomènes fugitifs et dépourvus de toute efficace, en comparaison de la cause universelle, de la force d'où émane toute action exercée sur la nature et sur l'humanité. La réponse à cette question, nous la trouverons dans l'idée que se fait M. Vacherot de la nature divine ou ce qu'on peut appeler sa théologie.

Toutes les écoles de théologie, selon lui, se réduisent à deux : l'école spéculative et l'école psychologique. La première ne conçoit Dieu que dans ses rapports avec l'univers et ne lui reconnaît que des attributs métaphysiques : l'existence absolue, l'éternité, l'immensité, l'infinitude, la toute-puissance. La seconde ne le cherche que dans la conscience et parle de lui comme de l'être parfait, pur esprit. Ces deux écoles, séparées l'une de l'autre par de grands intervalles, répondent à deux formes différentes de

1. P. 270.

la pensée humaine : l'école spéculative est surtout représentée par des philosophes et l'école psychologique par des théologiens ou des fondateurs de religions.

Avant d'aller plus loin, je ne puis m'empêcher de faire une observation qui ne tient pas au fond des choses, mais qui a son importance par rapport à la vérité historique. Les deux points de vue que distingue M. Vacherot sont parfaitement réels, mais il a tort de les séparer dans le temps ou de les considérer comme deux époques différentes. En réalité, ils se sont produits simultanément et, sans se confondre, ils sont presque toujours mêlés l'un à l'autre. Prenez, par exemple, Platon, dans lequel M. Vacherot voit le type le plus accompli de la philosophie spéculative. Est-ce que Platon néglige les attributs moraux de la divinité? Est-ce qu'il ne dit pas dans le *Timée* que si Dieu a créé ou formé le monde, c'est parce qu'il est bon et exempt d'envie? En nous rappelant que le *Timée* est une œuvre toute imprégnée de l'esprit pythagoricien, ne sommes-nous pas autorisés à attribuer la même pensée à Pythagore? Et que dire de Socrate, qui a créé à la fois la métaphysique et la psychologie : est-ce qu'il ne parle que d'un Dieu abstrait, sans providence, indifférent aux choses humaines? Tournons-nous maintenant du côté des religions et choisissons, parmi les religions de l'antiquité, celle que nous connaissons le mieux, le monothéisme biblique. Nous y verrons sans doute, dans les passages dogmatiques sinon dans les récits légendaires, Dieu représenté comme le père du genre humain qui appelle à lui toutes les nations de la terre, qui leur montre la voie de la vérité et du salut; comme le type éternel de la justice et de la miséricorde qui ne permet pas que le crime reste impuni, mais qui répand sur des milliers de générations les trésors de sa grâce. Il inspire à son prophète cette maxime, que nous trouvons également dans Platon et dans l'évangile : « Soyez saints, c'est-à-dire soyez parfaits comme votre Père qui est dans le ciel ». Cela n'empêche pas les auteurs des mêmes livres dont nous parlons de reconnaître aussi, dans un langage souvent sublime, les attributs métaphysiques de Dieu. Il est l'Éternel, il est l'Être proprement dit, *Celui qui est*, c'est même là son nom. Il a créé le monde et peut le détruire quand il veut. Les cieux racontent sa gloire.

Puisque je rencontre sur mon chemin la Bible, je profite de l'occasion pour signaler dans le livre de M. Vacherot une autre erreur. « Il est certain, dit-il, que le monothéisme hébreu est aussi étranger à l'amour que le polythéisme grec. » Non seulement cela n'est pas certain, mais c'est absolument inexact. Amour de Dieu pour l'homme, amour de l'homme pour Dieu apparaissent sous mille formes dans les livres saints, quoique mêlés souvent à des préceptes de rigueur et à des expressions de haine. Dieu aime le genre humain, puisqu'il veut être connu de lui et qu'il recommande à ses prophètes de le convertir. Dieu a son peuple qu'il aime, mais il aime aussi, selon les paroles d'Isaïe, Assur et l'Égypte. Il veut qu'on aime l'étranger et l'Égyptien ; il veut surtout être aimé lui-même. « Tu aimeras l'Éternel, ton Dieu, de tout ton cœur, de toute ton âme et de toutes tes forces. » — « Comme la biche altérée soupire après les courants d'eau, ainsi mon âme soupire après toi, ô mon Dieu. »

Mais revenons aux deux points de vue théologiques qui, successifs ou simultanés, réunis ou séparés, n'en existent pas moins. M. Vacherot montre très bien par où chacun d'eux est insuffisant et comment il est difficile de les compléter l'un par l'autre. Les attributs métaphysiques ne nous donnent qu'un Dieu abstrait qui n'a rien de commun avec l'humanité, qui n'exerce aucune influence sur ses destinées et ne peut lui inspirer ni espérance ni amour. Tel est, dans l'antiquité, le Dieu de Parménide, des stoïciens et de Platon, dans les temps modernes celui de Spinoza et de Hegel. Il n'y a que les attributs psychologiques qui nous mettent en présence d'un Dieu vivant, cause créatrice et finale à la fois de l'homme et de l'univers, providence de tous les deux. Mais les attributs psychologiques ne nous montrent en Dieu que l'homme idéalisé, que l'idéal ou la perfection de la personne humaine. Veut-on, comme on l'a toujours fait, soit au nom de la religion, soit au nom de la philosophie, compléter les uns par les autres ces deux sortes d'attributs ? Alors se présentent d'insurmontables difficultés que notre génération et celle du XVIIIe siècle ne sont pas les premières à avoir aperçues. Comment l'être infini peut-il devenir une personne, puisque toute personne est limitée par la conscience qu'elle a d'elle-même ? Comment un pur esprit a-t-il pu créer la matière? Comment un être parfait a-t-il créé le mal? Comment l'unité absolue a-t-elle produit cette diversité d'êtres et de phénomènes dont se compose l'univers? Comment l'être éternel et qui se suffit à lui-même est-il sorti de son éternité et de sa solitude pour accomplir l'œuvre de la création?

Toutes ces objections, l'on a cru, l'on croit encore les résoudre d'un seul mot : on dit que Dieu est parfait et que rien n'est impossible à celui qui possède la perfection, qu'aucune lacune, aucun défaut, aucune contradiction ne peut se rencontrer en lui. Mais ici une nouvelle difficulté s'offre à notre esprit, plus insoluble que toutes les autres. « En bonne logique, dit M. Vacherot, on ne conclut pas de l'idée, même claire et distincte, d'une chose, à l'existence de cette chose. » Donc, alors même que l'idée d'un être parfait serait en nous une idée nécessaire, il n'en résulterait pas qu'un tel être existe, et la nécessité de l'idée elle-même est loin d'être établie. A cette démonstration de l'existence de Dieu par l'idée de perfection de grands esprits, depuis saint Augustin jusqu'à Descartes, ont perdu leur peine. Il est temps de l'abandonner. Car, selon M. Vacherot, elle se réfute elle-même : « Qui dit perfection, dit idéal; qui dit idéal, dit une pensée pure, c'est-à-dire un type supérieur à toutes les conditions de la réalité [1] ».

Mais le pouvoir qu'il refuse à l'idée de perfection, M. Vacherot l'accorde sans hésiter à l'idée d'infini.

---

[1]. P. 289.

« L'être infini existe, dit-il, car il est impossible de concevoir qu'il n'existe pas. Ici c'est bien d'une conception nécessaire qu'il s'agit [1]. »

On ne saurait s'exprimer avec plus de décision et de clarté, et c'est avec plaisir qu'on prend acte d'une pareille déclaration. Mais quoi ! n'avez-vous pas soutenu tout à l'heure qu'il était illogique de passer de l'idée d'une chose à la réalité de cette chose? Or, qu'est-ce que l'infini pour l'esprit qui le conçoit, pour l'esprit humain en général, sinon une idée, et comme vous le dites vous-même, une idée nécessaire, ou, ce qui est la même chose, « une conception nécessaire »? L'infini, assurément, n'est pas un fait de conscience ou qui puisse être constaté par une expérience quelconque. C'est une idée, je le répéterai à satiété, une idée de la raison, comme celles qu'ont reconnues Platon, Descartes, Malebranche, Schelling, M. Cousin. Dès lors pourquoi l'idée de perfection ne serait-elle pas, aussi bien que l'idée d'infini, une preuve de l'existence de Dieu [2]? L'idée de perfection, comme l'ont cru, avec Descartes, tous les philosophes du xvii° siècle et, en dehors de la philosophie, tous les théologiens, l'idée de perfection est comprise dans l'idée d'infini et l'idée d'infini dans celle de perfection; d'où il résulte que si l'une est nécessaire, l'autre l'est aussi. C'est chose curieuse à voir que le mal que se donne M. Vacherot pour les opposer l'une à l'autre. « Le parfait, dit-il, en toute chose peut

---

1. P. 302.
2. P. 303.

être défini d'une manière positive, tandis que l'infini ne comporte qu'une définition négative. Le parfait se pense, au lieu que l'infini ne peut que se représenter successivement [1]. » Il n'est guère possible d'admettre ces propositions et, dans tous les cas, il est difficile de les démontrer. On se demande : qui nous a donné cette définition positive, non pas de tel ou tel parfait, mais de la perfection elle-même? Quant à l'infini, si on ne le conçoit pas par une seule idée, par un seul acte de la pensée, mais seulement par des aperçus successifs, on ne le conçoit pas du tout et on ne le concevra jamais. Du reste, l'idée de l'infini est aussi positive que celle du parfait.

Toujours est-il que pour M. Vacherot, auteur du *Nouveau Spiritualisme*, Dieu n'est plus ce qu'il était pour l'auteur de *la Métaphysique et la Science*. Il cesse d'être un pur idéal pour devenir un être réel, ou, pour me servir d'une expression que M. Vacherot affectionne, il sort de la catégorie de l'essence pour entrer dans celle de l'existence. Mais comment ce changement a-t-il eu lieu? Comment sommes-nous forcés de l'accepter pour légitime? Par deux principes que M. Vacherot, très justement, appelle aussi le lien de la raison : « l'existence du monde veut une cause; l'ordre du monde veut une cause finale [2] ». Est-ce à l'expérience que nous sommes redevables de ces principes? En aucune façon. L'expérience me donne la notion de la cause que je suis, non la

---

1. P. 304.
2. P. 306.

croyance à la cause de l'univers. L'expérience m'apprend que je suis un être libre, mais elle ne me dit rien de la loi qui régit ma liberté, à plus forte raison de celle qui régit la cause universelle. Nous savons seulement que cette loi existe et que l'idée de cause est inséparable de l'idée de finalité. Cela est si vrai pour M. Vacherot lui-même, qu'il ne permet pas, quand on parle de Dieu, qu'on ajoute quoi que ce soit à ces deux attributs essentiels, parce que ce qu'on y ajouterait serait puisé dans la conscience que nous avons de nous-mêmes et, faisant Dieu à notre image, aurait pour effet de l'amoindrir dans notre esprit. « Cause première et fin dernière d'un monde où tout est causalité et finalité, voilà les seuls attributs humains qu'une psychologie discrète puisse ajouter aux attributs métaphysiques de la nature divine, sans tomber dans l'anthropomorphisme [1]. »

Dieu considéré comme cause de l'univers, c'est Dieu créateur, car être, agir, créer, c'est tout un pour la cause première [2]. Dieu considéré comme cause finale, c'est Dieu Providence, car l'idée de finalité se confond avec celle de l'ordre, et l'ordre établi, éternellement maintenu dans l'universalité des êtres, c'est la négation du hasard, c'est la Providence. Donc M. Vacherot affirme résolument la création et la Providence divine. Que peut lui demander de plus le spiritualisme le plus sévère? Oui, mais il écrit aussi : « Le Créateur est immanent dans son œuvre [3] ». —

1. P. 309.
2. *Ibid.*
3. *Ibid.*

« L'immanence est pour moi une nécessité de la raison qui ne peut arriver à comprendre l'existence de cette cause au delà du temps et de l'espace [1]. » Et sur ces paroles, on l'a accusé de panthéisme, ou, ce qui est la même chose, de monisme, à moins que ce dernier mot, cher à quelques philosophes de notre temps, ne soit vide de sens.

Je trouve cette accusation entièrement dénuée de fondement; car si l'on ne veut pas rester dans le vague et s'entendre quelque peu avec soi-même, il faut dire à quel panthéisme ressemble celui de M. Vacherot : l'histoire de la philosophie nous en offre plusieurs formes. Est-ce à l'antique panthéisme de Parménide et de l'école d'Élée où Dieu seul était reconnu sous le nom de l'Unité, tandis qu'on niait absolument le monde sous les noms du mouvement et de la génération? Assurément non. Est-ce au panthéisme matérialiste des stoïciens? M. Vacherot ne voit dans la nature que l'esprit et fait de la matière elle-même un degré, un *minimum* d'existence spirituelle. Est-ce au panthéisme mystique de Plotin et d'un certain nombre de théologiens chrétiens du moyen âge, par exemple Jean Scot Érigène, Amaury de Bène, Jean Tauler? Pas davantage; le mysticisme est l'état intellectuel le plus antipathique à M. Vacherot, il répudie même l'idéalisme et réclame en toute chose des preuves scientifiques. On n'osera pas soutenir qu'il soit d'accord avec Spinoza. Il proteste d'avance, soutenu par des arguments irréfutables,

[1] P. 310.

contre une telle assimilation. « Ce puissant esprit, dit-il en parlant de Spinoza, a vu Dieu ; car il a conçu la suprême Unité. Mais, ainsi que l'a montré Schelling qui le réfute en l'admirant, cette unité n'est pas vivante, pas plus que la variété qui en est la manifestation passive, dans ce mécanisme universel où une philosophie sans idéal et sans liberté enferme Dieu et le monde [1]. » D'avance aussi, dans la partie historique de son livre, M. Vacherot condamne et réfute le panthéisme germanique sous les deux formes que lui ont données Schelling et Hegel. Il revient même sur le panthéisme de Hegel en montrant à quelques-uns des disciples actuels du philosophe allemand qu'il est contradictoire que Dieu soit à l'état de devenir; qu'il est, mais qu'il ne se fait pas.

Par où donc M. Vacherot est-il panthéiste? Est-ce qu'il confond Dieu avec le monde? Est-ce qu'il nie la liberté et avec elle l'âme humaine? Ni l'un ni l'autre. « Dieu, dit-il, n'est pas le monde puisqu'il en est la cause. Il ne s'en distingue pas seulement comme le tout de ses parties. Le tout n'est que l'unité collective de l'infinie variété des êtres finis qui existent à un moment donné. Définir Dieu par le tout, c'est le confondre avec l'univers. Ce n'est pas seulement entrer dans le panthéisme, c'est tomber dans l'athéisme pur [2]. » M. Vacherot ne commet pas non plus la faute, commune à tous les panthéistes anciens et modernes, de supprimer devant l'idée de Dieu la

1. P. 309.
2. P. 308.

liberté humaine. « Le Dieu vivant, dit-il en excellents termes, est une cause qui crée de vraies causes, non une substance qui se manifeste par des modes dépourvus de toute spontanéité [1]. » N'oublions pas d'ailleurs que c'est la conscience de notre activité et de notre liberté qui seule, selon M. Vacherot, nous donne l'idée de la cause créatrice.

Reste, comme seul élément panthéiste de la doctrine métaphysique de M. Vacherot, l'immanence. Selon M. Vacherot, c'est l'acte permanent, éternel d'une cause créatrice qui demeure dans son œuvre, sans jamais s'y épuiser, et qui ne s'en distingue que par sa puissance infinie de création [2]. Or, il faudrait être bien hardi ou plutôt bien asservi à une idée préconçue, à un dogme particulier interprété d'une manière particulière pour trouver là le panthéisme. De grands théologiens, et au premier rang parmi eux saint Paul, de grands métaphysiciens, au nombre desquels on peut compter Fénelon, Malebranche et Leibniz, en ont dit autant en d'autres termes, même en se servant quelquefois de termes plus forts. On ferait un volume des textes qu'on pourrait leur emprunter. Il n'y a pas jusqu'à la foi populaire que Dieu est partout, qu'il produit tous les phénomènes de la nature et qu'il est présent à toutes les pensées de l'homme, qui ne soit une consécration implicite ou indirecte du principe de l'immanence. Le principe contraire, du moins celui qu'on lui oppose

1. P. 308.
2. P. 324.

ordinairement, la création *ex nihilo* est inaccessible à l'esprit humain et n'a jamais pu se répandre que sous le sceau du mystère, sans avoir pour lui l'autorité des textes sacrés, c'est-à-dire d'une tradition antérieure aux discussions des théologiens et des philosophes.

Cependant quelque parti qu'on prenne sur cette redoutable question, il faut éviter de se prononcer d'une manière absolue, à la façon d'un théologien parlant au nom d'un dogme immuable d'où dépendrait le salut des âmes. Elle présente plusieurs faces qu'il est facile d'opposer l'une à l'autre. Ainsi, dans la doctrine de l'immanence, telle que la comprend et la soutient M. Vacherot, il y a une contradiction et comme un appel indirect à la doctrine de la transcendance. D'une part, repoussant l'hypothèse hégélienne de l'éternel devenir, il affirme que Dieu existe, qu'il est complet, ou pour mieux dire parfait, dans son unité suprême; de l'autre, il nous montre la nature, objet d'une création éternelle et infinie, dans un état d'évolution non interrompue, passant, par exemple, de la matière éthérée à la matière pondérable, à la formation des nébuleuses, des nébuleuses aux différents systèmes solaires dont l'espace est peuplé. Il résulte de là, ce semble, que si Dieu est dans la nature, il n'y est pas tout entier, pas plus que la volonté humaine, que le moi humain n'est tout entier dans chacun ou dans la totalité de ses actes. Or, Dieu dépassant la nature, sans être pour cela substantiellement séparé d'elle, qu'est-ce autre chose que l'idée de transcendance? Dieu transcendant, Dieu au-dessus de la nature et de la conscience, par conséquent au-dessus de la pensée et de la raison humaine, est bien près de cette unité ineffable dont parlaient les Alexandrins et, avant eux comme après eux, tous les grands mystiques. C'est là qu'est le grand mystère, « le mystère des mystères », comme dit une vieille tradition orientale. C'est ce qui fait que le mystère est le fond de la philosophie comme celui de la religion, de toutes les religions qui ne sont pas de pures mythologies, même de certaines mythologies.

Je crois donc avoir le droit de finir comme j'ai commencé : que devient la prétention de se contenter de l'expérience pour résoudre tous les problèmes de la philosophie et de créer une métaphysique entièrement semblable à la science? Il est bon que la tentative en ait été faite, parce qu'il en est sorti un noble et savant ouvrage; un livre éloquent et profond comme le *Nouveau Spiritualisme*; mais jamais on ne réussira à se passer de la raison et du sentiment de l'infini, ou, pour les appeler de leurs vrais noms, de l'idéalisme et du mysticisme. C'est une erreur, c'est la moitié d'un suicide de se donner tout entier à l'un ou à l'autre de ces deux systèmes; c'en est une autre moitié de se laisser subjuguer par les faits et de ne reconnaître, devant les plus grands problèmes de l'âme et de la nature, d'autre autorité que l'expérience.

L'IRRÉLIGION DE L'AVENIR [1]

De longtemps il n'a paru dans notre pays, ni peut-être dans les pays voisins, sur les questions métaphysiques et religieuses, un livre plus curieux, plus attachant, plus riche d'idées et de paradoxes aussi, plus savant et plus chimérique que celui dont je viens d'écrire en tête de ces pages le titre étrange. Il y a de tout dans ce volume sans qu'on puisse pourtant lui reprocher de manquer d'unité et de plan; mais la pensée dont il procède et qui le domine ramène tout à elle et se sert de tout avec une égale abondance, avec une égale facilité, avec une égale indépendance : de la métaphysique et de la science, de l'histoire de la philosophie et de l'histoire des religions, de la politique et de la morale, de la psychologie individuelle et de l'observation qui s'exerce sur la société, de la logique et de l'élo-

---

[1]. *L'Irréligion de l'avenir*, étude sociologique, par M. Guyau. — 1 vol. in-8 de xxviii-470 pages.

quence, j'oserai même dire de la rhétorique, de la poésie et de la physiologie. Aussi me garderai-je d'en présenter ici une analyse qui serait nécessairement incomplète et infidèle, en supposant qu'elle fût possible. Je me bornerai à en faire ressortir les traits les plus caractéristiques et les plus généraux ou d'en retracer, en quelque sorte, la physionomie ; car ce n'est pas tant un livre que nous avons sous les yeux qu'une personne, quoique l'idée de la personnalité prise en elle-même en soit à peu près bannie.

Ce qui frappe d'abord dans l'œuvre de M. Guyau, c'est le titre. Qu'entend-il par irréligion de l'avenir ? Quelle est la définition qu'il nous en donne, non pas une fois et comme par hasard, mais à plusieurs reprises et avec une insistance soutenue ? « L'irréligion de l'avenir, dit-il [1], pourra garder du sentiment religieux ce qu'il avait en lui de plus pur. » — « La vraie religion consiste à n'avoir plus de religion étroite et superstitieuse. » — « L'absence de religion positive et dogmatique est la forme même vers laquelle tendent toutes les religions particulières. » — « L'irréligion, telle que nous l'entendons, peut être considérée comme un degré supérieur de la religion et de la civilisation même. » S'il en est ainsi, le véritable sujet du livre de M. Guyau, ce n'est pas l'irréligion, mais « la religion de l'avenir », et tel est aussi le titre qu'il aurait dû choisir. En somme, l'idée qu'il a dans l'esprit a beaucoup d'analogie, dans sa généralité, avec celle que Schiller exprimait plus d'un

---

[1]. Introduction, p. 14 et 15, surtout p. 15.

siècle avant lui quand il disait : « C'est par religion que je me tiens en dehors de toute religion ».

On se demande aussi pourquoi ce travail qui a pour but de faire la lumière sur l'origine, le développement et le résultat suprême de la pensée religieuse de l'humanité, nous est présenté comme « une étude de sociologie », c'est-à-dire comme une étude sur la formation et le développement de la société. La religion, selon M. Guyau, n'est pas autre chose qu'une extension et, par conséquent, une application de la sociabilité humaine ; ce qui revient à dire que la religion n'a aucun fond par elle-même. « L'homme, à l'en croire, devient vraiment religieux quand il superpose à la société humaine où il vit une autre société plus puissante et plus élevée, une société universelle et pour ainsi dire cosmique. » — « La religion est un *sociomorphisme* universel [1]. » Cela est peut-être vrai de la mythologie et des conceptions religieuses dont l'anthropomorphisme fait la principale base ; cela ne peut s'appliquer à toutes les religions, notamment à celles qui ont exercé et qui exercent encore le plus d'ascendant sur les âmes. Je veux parler du bouddhisme et du mysticisme chrétien.

Ce n'est pas une forme de la sociabilité que préconise Çakia Mouni ; mais, au contraire, l'abandon de la société et de la vie elle-même, parce que, dans son opinion, la vie est mauvaise et la société est une manière de l'étendre et de la perpétuer. Celui-là seul atteint le but de la religion ou accomplit la loi qui

---

1. Introduction, p. 2 et 3.

se soustrait à tous les liens sociaux et supprime en lui, une à une, toutes les facultés de l'être vivant, de l'être pensant. Il aspire au nirvâna, à un état d'immobilité et d'inconscience très difficile à distinguer du non-être.

La fin que propose à l'homme, je ne dirai pas la religion chrétienne prise dans sa généralité, mais le mysticisme chrétien et tout mysticisme, non seulement philosophique, mais religieux, c'est bien autre chose qu'une société entre les êtres humains, qu'une société entre les hommes et la nature, qu'une société même entre l'âme et la Divinité; c'est l'absorption de l'âme en Dieu par la puissance de l'amour, d'un amour arrivé à ce degré où l'être aimant ne se distingue plus par aucune pensée ni aucun sentiment de l'être aimé, où l'âme doit perdre jusqu'à la conscience de son néant; car, ainsi que le remarque Fénelon, si elle dit : « je ne suis rien », elle reste encore attachée à elle-même et à son existence propre. Pour soutenir que cette manière de croire en Dieu et de l'adorer n'a jamais existé ou n'est qu'une très rare exception, il faudrait être étranger à l'histoire du christianisme et à celle de plusieurs sectes musulmanes.

Ainsi le titre seul de l'ouvrage de M. Guyau nous présente déjà une énigme et la manière dont il s'efforce de l'expliquer est en contradiction avec les faits. Maintenant ouvrons le livre, essayons d'en embrasser la pensée, et bien plus encore d'en saisir l'esprit sans nous laisser distraire ni séduire par les vues de détail.

Rien de plus rationnel ni de plus clair que la division que M. Guyau introduit dans son sujet. Il nous montre d'abord ce qu'est la religion dans son origine, il nous en explique la formation, la genèse au sein des sociétés primitives, puis, passant des sociétés primitives aux sociétés actuelles, il nous apprend comment dans cette nouvelle période de l'humanité, qui est encore loin d'être accomplie, la religion se décompose et se dissout; car c'est pour lui une vérité démontrée que toute religion, chez les peuples civilisés de l'ancien et du nouveau monde, touche à sa fin, si elle n'est déjà morte. Enfin il prend la parole au nom de l'avenir, il nous annonce que, à la religion évanouie, succédera nécessairement l'irréligion telle qu'il l'entend et qu'on pourrait aussi bien appeler la religion nouvelle. On voit quelle est l'importance, quelle est la hardiesse et aussi quel est l'enchaînement des questions proposées. Les trois parties de l'œuvre commune dans lesquelles elles sont successivement traitées présentent autant d'intérêt et commandent la même attention que si elles formaient trois livres à part. Chacune d'elles est complète dans les limites qui lui sont propres. Cependant je m'arrêterai moins à la première qu'à la seconde et à la seconde qu'à la troisième. La première, c'est le terrain de l'érudition, de la science historique, et ce n'est pas précisément l'érudition et les conjectures sur le passé qui attirent le plus dans une publication de ce genre. La seconde partie, consacrée à la critique de l'ordre social et religieux dans lequel nous vivons, nous touche de plus près, répond plus directement à nos préoccupations; mais notre curiosité est surtout acquise à celle qui joue ici le rôle de l'Apocalypse et nous dévoile nos destinées futures.

La genèse des religions n'est, pour M. Guyau, qu'un effet particulier ou une application déterminée de la loi générale, de la loi suprême dont il fait dépendre l'univers, et cette loi, c'est celle à laquelle Darwin et M. Herbert Spencer ont attaché leur nom, la loi de l'évolution. La religion donc se développe comme la vie, elle se confond avec la vie que, par un sentiment irrésistible, elle aperçoit dans toute la nature. Il en résulte qu'elle se confond aussi avec la société, qu'elle revêt les formes de la société, qu'elle est *sociomorphique*, puisque la société est une des conditions nécessaires de la vie humaine. Voici comment les choses se passent.

La religion est d'abord une pure physique, elle s'en tient aux phénomènes qui frappent nos sens. Mais quelle est cette physique? Ce n'est pas celle de nos laboratoires et de nos académies ou la physique de la science, de l'expérience. C'est une physique mythologique, qui prête la vie, la conscience et l'intelligence aux agents de la nature, aux phénomènes de la nature. Comment en serait-il autrement puisque c'est par un effort de l'esprit, par une véritable abstraction que nous séparons la vie de la matière, des corps que nos sens distinguent dans l'univers?

Les dieux créés par cette physique mythologique étant des êtres vivants, sont par cela même des êtres intelligents, des êtres forts, que nous craignons parce qu'ils disposent de nous, et à qui nous rendons un culte pour les apaiser, pour nous les rendre favorables. Ce culte primitif, dont la crainte est le seul fondement, conformément à la maxime antique : *Primus in orbe deos fecit timor*, M. Guyau le reconnaît, avec le sentiment religieux lui-même, chez les animaux. Le chien entre en prière devant son maître qui le menace; il lèche la main qui l'a frappé. « Il y a là un exemple de soumission presque religieux; le sentiment qui se révèle en germe chez le chien est celui qui se développe dans les Psaumes et le livre de Job [1]. » Le chat, quoiqu'il ne passe ni pour très sensible ni pour très intelligent, a les mêmes qualités, j'allais dire les mêmes vertus. Quand il s'est rendu coupable de quelque gros méfait au préjudice de ses hôtes, il s'étudie à l'expier ou à se le faire pardonner, tout comme les pécheurs repentants qui, chacun selon ses moyens, font brûler un cierge devant l'autel de leur église, se revêtent d'un cilice ou élèvent une chapelle en l'honneur de quelque saint. « De même, ajoute M. Guyau, que l'industrie, l'art, le langage et la raison, la religion peut avoir ses racines dans la conscience confuse et nébuleuse de l'animal [2]. »

Si l'on voulait faire la satire de la doctrine de l'évolution, on ne trouverait rien de plus fort que cette assimilation entre la sensation bestiale d'un chien battu qui rampe devant l'instrument des coups

---

1. P. 48 et 49.
2. P. 51.

à venir et la résignation sublime de l'écrivain biblique qui adore, sans les comprendre, les décrets de la sagesse éternelle, inséparable de l'infinie bonté. Mais il faut accorder que, le principe une fois admis, les conséquences qu'on vient de signaler en découlent d'elles-mêmes. Cela seul est déjà une preuve que le principe est faux et qu'on ne trouve à aucun degré dans la nature animale l'idée de l'infini qui, plus ou moins claire dans la pensée de l'homme, est, comme l'a démontré M. Max Müller, la racine première de toutes les religions. Contentons-nous de faire cette réserve en passant et poursuivons l'exposition sommaire de la théorie par laquelle M. Guyau nous explique la formation des croyances religieuses, non d'un peuple en particulier, mais de tous les peuples qui nous représentent le mieux l'humanité.

A la physique mythologique, qui marqua le premier pas de la religion, se substituent peu à peu, sans la détruire tout à fait, des idées métaphysiques et morales. D'abord les âmes ont été confondues avec les corps, puis on leur a accordé une existence séparée, sans les dépouiller de toute forme matérielle. On se les représente comme le souffle qui anime les corps, ou comme les ombres des corps qui ont cessé de vivre, comme les images qui nous apparaissent dans le rêve, comme les visions que nous avons dans le délire et dans l'état de folie. Il va sans dire que les hallucinations n'ont pas peu contribué à donner de la consistance à cette manière de voir.

Le dogme de la vie future, si nous en croyons

M. Guyau, prend sa source, non pas dans la conscience morale ou dans l'idée de la justice, mais dans cette grossière manière de concevoir les âmes ; et c'est par la foi à la vie future, acceptée sous cette forme, que nous avons été amenés à croire à de purs esprits. « Le spiritisme, dit-il, est l'origine primitive du système métaphysique plus raffiné appelé spiritualisme [1]. » Mais, en somme, il n'y a pas plus de vérité dans le dernier que dans le premier.

C'est pourtant cette idée des esprits ou des âmes distinctes des corps qui a fait naître l'idée de providence ; car un dieu providentiel n'est pas autre chose pour nous qu'un esprit puissant ou prévoyant qui nous sert de guide et de protecteur. Par conséquent, « la Providence a été d'abord, comme toutes les autres idées religieuses, une superstition [2] ». Cela est d'autant plus certain pour un déterministe comme M. Guyau, que l'idée de providence est en opposition avec le déterminisme qu'il aperçoit dans la nature et dont il fait la condition de la science. Gardons-nous de regretter la perte d'une croyance dans laquelle on prétend que le genre humain a trouvé tant de force et de consolation. L'idée de providence a eu pour résultat de maintenir l'âme humaine en état de minorité. Cependant il ne veut pas être injuste envers elle. A l'exemple d'Auguste Comte, avec lequel d'ailleurs il n'a que de rares ressemblances, il lui est reconnaissant de ses services provisoires. « Le genre

1. P. 57.
2. P. 58.

humain, dit-il, a eu longtemps besoin, comme l'individu, de grandir en tutelle [1]. » Mais, à mesure que la science se développe, le règne de la Providence se rétrécit jusqu'à ce qu'elle disparaisse complètement. On la renvoie comme un employé inutile, parce qu'on s'aperçoit que l'ouvrage se fait tout seul [2].

En vertu de la loi de l'évolution, l'idée de la providence, comme celle de l'âme, s'épure, se spiritualise, s'applique à l'universalité des hommes et, après avoir été connue comme une protection particulière, accordée seulement à quelques hommes privilégiés, ou comme une loi arbitraire, personnifiée dans un être tout-puissant, finit par devenir la conscience même de l'humanité, la conscience des lois supérieures de l'ordre social. Elles ne se dégagent de l'immoralité qu'elles nous laissent apercevoir à leur origine, que lorsqu'elles consacrent et proclament les véritables conditions de la sociabilité, ou, pour me servir des propres expressions de M. Guyau, « des conditions de la vie collective [3] ».

On ne peut nier qu'il y ait beaucoup de vrai dans ce tableau des manifestations successives de l'esprit religieux. A cette part de vérité dans les idées générales se mêlent des observations de détail d'un grand intérêt et qui, alors même qu'elles ne sont pas tout à fait nouvelles, donnent beaucoup de vraisemblance

---

1. P. 72.
2. Ce ne sont pas les expressions de M. Guyau, mais j'applique à la Providence ce qu'il dit ailleurs des dieux mythologiques.
3. P. 84.

au système de l'auteur. Mais la difficulté capitale, non seulement n'est pas résolue, mais ne paraît pas avoir été aperçue. Qu'est-ce qui porterait même l'homme primitif, même le sauvage, à chercher, au delà des phénomènes de la nature qui frappent ses sens, une cause de ces phénomènes qu'il ne perçoit pas, qu'il ne sent d'aucune manière, s'il n'était pas spontanément et irrésistiblement convaincu que rien de ce qui se passe dans la nature ne se suffit à soi-même? On aura beau dire, les chiens et les chats n'éprouvent rien de pareil.

Autre objection. L'idée que la religion, que les grandes religions nous donnent de la perfection divine, ne se confond nullement avec les conditions de la société humaine ou de la vie collective. La perfection morale d'un homme, à plus forte raison la perfection absolue, la perfection divine est autre chose que les qualités qui nous représentent, dans tous les pays civilisés, un bon père, un bon mari, un bon citoyen, un homme de bien. Au nombre de ces qualités on ne fera jamais entrer la sainteté, la toute-puissance, l'omniscience, l'éternité, l'infinitude. Par conséquent, il est de toute fausseté que la religion soit essentiellement *sociomorphique*.

Nous n'en sommes encore qu'à la première partie du livre de M. Guyau, celle qui nous fait assister à la naissance et à la formation des religions. Voyons maintenant comment la seconde partie nous rend compte de leur dissolution en la présentant comme un fait inévitable et déjà en grande partie accompli.

Afin de prouver que la religion s'en va, M. Guyau

fait passer sous nos yeux les révolutions qui se sont accomplies, depuis le XVI⁰ siècle, dans la seule sphère du christianisme. Il nous montre le catholicisme battu en brèche par le protestantisme, le protestantisme orthodoxe par le protestantisme libéral, et celui-ci par le symbolisme, une sorte de philosophie qui, ne conservant les dogmes chrétiens qu'à titre de symboles, introduit à leur place la raison naturelle et la morale universelle de la conscience. Je ne m'arrêterai pas à la critique, d'ailleurs très superficielle et très injuste, que fait M. Guyau de ces diverses manifestations religieuses, particulièrement du catholicisme. Je me bornerai à remarquer que rien n'est moins fondé que les conclusions qu'il tire de leur succession. Rien ne l'autorise à croire que la religion disparaîtra et touche dès aujourd'hui à sa fin parce qu'il s'est élevé dans son sein différents partis réformateurs ou différentes oppositions plus ou moins avancées; j'allais dire plus ou moins radicales. Ces partis et ces oppositions, loin d'être un signe de mort, sont un signe de vie et d'activité non interrompue. Ils ont toujours existé sous le nom d'hérésies et existeront toujours même au sein de chaque secte considérée séparément. D'ailleurs, examinons les faits. Il reste encore à l'Église romaine, après l'apparition de Luther, de Calvin et de Henri VIII, qui remontent à plus de quatre cents ans, beaucoup plus de deux cents millions d'adhérents. Est-ce que cette masse est sur le point de se fondre sous les rayons de la belle philosophie de M. Herbert Spencer? Est-ce que M. Arnold, M. Martin Pachoud ou tout autre apôtre du protestantisme libéral est à la veille de détrôner les réformateurs du xvi° siècle en prenant possession de l'Angleterre, de toute l'Allemagne, de la Suède, de la Hollande et des cinquante millions d'âmes des États-Unis ? Voici d'autres questions qu'il n'est pas permis de négliger. Si toute réforme, toute rénovation, toute restriction apportée à l'autorité établie, annonce la fin de la religion au sein de laquelle elle se produit, comment se fait-il qu'après dix-neuf siècles que le christianisme a pris naissance, la vieille religion de l'Ancien Testament soit encore vivante et compte sur tous les points de la terre des croyants prêts à donner leur vie pour la défendre ? Depuis bien plus longtemps, depuis deux mille quatre cents ans, à ce qu'on assure, Bouddha est venu porter un coup terrible à la vieille foi brahmanique, et cependant, à l'heure qu'il est, le brahmanisme règne encore dans une grande partie de la presqu'île hindoustanique. Le bouddhisme lui-même, combattu avec habileté et persévérance par les missionnaires chrétiens, est resté la croyance de quatre à cinq cents millions d'âmes. L'islamisme n'a pas non plus réussi, en faisant la conquête de la Perse, à détruire les dogmes enseignés par Zoroastre. Et c'est en présence de ces faits, devant le témoignage contraire de tout le genre humain, que l'on vient, avec une candeur digne d'un autre âge et d'une meilleure cause, nous annoncer la fin de toute religion!

Il ne suffit pas à M. Guyau d'attaquer tous les dogmes du christianisme et de nous les montrer, réduits à presque rien par une longue suite de réformations, sur le point de disparaître, il n'est pas plus indulgent pour la morale chrétienne, en dépit du respect presque universel qu'elle inspire encore ; il ne la croit pas appelée à une plus longue durée que la religion qui lui a donné son nom, il a lui-même inventé une nouvelle morale, dont il est fort content et à laquelle il renvoie fréquemment ses lecteurs. C'est « la morale sans sanction ni obligation ». Se proposer un tel but, c'est répudier l'idée même de la morale, qui est, en effet, incompatible avec le principe de toute la philosophie de M. Guyau. Dans le système de l'évolutionnisme, et avec le déterminisme universel qui en est la conséquence nécessaire, il n'y a ni devoir, ni droit, ni responsabilité, puisqu'il n'y a pas de libre arbitre.

Ce que M. Guyau condamne avant tout, c'est la morale religieuse, et plus que toute morale religieuse, la morale chrétienne. Sur quoi repose la morale religieuse ? Sur l'idée de sanction ; car toutes les religions aujourd'hui acceptées dans le monde nous parlent d'une vie future où chacun sera récompensé ou puni en proportion du bien ou du mal qu'il aura fait dans la vie présente. Or, selon M. Guyau, toute idée de sanction « est immorale et irrationnelle ». Il semble pourtant, à ne consulter que la saine raison, qu'il serait peu moral et peu rationnel de réserver le même sort à l'honnête homme et au scélérat. L'expérience nous apprend la même chose des simples règles de conduite que la sagesse nous prescrit envers nous-mêmes ou envers la société. Il est rare qu'on les viole impunément et qu'on n'ait pas à se louer de les avoir observées. Mais qu'est-ce que la saine raison et l'expérience devant les commandements d'un système ?

Au tort d'admettre une sanction, la morale chrétienne en joint un autre, beaucoup d'autres, parmi lesquels il faut compter au premier rang l'amour mystique, c'est-à-dire le pur amour de Dieu. L'amour de Dieu, d'après l'idée que s'en fait M. Guyau, est en opposition avec l'amour des hommes et le respect que chacun d'eux se doit à lui-même. Voilà, il faut en convenir, une opinion difficile à concilier avec la raison et avec l'histoire. L'amour de Dieu comprenant nécessairement celui des créatures de Dieu, au moins de celles qui lui ressemblent le plus, ne saurait exclure celui des hommes. En fait, il ne l'a jamais exclu et nous voyons par les œuvres de toutes les grandes religions sorties du monothéisme biblique, que la meilleure partie du bien que les hommes se sont fait les uns aux autres, a été faite par amour de Dieu. C'est ce sentiment qui a inspiré et qui inspire encore toutes les grandes œuvres, toutes les grandes institutions de la charité.

Il ne suffit donc pas de proscrire l'amour de Dieu, il faut le remplacer. Par quoi le remplacera-t-on ? Par l'évolution, nous répond hardiment M. Guyau. « L'homme de l'évolution, dit-il, est vraiment l'homme-dieu du christianisme [1]. » Par conséquent, c'est lui que nous devons aimer uniquement. Ce n'est pas assez que Dieu soit en nous, ainsi que l'ont toujours cru bon nombre de théologiens et de philoso-

---

1. P. 170.

phes, il faut que nous arrivions à croire qu'il n'est pas autre chose que nous. Si cette identité n'est pas encore un fait accompli, elle le sera dans un avenir plus ou moins éloigné.

Tous les éléments de la vie religieuse : les dogmes, les symboles, la morale, le culte intérieur fondé sur l'amour aussi bien que le culte extérieur fondé sur des pratiques séculaires, étant ramenés à de pures illusions ou à des contradictions, il est évident que la religion doit disparaître du sein de l'humanité, et qu'une société parfaite sera celle qui n'en gardera aucune trace ni dans ses idées ni dans ses institutions. C'est ce qu'affirme M. Guyau avec la même foi que les apôtres et les prophètes mettaient autrefois au service de leurs croyances.

Il reconnaît cependant que si la religion a si longtemps existé, c'est qu'elle a été nécessaire. Il serait donc dangereux de la supprimer brusquement. Il vaut mieux la faire disparaître « par voie d'extinction graduelle », tout en s'étudiant à la suppléer dans les conditions de notre existence sociale sur lesquelles elle a exercé une influence plus ou moins utile. Pour indiquer les moyens d'obtenir ce double résultat, M. Guyau a incorporé dans son livre toute une théorie du mariage et de la femme, toute une théorie de l'enfant et de l'éducation, toute une théorie d'économie politique et sociale. C'est là qu'il a déployé en tout sens son esprit novateur et son talent d'observation. Une question qui l'occupe surtout, c'est celle de la population. Il cherche un remède au ralentissement de l'accroissement de la population française et voudrait trouver l'équivalent du précepte biblique : « Croissez et multipliez ». Je doute fort qu'il ait rencontré juste. En outre de larges réformes dans l'assiette de l'impôt et dans la transmission de la propriété, il conseille d'encourager la jeunesse à prendre au sérieux la partie positive du mariage par la prédication civile et toute espèce de publications. On y emploiera les voix autorisées du maire, de l'instituteur, du médecin cantonal. Heureusement il n'est pas fait mention du gendarme; mais, en revanche, les officiers auront soin de faire sur ce sujet de nombreuses conférences aux soldats. Le même thème sera développé dans des affiches placardées sur les murailles et dans un bulletin officiel à l'usage de chaque commune. Pour ma part, je ne crains pas de supposer que, par l'effet du dégoût qu'elles ne manqueront pas d'inspirer, ces belles inventions seront plus funestes à la population que la peste, la guerre et la famine.

Mais il y aurait de l'injustice à donner trop d'importance à un détail choisi entre mille. Il y aurait excès de rigueur à nous en tenir étroitement aux objections que nous avons soulevées sur notre route. Acceptons donc pour un instant l'arrêt de mort prononcé par M. Guyau contre la religion telle qu'elle existe, telle qu'elle a existé, telle qu'elle peut exister, et voyons ce qu'il met à sa place sous le nom d'irréligion. C'est là qu'est le principal intérêt et le véritable sujet de son livre.

Avant d'affirmer que l'irréligion est le seul refuge qui soit réservé à l'humanité dans les temps à venir,

M. Guyau pense qu'il y a une question importante à résoudre : la religion ne peut-elle pas être renouvelée d'une façon ou d'une autre? N'y a-t-il pas lieu de compter sur une génération ou une renaissance religieuse? Ainsi qu'on pouvait s'y attendre d'après celles de ses opinions que nous connaissons déjà, la réponse de M. Guyau est absolument négative. Aucune puissance humaine, si nous l'en croyons, ne peut rendre la vie aux religions qui conservent encore aujourd'hui un semblant d'existence. A tous les clergés chrétiens, particulièrement au clergé catholique, manquent simultanément la science et la foi. Il n'y a plus que l'islamisme qui fasse des conquêtes. Je serais obligé de m'écarter de mon but si je voulais relever ce jugement profondément inique; je me borne à le rapporter et à le suivre dans les développements qu'on lui donne. Si les religions actuelles sont irrévocablement condamnées à périr, une rénovation religieuse ne peut avoir lieu que sous l'une ou l'autre de ces deux formes : par la réunion, la synthèse de toutes les religions actuellement professées avec plus ou moins de sincérité; ou par la création d'une religion nouvelle.

Les religions actuellement professées ne prennent guère le chemin de l'unification, elles tendent, au contraire, à se séparer, à se distinguer de plus en plus les unes des autres, et chacune d'elles en particulier donne naissance à des sectes innombrables ou à des opinions qui, sans se manifester à l'état de sectes, n'en gardent pas moins entre elles de profondes différences, et ne laissent subsister, sous un nom commun, qu'une unité purement apparente.

Faut-il s'attendre à voir paraître au jour une religion nouvelle? Cette seconde supposition n'est pas plus acceptable que la précédente. Pas de religion sans croyance à une révélation, pas de croyance à une révélation sans miracles, sans intervention du surnaturel. Or la science a tué le surnaturel dans la conscience de la société contemporaine [1]. Il faut, pour fonder une religion, un génie d'un ordre à part, à la fois poétique et métaphysique, qui a cessé d'exister, ayant été épuisé par le bouddhisme et le christianisme. La prétendue religion de l'humanité, dont Auguste Comte s'est déclaré le prophète et le grand prêtre, n'a de religion que le nom; et quant au mormonisme, qui a fait tant de bruit il y a quelques années et qui, à l'heure qu'il est, semble tout près d'expirer, c'est une œuvre de charlatanisme.

Sur les deux hypothèses qu'il se plaît à écarter, la fusion de toutes les religions en une seule, et la naissance d'une religion nouvelle, M. Guyau peut se donner libre carrière et se montrer plein de sens. Ce n'est pas là qu'il trouve des difficultés et des contradicteurs. La question est tout autre. Il s'agit de savoir, non pas si la religion est par sa nature même condamnée à mourir, puisque c'est chose décidée, mais si elle est actuellement morte, ou se trouve dans un état qui ne vaut pas mieux. Nous venons de

---

1. P. 306.

voir que M. Guyau la tient pour morte et n'hésite pas à déclarer sa succession ouverte.

Quels sont les héritiers appelés à la recueillir? On croira sans doute que ce sont les systèmes de métaphysique entre lesquels se partage et, depuis de longs siècles, s'est toujours partagé l'esprit humain. Ce n'est pas l'opinion de M. Guyau. L'idée qu'il se fait de la métaphysique n'est pas plus rassurante que celle qu'il s'est formée de la religion. Il lui donne pour but « d'évaluer les probabilités comparatives des hypothèses [1] ». Il ajoute un peu plus loin : « Les systèmes meurent, et à plus forte raison les dogmes; ce qui reste, ce sont les sentiments et les idées [2] ». Si tous les systèmes meurent, nous pouvons être sûrs d'avance que celui qu'on nous présente à la place de tous les autres, mourra. Mais, à vrai dire, ce n'est pas un système, c'est la pensée même ou la conscience de l'humanité, telle qu'elle sera dans l'avenir, que l'auteur du livre dont nous sommes occupés prétend dévoiler à nos yeux. En cela, pourtant, il ne se distingue en rien de ses prédécesseurs, car il n'est pas un seul d'entre eux qui n'ait eu la même ambition depuis Pythagore et Platon jusqu'à Hegel, Auguste Comte et Schopenhauer. Eux aussi, surtout les trois derniers, ont prétendu remplacer la religion par leur propre manière de concevoir les choses. M. Guyau, s'il était pressé sur ce point, nous répondrait sans doute qu'ils se sont trompés et que lui seul

---

1. P. 331.
2. P. 336.

est dans la vérité. Voyons donc pour quelle raison il répudie ces anciennes doctrines et en quoi consiste précisément la sienne.

Élevant à leur plus haut degré de généralité les divers systèmes de métaphysique dont la ruine ne lui paraît pas moins assurée ni moins désirable que celle des systèmes religieux, il les ramène au nombre de trois : le théisme, le panthéisme et le naturalisme. Mais disons tout de suite que sous les noms de ces trois systèmes principaux, il passe en revue tous les autres, tous ceux du moins qui, à son point de vue, lui paraissent dignes d'être discutés.

Le théisme, d'après la définition que nous en donne M. Guyau, ne diffère pas beaucoup de ce qui fait la base de la vieille religion monothéiste. C'est la croyance en un Dieu unique, supérieur à la nature et à l'homme, créateur et providence du monde. On connaît les objections que, de tout temps, le scepticisme et l'épicuréisme ont élevées contre ce dogme. M. Guyau, en les reproduisant, ne les a pas beaucoup rajeunies. Mais ce qui lui appartient en propre, c'est la supposition que la croyance en Dieu, une fois détruite, l'esprit né de cette croyance pourra néanmoins se conserver dans l'humanité. « Les dogmes du théisme se dissoudront, dit-il, comme tout dogme; mais l'esprit théiste pourra subsister dans ce qu'il a de plus pur [1]. » On se demande ce que peut être l'esprit du théisme sans le théisme lui-même. Est-ce l'amour de Dieu? L'idée de Dieu? L'amour de l'homme consi-

1. P. 377.

déré comme l'image ou la plus parfaite des œuvres de Dieu ? Rien de tout cela n'est possible ni compréhensible si Dieu n'existe pas. C'est bien ce que pense M. Guyau lui-même, car après avoir énoncé la supposition contradictoire devant laquelle nous sommes arrêtés, il laisse échapper cet aveu d'une adorable candeur : « Entre le théisme le plus idéaliste et ce qu'on nomme l'athéisme, il n'existera plus un jour qu'une distance qui peut aller diminuant à l'infini[1] ». Au fait, qu'avons-nous besoin de Dieu ? on nous l'a déjà dit quand on a voulu nous prouver le néant de toutes les religions, c'est l'homme qui sera Dieu. Puisque j'en trouve l'occasion, je ne veux pas négliger de citer une phrase que j'aurais dû me rappeler plus tôt : « A la base, nous nous sentons brutes ; au sommet, nous devenons dieux[2] ». Ce n'est point là une pensée isolée chez M. Guyau, ou une exagération momentanée de langage. A un certain point de vue, si nous voulons l'en croire, « la substitution de la providence humaine à l'action omnipotente de la providence divine apparaît comme l'une des formules les plus exactes du progrès[3] ».

On pourrait être tenté de s'autoriser de ces paroles pour faire de M. Guyau un panthéiste. Ce serait bien mal le comprendre. L'idée qu'il se fait du rôle futur de l'homme dans la nature est précisément le contraire du panthéisme, le contraire du bouddhisme. Dans ce dernier système, l'individu disparaît, absorbé

1. P. 392.
2. P. 109.
3. P. 308.

qu'il est par l'univers, qui lui-même n'est que la manifestation de la pensée divine. Ici, au contraire, l'individu, je ne dis pas la personne, est tout ou presque tout. Ce qui n'est pas lui ou ne vient pas de lui nous échappe. Telle est son influence sur les phénomènes qui se produisent dans la sphère totale de l'existence qu'il en a ou qu'il en aura la responsabilité ; car n'oublions pas que nous sommes en face de l'évolution, et que l'humanité et le monde sont encore loin d'être achevés. L'homme étant ou devant devenir le maître de la nature, en est par là même de plus en plus indépendant, et cette indépendance croissante en face des choses « aura pour conséquence une liberté toujours grandissante d'esprit et de pensée [1] ». Cela n'empêche pas M. Guyau d'être un déterministe décidé, comme son oncle, M. Alfred Fouillée ; mais, en dépit de la contradiction flagrante qui existe entre le déterminisme universel et la liberté toujours grandissante de l'esprit, il a le droit, jusqu'à présent, de repousser la qualification de panthéiste et de se déclarer l'adversaire du panthéisme.

Se servant d'une expression qu'il emprunte à M. Herbert Spencer, M. Guyau voit surtout, dans le dieu du panthéisme, un dieu désanthropomorphisé, c'est-à-dire dépouillé de toute ressemblance avec la nature humaine. C'est déjà là, selon lui, un immense progrès sur le théisme, mais un progrès insuffisant. L'unité, l'existence individuelle qu'il enlève à Dieu, le panthéisme la laisse subsister dans le monde, et

---

[1] P. 396.

selon qu'il aperçoit dans le monde une fin conforme à la raison, ou l'absence de toute fin, c'est-à-dire le bien ou le mal, il est optimiste ou pessimiste.

En quelques mots, M. Guyau prononce la condamnation du panthéisme optimiste. La finalité, le bien et même l'unité qu'il attribue à l'univers n'existent pas dans les choses, mais dans notre cerveau, ce sont des ombres de notre cerveau projetées hors de nous. « L'unité du monde n'est pas faite », et si elle doit se faire, c'est nous qui la ferons [1].

Le panthéisme pessimiste n'est pas traité avec plus de faveur. Je dirai même qu'il est l'objet d'une critique plus sévère et aussi plus solide, parce que la raison générale, le sens de la réalité y a plus de part que l'esprit de système. Le pessimisme n'étant pas seulement une philosophie, la philosophie du désespoir, mais un mal social déjà ancien et aujourd'hui plus répandu que jamais, répandu surtout dans les classes les plus intelligentes de la société, M. Guyau, avant de le combattre par la raison, se demande s'il est guérissable. Il est guérissable, à ce qu'il nous assure, et son principal remède est dans l'action. Nous oublions presque d'agir pour nous donner tout entiers à la pensée, pour cultiver des idées malsaines comme celles qu'entretiennent dans les esprits le panthéisme et le positivisme. Qu'on le remarque bien, c'est à M. Guyau, non pas à moi, qu'appartient cette réflexion. Et qu'est-ce qui nous porte à l'action? Les sentiments les plus élevés et les plus généreux du

1. P. 401.

cœur humain, car les sentiments de cette espèce valent les idées les plus éprouvées. « Il existe, à tout prendre, autant de vérité solide et résistante dans l'amour éclairé de la famille, dans celui de la patrie, dans celui de l'humanité, que dans le fait scientifique le plus positif, dans telle loi physique comme celle de la gravitation et de l'attraction [1]. »

Ce beau passage, que j'ai le plus grand plaisir à citer, trouve son commentaire et son complément dans une maxime que Vauvenargues, au moins pour le sens, n'aurait pas désavouée : « L'amour et l'admiration sont les grands remèdes de la désespérance. Aimez et vous voudrez vivre [2]. »

Mais voici qui me gâte un peu, beaucoup même, les conseils pleins d'humanité et de sagesse que je viens de transcrire : « Ce qu'il y a de plus éternel dans cet univers, c'est peut-être l'action même, le mouvement, la vibration de l'atome et l'ondulation qui traverse le grand tout [3] ». Si c'est là tout ce qui constitue l'action, et si elle ne doit avoir d'autres résultats que de produire quelques ondulations de plus dans ce monde qui n'a pas commencé et qui ne sera jamais fini, on ne voit pas ce qu'elle a de si consolant, et pourquoi l'on mettrait à son service des choses qui valent mille fois mieux qu'elle, à savoir : l'admiration, l'amour, le dévouement, la famille, la patrie, l'humanité. Mais ne nous pressons pas, les objections viendront plus tard. Acceptons en atten-

[1]. P. 410.
[2]. P. 412.
[3]. Ibid.

dant ce que M. Guyau nous donne, c'est-à-dire ce qu'il donne à la conscience universelle de l'humanité. Acceptons également, sans arrière-pensée, sa réfutation du panthéisme pessimiste.

Le pessimisme est une illusion comme l'optimisme. Celui-ci est l'illusion du bien, celui-là est l'illusion du mal. Et d'où vient cette illusion? De ce que le pessimisme regarde le monde d'un point de vue personnel, au lieu de le considérer d'un point de vue universel. Il n'en voit que le côté sensitif, c'est-à-dire la souffrance, la douleur; tandis qu'il faudrait en voir aussi le côté actif et intellectuel. Aux petitesses et aux misères dont il est uniquement frappé, on peut opposer le grand, le beau, le vrai, dont l'amour est indestructible en nous. « On peut être las, même de la vie, sans être las de la science [1]. » C'est là une forte et profonde pensée comme il y en a beaucoup dans le livre de M. Guyau. En somme, le pessimisme est pour lui un aveuglement de l'esprit, une aberration du jugement, aussi bien qu'une exagération maladive de la sensibilité. Il le définit quelque part, avec beaucoup de justesse : « l'apothéose du néant ». Quel est, en effet, son dernier mot? Le nirvâna du bouddhisme. Eh bien, le nirvâna, quand on essaye de le pratiquer, n'offre pas autre chose qu'une forme du suicide. Avant d'atteindre le corps, il éteint successivement toutes les facultés de l'âme. C'est donc à tort que Schopenhauer et son école nous montrent dans le pessimisme la religion

---

[1]. P. 416.

de l'avenir. Cette religion, c'est le salut par la négation et par la destruction. Si elle a pu se faire accepter, en apparence plus qu'en réalité, par les nations énervées et opprimées de l'Orient, jamais elle ne sera la foi des peuples actifs et intelligents de l'Occident.

Sauf les réserves commandées par la vérité historique sur l'interprétation qu'on donne ici du bouddhisme oriental, il n'y a qu'à applaudir à cette vigoureuse critique du pessimisme. Il est bon qu'elle vienne d'un esprit indépendant que personne n'accusera d'être asservi à une école ou à une tradition. Je donnerai les mêmes éloges aux raisonnements par lesquels M. Guyau combat le matérialisme. Le matérialisme, selon lui, et selon tous les philosophes qui ont l'ambition de s'entendre avec eux-mêmes, est insoutenable et inintelligible, parce que la matière brute, la matière pure n'existe pas ; tout est vivant dans la nature. Tout aussi y est complexe. L'atome, tel que le comprennent les savants de nos jours, n'a aucune ressemblance avec celui qu'avaient imaginé Démocrite et Épicure et que Gassendi a essayé de ressusciter au XVII° siècle en face de Descartes. S'il en est ainsi, les lois mécaniques, les seules que le matérialisme puisse reconnaître, ne suffisent plus à l'explication des phénomènes de la nature, car elles sont inapplicables à la vie. Puis comment le matérialisme pourrait-il accepter l'idée de l'infini, puisqu'il a la prétention de ne reposer que sur l'expérience, et encore sur une expérience très restreinte, l'expérience visuelle et tactile ? Et cependant la notion de l'infini s'impose à l'esprit humain, soit qu'il pense à la matière, soit qu'il pense à lui-même. « Sous la matière que la pensée conçoit et sous la pensée qui se conçoit, il y a un infini qui les déborde toutes les deux et qui semble le plus profond de la matière même [1]. »

Reste donc à juger l'idéalisme qui, depuis l'avènement de la philosophie allemande jusqu'à celui de l'évolutionnisme, semblait être devenu le fond même de la pensée moderne. M. Guyau ne s'y arrête pas aussi longtemps qu'on aurait pu s'y attendre, et il a raison; car l'idéalisme ne se distingue pas essentiellement du panthéisme, il en est même l'expression la plus savante et la plus accomplie. L'idéalisme se présente dans l'histoire sous deux formes : la forme subjective dont Kant est le créateur, et la forme objective dont il est redevable à Schelling, à Hegel et à beaucoup d'autres. M. Guyau rejette très sommairement la première. Il n'y voit qu'une curiosité de l'esprit. Un seul effort de notre volonté qui rencontre hors de nous quelque résistance suffit à en faire justice, car il nous apprend qu'il y a autre chose que notre pensée. « L'humanité agissante et pratique sera toujours réaliste, en ce sens qu'elle admettra toujours que le monde a une existence indépendamment de la pensée individuelle [2]. » Cela est d'un bon sens parfait.

L'idéalisme objectif donne lieu à une appréciation plus bienveillante. M. Guyau ne le trouve pas indigne de remplacer le théisme quand celui-ci aura disparu.

1. P. 435.
2. P. 426.

Il y a cependant un genre d'idéalisme qu'il préfère à tous les autres. C'est celui auquel M. Fouillée a attaché son nom et qui, par un mystère plus incompréhensible que ceux de toutes les religions, se flatte d'avoir réussi à mettre d'accord la liberté avec le déterminisme universel. M. Guyau voit dans ce système « un des meilleurs refuges du sentiment religieux dégagé de ses formes mystiques et ramené dans les sphères de la nature ». De toutes les hypothèses idéalistes, c'est à ses yeux celle qui se concilie le mieux avec la théorie de l'évolution, par conséquent, la plus satisfaisante; mais c'est une hypothèse et, à ce titre, elle doit être abandonnée [1].

Ainsi donc, de tous les systèmes qu'a produits jusqu'à présent le génie de la métaphysique, comme de tous ceux qu'a enfantés auparavant le génie des religions, il n'y en a pas un seul qui se tienne ou qui mérite de se tenir debout, qui renferme l'avenir de l'esprit humain dans ce qu'il a de plus élevé, de plus universel, de plus complet, dans ce qu'on appelait autrefois, selon le milieu où l'on se plaçait, des noms vénérés de religion ou de philosophie. L'avenir de l'esprit humain, ainsi compris, ou plutôt de l'humanité elle-même, du monde et de tous les mondes, est contenu tout entier dans un système qu'il me reste encore à faire connaître. Ce système, c'est le monisme.

Qu'est-ce que le monisme? Ce nom n'est pas nouveau, comme le reconnaît expressément M. Guyau. Il y a déjà bien des années qu'on en fait usage en

---

[1]. P. 430.

Allemagne, en France et encore ailleurs; mais il n'a jamais été appliqué de manière à en rendre le sens complet. C'était, si l'on veut, des monismes plus ou moins imparfaits « où l'unité péchait par quelque point ». Dans le monisme de M. Guyau, rien n'existe d'une manière absolue et définitive, et rien n'existe hors du monde, hors de la nature; à parler rigoureusement, rien n'existe, mais tout devient. Le monde est un « seul et même devenir ». Ce sont ses propres expressions [1]. Il n'y a pas non plus deux espèces de devenir ou deux évolutions, l'une pour ce qu'on appelait, d'après les préjugés vulgaires, du nom d'esprit et l'autre pour ce qui portait le nom de matière. Non, « il n'y a pas deux natures d'existence ni deux évolutions, mais une seule dont l'histoire est l'histoire même de l'Univers ». Au lieu de l'esprit et de la matière, nous avons ici une seule et même chose, la vie. Et telle est l'unité, l'universalité de la vie, qu'il n'y a aucune ligne de démarcation entre le monde organique et le monde inorganique. Tout est vivant et toute vie est un flot qui s'écoule, une onde changeante. C'est précisément ce qu'Héraclite enseignait en Grèce, il y a deux mille cinq cents ans; et dites encore que le progrès est une chimère!

A ce principe, si l'on peut donner le nom de principe à la mobilité éternelle et universelle, il y a cependant des applications et des conséquences dont le vieux philosophe grec ne s'était pas avisé et que nous rencontrons ici.

[1]. P. 437.

Il n'est pas impossible, il est même probable que la conscience, qui est tout pour nous, ne manque entièrement à aucune des existences dont l'univers est formé, pas plus au minéral qu'à l'animal. Mais ce que M. Guyau croit pouvoir affirmer, « en toute sûreté de cause », c'est que la vie, par son évolution, tend à engendrer la conscience. « Vivre, c'est, en fait, évoluer vers la sensation et la pensée. » Cela revient à dire que les atomes dont se compose le mont Blanc seront un jour autant d'êtres sensibles et intelligents, qui sait? des saint Vincent de Paul et des Newton. C'était bien la peine de répudier les dogmes et les miracles de la religion pour en arriver là !

Mais la vie n'a point pour dernier terme la sensibilité et l'intelligence, ou, pour employer les termes de M. Guyau, la sensation et la pensée, dont il fait ailleurs, à la façon de l'école de Condillac, un seul et même phénomène. La sensation et la pensée donnent pour résultat l'individualité, et l'individualité, par son accroissement, tend à devenir sociabilité et moralité.

J'ai déjà dit ce que l'auteur de ce livre pense de la morale. Pour lui, qui ne craint pas de refaire la conscience du genre humain, l'idée d'obligation n'existe pas, pas plus que l'idée de finalité. » Le devoir, dit-il, est un pouvoir qui arrive à la pleine conscience de soi et s'organise [1]. » Cela revient à dire que le devoir est simplement un fait, un état de l'être vivant et non pas une loi, non pas une fin; la finalité

---

1. P. 430.

n'existe pas dans la nature; elle doit par conséquent être bannie de notre esprit.

Nous croyons, dans notre orgueil, sous l'empire de nos préjugés héréditaires, que cet état est le dernier terme de perfection qu'on puisse atteindre dans ce monde. Renonçons à cette illusion. Il y a dans la nature, et non dans une sphère placée par l'imagination au-dessus d'elle, des êtres supérieurs à nous, dont la puissance et l'intelligence dépassent toutes les limites actuellement connues ou rêvées. « Qui sait, dit notre auteur, si l'évolution ne pourra ou n'a pu déjà faire ce que les anciens appelaient des dieux[1]? » Il convient que cette hypothèse est hardie, mais il soutient qu'elle est dans la direction des hypothèses scientifiques. « L'évolution a pu et dû produire des espèces, des types supérieurs à notre humanité; il n'est pas probable que nous soyons le dernier échelon de la vie, de la pensée et de l'amour[2]. » Eh! mais, ce dont vous nous parlez là, c'est le ciel et en même temps l'Olympe; les êtres dont vous les peuplez, ce sont des dieux et des anges. Et vous refusez de croire en Dieu! et vous annoncez la fin de toute religion! Pour un logicien si sévère à l'égard de tous les systèmes, cela n'est pas très conséquent.

Au reste, M. Guyau, touchant à la fin de la carrière qu'il s'est tracée, accepte résolument le caractère religieux que nous présente son système. Il y trouve

1. P. 430.
2. *Ibid.*

même le fond le plus pur du sentiment religieux et se flatte de lui avoir ôté ce qu'il avait d'incompatible avec le sentiment scientifique. « Ainsi formulé, dit-il, le sentiment religieux demeure ultra-scientifique, mais il n'est plus antiscientifique [1]. » M. Guyau n'ignore pas sans doute, lui qui sait tant de choses, mais il a l'air de ne pas se rappeler que, dans tous les temps, les théologiens ont distingué entre ce qui est au-dessus de la raison et ce qui est contre la raison et que bon nombre d'entre eux ont essayé de mettre d'accord la raison et la foi.

On peut sans doute contester qu'ils aient mieux réussi que M. Guyau à mettre d'accord la religion et la science; mais ils ont sur M. Guyau un immense avantage. Ils croient à la divinité dont ils passent pour être les interprètes et les défenseurs. M. Guyau ne croit pas à la sienne, je veux dire à celle qu'il imagine. Le dieu qu'adore la partie la plus éclairée et la plus respectable du genre humain, le dieu de la Bible et de l'Évangile, même celui du Coran, n'a pas commencé et ne finira pas, il a toujours existé et il existera toujours; il n'est pas seulement réel, il est la suprême réalité. Les dieux de M. Guyau se font, deviennent et disparaîtront devant une forme nouvelle. Pour les vieux théologiens dont nous parlons, la nature existe aussi bien que Dieu, dont elle est l'ouvrage; l'homme tient une place supérieure à celle de tous les animaux, il est éclairé par une raison supérieure à tous les instincts et à toutes les

---

1. P. 440.

sensations, il est soumis à une loi dont l'accomplissement fait son honneur et sa dignité, il possède le pouvoir divin de la liberté, source de tous les droits et de tous les devoirs. Pour M. Guyau, rien de tout cela n'existe, parce que rien de tout cela n'est durable; tout se trouve à l'état d'évolution et de devenir, c'est-à-dire à l'état de changement, à l'état d'un fleuve qui coule toujours en avant et qu'on ne traverse pas deux fois, comme disait Héraclite. Ajoutons que, parmi ces ombres qui courent les unes après les autres en changeant à chaque instant de forme et de dimensions, ce qui nous est le plus cher et ce qu'il y a en nous de plus personnel, la liberté, ne figure pas; ce qu'il y a en nous de plus rationnel, ce qui, dans la conduite de tout être raisonnable, marque précisément la différence de la folie et de la raison, la faculté d'agir en vue d'un but, en vue d'une fin, la finalité, en un mot, n'y figure pas davantage, elle est qualifiée de chimère. Si le devoir y tient une certaine place, c'est par un nom qui exprime le contraire de son sens naturel, c'est par cette fameuse morale « sans obligation ni sanction », qui est exactement la négation de la morale.

Au lieu de la vieille morale que tout le monde connaît, celle qui nous prescrit la justice et la charité envers nos semblables, M. Guyau nous en propose une autre bien étrange. « Le vrai philosophe, selon lui, ne doit pas dire : rien de ce qui est humain ne m'est étranger, mais rien de ce qui vit, souffre et pense ne m'est étranger. Le cœur se retrouve partout où il entend battre un cœur comme lui, jusque dans l'être le plus infime [1]. » C'est la fraternité entre l'homme et les plus vils animaux. Il y en a une autre qui ne nous est pas moins recommandée; c'est celle qui nous lie à d'autres humanités analogues sans être tout à fait semblables à la nôtre. Il est vraisemblable, ajoute M. Guyau, que ces humanités existent dès aujourd'hui, répandues dans l'immensité. Ce sont nos « pères planétaires », dont quelques-uns peut-être sont comme des dieux par rapport à nous [2]. Je ne finirais pas si je voulais signaler tous les rêves accumulés dans ce volume, et cependant je trouve juste de m'arrêter devant le dernier chapitre, où l'imagination de l'auteur, s'abandonnant à toute son audace, ne prend plus la peine de se dissimuler sous les apparences de la science. Il a pour titre : « La destinée de l'homme et l'hypothèse de l'immortalité dans le naturalisme moniste [3] ».

Si donc, selon la prédiction de M. Guyau, tous les dogmes religieux devaient disparaître parce qu'ils ne sont pas suffisamment démontrés, ils ne seront pas remplacés par le système qui vient de passer sous nos yeux dans ses traits principaux, car, pour admettre ce système, il faut un effort de bonne volonté que ne surpasse pas la foi la plus robuste. Au nom de la nature, il nous offre et nous promet les miracles les plus incroyables, et pas un point sur lequel la pensée puisse s'arrêter. Toutes choses y

---

1. P. 340.
2. P. 446.
3 Il a été publié séparément dans la *Revue des Deux Mondes*, pendant l'année 1887.

sont, non pas mêlées et confondues, mais identifiées dans leur principe, sans qu'il y ait un principe. Les dieux (il y en a une multitude) sont dans l'homme, l'homme est dans l'animal, l'animal est dans la plante et dans le minéral; mais rien ne reste à sa place, rien ne garde son rang, rien ne conserve son nom. Comment faut-il appeler cette conception dans son ensemble? Est-ce une philosophie? Est-ce une religion? Ni l'une ni l'autre, ou plutôt l'une et l'autre, pourvu que, en lui attribuant ce double caractère, on ait soin de dire que c'est la religion ou la philosophie et la religion qui s'adaptent le mieux à une époque de dissolution comme celle où nous sommes. Ce serait grand dommage qu'un tel livre n'eût point paru. C'est un véritable monument. Il sera peut-être le seul par lequel, dans l'ordre de la spéculation, les historiens à venir se feront une idée exacte de notre temps.

LES
PRINCIPES DE LA MORALE [1]

Comme le remarque avec raison l'auteur de cet excellent livre, la morale est un sujet qui ne vieillira jamais : « les plus illustres penseurs de tous les temps l'ont traité et ne l'ont pas épuisé ». Mais il faut distinguer entre les obligations que la morale nous impose ou que l'on accepte en son nom et les principes d'où on les fait découler ou par lesquels on les justifie. Les premières, à les prendre dans leur ensemble et dans leurs applications les plus générales, dans leurs effets les plus apparents, semblent être toujours restées les mêmes et ne varient pas sensiblement d'une école philosophique à une autre. Depuis que la société existe, ce qui revient à dire depuis que le monde a atteint un certain degré de civilisation, le meurtre,

---

1. *Les Principes de la morale*, par Émile Beaussire, membre de l'Institut. — 1 vol. in-8 de 307 pages, chez Félix Alcan. Paris, 1885.

le vol, la fourberie, la violence, le faux témoignage, l'adultère, la trahison, ont été condamnés par l'opinion et réprimés par les lois comme des crimes, là même où les traditions religieuses paraissent les absoudre par des exemples réputés divins. Sur ce point capital, l'accord est encore plus complet entre les systèmes de philosophie qu'entre les maximes du sens commun et la législation positive. Stoïciens et épicuriens, spiritualistes et positivistes, partisans de la morale du devoir et sectateurs de la morale utilitaire s'entendront sans peine sur les règles à suivre à l'égard des autres et de soi-même, à l'égard de la société et des individus. Ils ne se contenteront pas de réprouver tout empiétement sur les droits de nos semblables, toute atteinte à leur sécurité, à leur propriété, à leur liberté, mais aussi tout ce qui a pour effet de nous dégrader nous-mêmes et de nous amoindrir à nos propres yeux. Il en est tout autrement lorsqu'il s'agit des principes par lesquels ces règles s'expliquent et d'où elles tirent leur autorité, qui les font accepter de notre intelligence comme des vérités et non pas seulement comme des nécessités ou des convenances. Ici les esprits se partagent, les doctrines diffèrent et se multiplient d'autant plus que l'on conserve moins d'inquiétude sur les conséquences pratiques qu'elles sont susceptibles de produire. C'est l'honneur de la nature humaine de ne pas se contenter de savoir qu'une opinion est bienfaisante ou utile, mais d'avoir besoin de s'éclairer sur ce qu'elle contient de vérité et de lui faire subir l'épreuve de la discussion, jusqu'à ce qu'elle se soit placée au-dessus de tous les nuages et qu'elle ne laisse plus de motif sérieux à la résistance.

Il y a donc dans la recherche des principes de la morale un intérêt philosophique, j'oserai dire un intérêt scientifique de premier ordre que ne présente pas une simple étude des diverses obligations de la vie ou un simple traité de nos devoirs. Il y en a un autre encore qui est peut-être plus élevé, parce qu'il touche à la culture de l'âme et non pas seulement à la satisfaction de l'intelligence. Il ne suffit pas que nos actions soient matériellement conformes à l'ensemble des règles qui nous représentent je ne dirai pas l'ordre social, cela est trop peu, mais l'ordre moral; il faut encore qu'elles soient inspirées par de nobles motifs, qu'elles mettent en relief pour nous-mêmes d'abord, ensuite pour les autres si cela est possible, toute la puissance et toute la dignité de notre nature; qu'elles sortent en quelque façon du fond le plus substantiel et le plus reculé de la conscience humaine. Or, cette qualité leur est communiquée par les seuls principes d'où elles procèdent, et il est difficile de nier que ces principes forment entre eux une véritable hiérarchie, qu'ils obtiennent de notre part plus de respect et d'amour, qu'ils exercent sur les âmes une domination plus complète les uns que les autres. M. Beaussire se montre constamment pénétré de ce double intérêt. Logicien et philosophe, très bon logicien et philosophe de la meilleure école, de la plus savante aussi, il ne cesse pas un instant d'être moraliste.

Il faut pourtant que je lui adresse un sérieux reproche avant d'entrer avec lui dans le fond de son sujet. Son indulgence ou, pour mieux dire, sa bienveillance pour les doctrines les plus éloignées de la sienne est souvent portée à un excès qui n'est point sans danger. C'est ainsi que, tout en répudiant ses conséquences morales et métaphysiques, il semble admettre l'évolutionnisme dans son principe le plus général, sans remarquer que ce principe est une arbitraire affirmation. C'est ainsi encore que, spiritualiste décidé en psychologie, il accepte sans contrôle les anecdotes apocryphes, les historiettes individuelles et accidentelles sur lesquelles se fonde la psychologie empirique. C'est ainsi enfin que, voyant dans l'idée de Dieu le couronnement nécessaire de l'ordre moral, il plaide avec chaleur pour la morale indépendante. Cela n'est rien encore. Sans sortir des limites de la morale, il laisse échapper des maximes tellement chancelantes, tellement vagues et d'une tolérance si étendue qu'il n'est pas impossible, en les pressant un peu, d'en faire sortir le doute ou l'indifférence. En voici quelques exemples : « La reconnaissance des droits d'autrui ne peut que gagner à la conviction que nos jugements moraux ne sont pas d'une évidence absolue, qu'ils sont sujets à discussion et que ceux mêmes qui rencontrent autour de nous une adhésion unanime peuvent être revisés par l'évolution des consciences et le progrès de la science morale[1]. ». En vérité, je me représente difficilement ce que les droits d'autrui auront à gagner aux doutes qui naî-

---

1. P. 28.

tront dans mon esprit sur la légitimité de la propriété, sur le respect qui est dû à la vie humaine sans distinction d'origine ni de race, sur le respect qui est dû à la conscience, sur la différence qu'établit la liberté entre l'homme et l'animal. Retournons la proposition et demandons-nous ce que nous pouvons espérer pour nous-mêmes au milieu d'une société ou sous un pouvoir qui ne tiendra nul compte de ces grandes vérités, le résultat ne sera pas plus satisfaisant. Aucune évolution, puisque ce nom équivoque est prononcé ici, ne remplacera la certitude et ne nous apportera la garantie qu'elle seule peut nous donner.

Voici une autre maxime qui tient de très près à celle que je viens de citer et qui ne vaut pas mieux, j'oserai même dire qui vaut encore moins parce qu'elle embrasse non seulement nos droits, mais nos devoirs : « Il faut savoir douter des formules; il faut savoir douter des principes eux-mêmes. Ici encore l'erreur est toujours possible, et lors même qu'on posséderait la vérité pure, la vérité absolue, il faut pour la faire passer dans un acte vraiment moral, autre chose qu'une adhésion superficielle ; il faut s'y attacher sincèrement et complètement par un effort éclairé de foi et d'amour [1]. »

J'ai voulu ajouter à la proposition sceptique qui nous étonne l'explication par laquelle on essaye de la justifier; mais cette explication ne réussit pas à l'amoindrir et à la rendre acceptable. D'abord on ne voit pas

---

[1] P. 30.

pourquoi M. Beaussire traite avec cette sévérité les formules, c'est-à-dire les préceptes régulateurs de notre vie; les articles essentiels de la loi suprême ou ce qu'on appelle, dans le langage religieux, « les commandements de Dieu ». Comment les remplacer si on les rejette? Qu'est-ce qui équivaudra jamais à ces brèves et admirables propositions: « Tu ne tueras pas; tu ne voleras pas; tu ne rendras pas de faux témoignage; aime ton prochain comme toi-même ». Le doute, selon M. Beaussire, ne s'arrêtera pas à ces formules, il devra s'étendre jusqu'aux principes afin de laisser le champ libre à je ne sais quel mystique et insaisissable mouvement du cœur. Mais alors que devient toute la science sur laquelle on se flatte de répandre une nouvelle lumière? Pourquoi écrire un livre sur les principes de la morale? Ne vaudrait-il pas mieux s'en remettre à celui qui a paru, il n'y a pas longtemps, sous ce titre significatif : *La morale sans obligation ni sanction?*

M. Beaussire appartient à cette classe d'esprits plus généreux que prudents qui croiraient manquer de libéralisme et peut-être d'étendue s'ils osaient se mettre en contradiction ouverte avec leurs plus incorrigibles adversaires, et ce qui est plus grave, avec les incorrigibles adversaires de la vérité, de la justice, du bon droit, du bon sens, de la conscience universelle. Jouant en philosophie non seulement à l'égard des personnes, mais à l'égard des systèmes, le rôle de Philinte, ils ne s'aperçoivent pas que les témoins de leurs concessions, toujours accueillies avec dédain, finissent par se ranger à l'opinion professée par de beaux esprits, que le vrai et le faux, le bien et le mal ne sont que des nuances de la même manière de penser et de sentir. Mais on aurait tort de supposer que le laisser aller dont M. Beaussire donne à la fois l'exemple et le précepte quand il s'agit de juger les opinions des autres, existe dans sa propre pensée; il a au contraire, sur toutes les parties de la morale et sur les rapports de la morale avec les autres sciences, en particulier avec la métaphysique et avec la théologie, une doctrine très arrêtée, très précise et qu'il défend avec beaucoup de vigueur contre les arguments employés par les systèmes contraires.

La première question qu'il s'est donné à résoudre, c'est la question de savoir s'il existe un principe d'obligation, un fondement du devoir, un principe de législation morale qui soit absolument indépendant de tout autre principe, qui ne soit subordonné ni aux institutions, ni aux lois, ni aux mœurs, à aucune autorité humaine, ni même à la volonté divine; car du moment qu'il serait l'ordre d'une volonté quelconque, d'une puissance quelconque, il n'existerait plus et ne commanderait plus par lui-même, la morale ne serait plus que l'art d'obéir, l'art d'accommoder sa volonté à la nécessité, à ses intérêts ou aux intérêts des autres, aux convenances et aux usages de la société, aux exigences de la tradition, elle aurait cessé d'exister comme une science à part ou elle aurait disparu entièrement. Or, ce principe suprême, indépendant, absolu, qui donne à la morale son caractère indispensable et qu'il appelle pour cette raison la loi formelle de la morale, M. Beaussire ne le rencontre que dans la philosophie de Kant, dans la *Critique de la raison pratique*, où il prend le nom universellement connu d'impératif catégorique. « C'est, dit-il, l'honneur de Kant d'avoir le premier clairement reconnu et rigoureusement établi le caractère formel de la loi morale [1]. »

Je suis ici complètement d'accord avec M. Beaussire et j'ajouterai que je n'ai trouvé nulle autre part une analyse plus claire, plus profonde, plus attachante de l'admirable et, selon moi, irréfutable théorie de Kant sur la loi et la liberté morale. Elle a été attaquée, dans ces derniers temps surtout, de tous les côtés, du côté du spiritualisme, comme du côté du positivisme et de l'évolutionnisme. Les uns nous représentent comme le vide et le néant cette loi formelle que la *Critique de la raison pratique* donne pour type et pour fondement à toutes les lois réelles que nous sommes obligés de prendre pour règles de notre vie; d'autres lui reprochent de nous proposer comme modèle une volonté chimérique et impossible, puisque, en sa qualité de volonté autonome, elle est l'auteur de la loi à laquelle elle obéit; d'autres enfin, ou les mêmes pour multiplier les difficultés, reprochent à Kant de supprimer la liberté en la déclarant sujette d'une loi sans raison, d'un commandement arbitraire appelé par lui-même un impératif catégorique. M. Beaussire a réponse à tout. Il montre que ce qu'on appelle le formalisme kantien, c'est l'idée même de

1. P. 58.

l'obligation et du devoir élevée à sa plus haute puissance, je veux dire à son plus haut degré de vérité; que ce n'est pas simplement cet idéal dépourvu de sens et de caractère qu'on invoque aujourd'hui à tout propos; c'est un idéal qui oblige, qui s'impose et qui, selon les justes expressions de M. Beaussire, « garderait pour la conscience toute sa valeur alors même qu'il n'aurait jamais été et qu'il ne pourrait jamais être réalisé ». Il montre que la liberté n'appartient pas seulement à l'homme, mais à tout être raisonnable, qu'elle est la puissance de se déterminer par des raisons qui se suffisent à elles-mêmes, et qu'elle seule a ce caractère d'autorité suprême. Il montre enfin que l'impératif catégorique, loin d'être une loi de servitude, est le degré le plus élevé de la liberté. C'est l'expression d'une loi absolue, universelle, invariable, que se donne à elle-même une volonté parfaite, mais qui s'adresse aussi, sous forme d'obligation ou de devoir, à une volonté imparfaite, partagée entre des motifs contraires, sollicitée par des raisons subalternes, et obligée de faire un effort pour triompher de cet appel subalterne et entrer en pleine jouissance de son indépendance et de sa force. On sait en quels termes Kant a traduit cette loi pour l'usage de la volonté humaine et dans son application la plus étendue à l'ordre social :
« Agis de telle sorte que la maxime d'après laquelle se dirige ta volonté puisse devenir un principe de législation universelle pour tous les êtres intelligents et libres ».

Jamais les moralistes de l'antiquité et des temps

modernes n'ont exprimé l'idée du devoir d'une façon si rigoureuse, si noble et si intelligible. Aussi a-t-on quelque peine à comprendre qu'elle ait donné lieu à tant d'objections, qu'on lui ait opposé tant de subtils raisonnements et qu'elle n'ait pas arrêté le positivisme et l'évolutionnisme dans la voie sans issue du mouvement perpétuel. J'aurais cependant voulu qu'un libéral esprit comme M. Beaussire eût essayé de rendre compte des ressemblances et des différences qui peuvent exister entre la formule de Kant et celle qui a prévalu, sous l'autorité de la tradition religieuse, dans la conscience de presque tous les peuples civilisés.

Lorsqu'on dit : « Ne faites pas à autrui ce que vous ne voudriez pas qu'on vous fît », on fait en apparence appel à la sensibilité, à la crainte personnelle des maux qu'on peut souffrir ou qu'on se souvient d'avoir soufferts par le fait de la volonté d'autrui; en réalité c'est à la raison qu'on s'adresse ou à la conscience morale; car elle seule et non la sensibilité, non la crainte égoïste, nous fournit une règle générale, sans exception, qui s'applique avec la même autorité, sous la forme d'un commandement divin, c'est-à-dire absolu, à nous-mêmes et aux autres, à tous les membres de la famille humaine. C'est exactement, dans un langage concret et populaire, le critérium de justice et de moralité auquel Kant a attaché son nom : ne te conduis que d'après des maximes que tu puisses considérer comme des lois générales pour tous les hommes; car nous ne connaissons d'êtres libres et intelligents que ceux qui appartiennent à l'humanité. Le précepte d'aimer son prochain comme soi-même présente exactement le même sens. Le législateur antique n'a pas pu nous prescrire de nous aimer nous-mêmes, et d'aimer indistinctement de la même façon, sans les connaître, tous nos semblables. La proposition ne devient intelligible et ne laisse apprécier toute sa valeur que lorsqu'elle s'applique à nos actions. Elle signifie alors qu'il n'y a pas deux lois, l'une faite pour nous, l'autre faite pour les autres, mais qu'il n'y en a qu'une seule, indivisible dans son unité et devant laquelle doivent disparaître toutes les diversités, toutes les inégalités personnelles.

Voilà pourtant des milliers d'années que ces principes sont proclamés, que ces principes sont acceptés au moins en théorie, et l'on ne peut s'empêcher de demander à Stuart Mill et à M. Herbert Spencer ce que l'hérédité y a ajouté, ce qu'elle peut même y ajouter dans l'avenir.

Il y a quelque intérêt aussi à rapprocher la doctrine de Kant de celle de l'école stoïcienne, et il y a plus d'un philosophe à l'esprit duquel ce rapprochement s'est présenté. Il est hors de doute que le précepte stoïcien de vivre selon la nature a le même sens que vivre selon la raison, la raison étant la loi de la nature, la loi nécessaire et universelle, la loi divine. Or, pour être fidèle à cette loi, il fallait, selon l'opinion unanime des philosophes stoïciens, imposer silence à ses passions, ne compter pour rien les motifs d'actions tirés de nos intérêts ou de l'intérêt général, suggérés par les convenances ou par les relations de la vie civile. C'est à cette condition seulement que l'homme était libre à leurs yeux, car la liberté pour eux était absolument identique avec l'obéissance à la loi morale, j'allais dire avec l'exécution de l'impératif catégorique. Ce que les stoïciens avaient contre eux, c'est que, ayant rejeté le corps hors de la vie humaine, ils le laissaient faire, ne pensant pas que ses instincts et ses grossiers besoins tirassent à conséquence. Mais Kant non plus ne s'occupe pas beaucoup du corps et ne nous apprend pas comment ses exigences peuvent se concilier avec les conditions de la liberté et les lois de la raison telles qu'il les comprend. C'est pour lui la sphère de l'empirisme absolument étrangère à celle de la raison pure.

Ne peut-on pas remonter encore plus haut dans le passé et retrouver le principe de la morale kantienne jusque dans Platon? Que veut dire l'auteur du *Phédon* ou de la *République* quand il fait consister la perfection morale de l'homme à imiter Dieu ou plus exactement à imiter la Divinité? Platon ne se donnait pas pour un fondateur de religion et ne parlait pas au nom d'une révélation, il traitait même assez mal les traditions religieuses de son pays. Mais le nom de la Divinité exprimait pour lui la plénitude de la raison, la suprême essence des idées, la perfection de la pensée, confondue avec celle de l'existence, et il voulait que l'homme la prît pour type de son intelligence obscurcie, de sa vie défaillante. C'est toujours l'accomplissement de la loi absolue présenté comme la condition de la liberté.

Ce qu'on appelle la morale formelle de Kant n'est

donc pas autre chose que le fond même, le fond réel
et éternel de la morale qui, avant de se manifester
sous une forme abstraite dans les écoles philosophiques de la Grèce, s'était révélée, à titre de loi divine,
à la conscience de la portion la plus éclairée de l'humanité. Mais qu'elle revête l'expression philosophique
ou religieuse, la loi morale, selon la juste remarque
de M. Beaussire, ne doit pas, et quand on lui reste
fidèle, ne peut pas être conçue comme une œuvre,
une émanation ou une création de la volonté, fût-ce
même de la volonté divine ; c'est d'elle, au contraire,
que la volonté dépend, ou du moins c'est en elle
qu'elle trouve ses titres au respect, à l'obéissance et
à l'amour. « La morale se fait son Dieu », dit-il,
avec autant de vérité que d'énergie [1], et l'on ne peut
s'empêcher d'être encore de son avis lorsqu'il ajoute :
« Il faut élever le niveau moral des âmes pour les
arracher à leurs faux dieux ». Cela est parfaitement
conforme aux enseignements de l'histoire ; car les
religions, chez les peuples qui sont sortis de la première enfance et qui commencent à comprendre la
puissance des lois protectrices de la justice, ne triomphent et ne durent que par la supériorité de leur
morale ; elles ne succombent que par leur immoralité.
C'est ainsi que, sortant du milieu d'une race faible
et opprimée, qui elle-même n'a résisté à la destruction
que par la pureté et l'élévation de ses croyances, le
christianisme a pu s'imposer à la nation la plus puissante et politiquement la plus intelligente qui ait

1. P. 57.

jamais existé. C'est pour la même cause que l'islamisme a triomphé d'une grande partie de l'Asie, et peut-être ne se serait-il pas établi victorieusement à Byzance si l'immoralité, bannie des dogmes, n'avait pas envahi les mœurs, les lois et surtout le gouvernement.

Pourquoi en est-il ainsi? Parce que la loi morale, comme le croyaient, j'oserai dire comme l'ont démontré Platon, les stoïciens, Malebranche, Fénelon, Leibniz, n'est pas autre chose que la raison même, la raison nécessaire, invariable, universelle, et en ce sens, divine, considérée comme la règle souveraine de notre volonté et de toute volonté libre et intelligente. Qu'est-ce donc que l'impératif catégorique de Kant si ce n'est pas cela? Aussi n'est-ce point sans surprise qu'on voit M. Beaussire prendre parti pour Barbeyrac contre Leibniz [1]. Quand Leibniz soutient contre Pufendorf [2] qu'il faut chercher les principes du droit, non dans la volonté de Dieu, mais dans son intelligence; non dans sa puissance, mais dans sa sagesse, et que par le commandement du Créateur il faut entendre le commandement de la raison suprême, il nous tient à peu de chose près le même langage que M. Beaussire lui-même parlant de la loi morale dans son unité et dans sa généralité. Que dit, en effet, M. Beaussire? « Au début de la morale, la volonté divine ne serait que la volonté arbitraire d'un maître absolu; elle ne pourrait, sans un cercle

---

1. P. 87-88.
2. Le passage est cité dans le livre de M. Beaussire, p. 87.

vicieux, invoquer aucune raison morale; elle ne se ferait ni aimer pour sa bonté, ni respecter pour sa justice; elle n'agirait que par la crainte de sa toute-puissance[1]. » Il est inutile d'ajouter que, pour un homme qui croit en Dieu et qui s'entend avec lui-même, la bonté de Dieu et la justice de Dieu se confondent avec la sagesse de Dieu.

Si la morale, selon l'heureuse expression de M. Beaussire, se fait son Dieu, elle se fait aussi son âme, c'est-à-dire qu'elle nous oblige à reconnaître dans l'homme les facultés et les caractères sans lesquels elle ne saurait exister, sans lesquels elle ne pourrait même se concevoir. Que devient la morale sans la responsabilité, par conséquent sans la liberté et, par suite, sans l'unité de la personne humaine? Il va sans dire que tous ces attributs de notre nature, M. Beaussire les admet, M. Beaussire les proclame et les place au premier rang des connaissances que nous demandons à la science psychologique.

Il ne faut pas croire cependant qu'il en fasse l'objet d'une démonstration purement indirecte ou des équivalents de ce que Kant appelle les *postulats* de la raison pratique. Non, la responsabilité et l'unité de la personne humaine, sans préjudice de leur relation nécessaire avec la loi du devoir, sont bien pour lui des faits de conscience que notre esprit, en s'observant, perçoit en eux-mêmes. Il ne fait une exception que pour la liberté: il ne lui semble pas que la conscience la constate en nous avec une clarté suffi-

---

[1]. P. 93.

sante, et c'est la responsabilité qui nous en fournit, selon lui, la seule preuve décisive. C'est à la fois une contradiction et une erreur. Le fait de la responsabilité est absolument le même que celui de la liberté, et il est impossible de les séparer sans les nier l'un et l'autre. Se croire responsable, c'est sentir, c'est apercevoir, par la conscience, directement, non d'une manière indirecte, la présence de notre libre arbitre dans l'acte dont nous sommes prêts à encourir les conséquences bonnes ou mauvaises, dans l'acte que nous revendiquons comme nôtre; comprend-on qu'on dise : « Cet acte est à nous; il ne peut être imputé à nul autre qu'à nous; nul autre que nous n'en doit être loué ou blâmé, récompensé ou puni », et qu'on ajoute aussitôt : « Ce n'est pas nous qui l'avons fait, il n'émane pas de notre volonté et si notre volonté y a concouru, c'est sous la pression d'une cause étrangère plus forte qu'elle »?

Si l'on voulait se contenter d'une démonstration purement logique, il suffirait d'opposer à M. Beaussire ses propres paroles : « La responsabilité, dites-vous, est un fait personnel au même titre que tous les autres faits de conscience [1] ». Reconnaissez alors qu'il en est de même de la liberté, qui ne peut se distinguer de la responsabilité. Mais ce n'est pas le raisonnement, c'est la conscience que nous invoquons en faveur de la liberté. Nul autre fait ne présente plus de clarté, plus de certitude que celui-là; il n'est pas seulement une partie de l'homme, c'est

---

1. P. 108.

l'homme tout entier; car il ne peut se produire sans mettre en jeu toutes les facultés distinctives de la nature humaine. Pourquoi donc a-t-il soulevé tant d'objections, a-t-il été nié par tant de systèmes, a-t-il suscité tant de difficultés, non seulement à la philosophie, mais à la théologie? C'est que l'homme n'est pas isolé dans l'univers et que la liberté n'est pas isolée dans l'homme. Elle se rattache à une foule de problèmes métaphysiques, physiologiques, historiques, moraux et religieux. Attendre, pour croire à la liberté, que tous ces problèmes soient résolus, ce serait attendre trop longtemps, car il n'est même pas certain qu'ils soient susceptibles de solution. Heureusement, cette solution n'est pas nécessaire pour savoir que notre volonté nous appartient, qu'elle est soumise à des lois prescrites par la raison et par la conscience qui nous appartiennent également. Elle échappe si bien au déterminisme, que d'ailleurs M. Beaussire a le mérite de répudier et de réfuter, que nous pouvons toujours, ayant pris une décision, par un motif ou par un autre, prendre une décision contraire, à cette seule fin de nous prouver en fait notre absolue indépendance. Voilà donc notre volonté uniquement déterminée par elle-même et notre libre arbitre démontré par l'expérience.

Après cela, peu importe ce que les annales de la pathologie, de la folie, de la justice criminelle et de la psychologie empirique nous apprennent des défaillances et des perversions de la volonté ou des obscurcissements de la conscience morale. Sans nuire à l'unité de l'espèce humaine, sans ouvrir la porte au matérialisme et sans être obligé d'aller chercher nos origines dans l'animalité, on peut admettre qu'il y a un type général de la personnalité de l'homme, clairement aperçu par la conscience de l'homme valide, de l'homme sain, de l'homme arrivé à sa maturité physique, intellectuelle et morale, mais qui, susceptible de tout son développement chez quelques-uns, peut s'effacer, se dégrader, ou même se laisser à peine entrevoir chez d'autres. Parce qu'il y a des fous, des criminels, des paralytiques, des avortons, des malades, ce n'est pas un motif de méconnaître la liberté, le devoir, la raison, la conscience et l'immense intervalle qui sépare la nature humaine de la nature bestiale, l'esprit de la matière.

Telle paraît être aussi l'opinion de M. Beaussire; car la responsabilité, selon lui, et la personnalité subissent mille influences, les unes intérieures, les autres extérieures, les unes physiques, les autres morales, les unes accidentelles, les autres permanentes, et il arrive à dire : « L'autonomie absolue de la volonté, dans la santé également parfaite de l'âme et du corps, n'est qu'un idéal, dont la personnalité et la responsabilité réelles n'approchent que dans un degré toujours très éloigné [1] ». Cela est juste, pourvu que, au-dessous de l'absolu, qui n'est pas accessible aux forces humaines, on fasse très large mesure à la réalité. L'héroïsme, la puissance du sacrifice, l'empire de l'âme sur les sensations, tels que l'histoire nous les présente, dépassent de beaucoup ce que

---

1. P. 154.

nous laissent soupçonner la seule observation psychologique et nos relations journalières avec les hommes.

Je ferai la même réflexion sur l'influence du milieu dans lequel nous vivons et dans lequel nous sommes nés, comparée à la valeur personnelle de l'individu, tout au moins de certains individus, et à l'action irrésistible qu'ils exercent sur les autres. Il m'a semblé que cette influence du milieu, à laquelle M. Beaussire rattache celle de l'hérédité, a pris dans sa pensée une importance exagérée. S'il est impossible de nier que les idées, les sentiments et les dispositions intérieures qui provoquent, à notre insu, un grand nombre de nos actions, prennent leur origine dans l'éducation que nous avons reçue, dans les traditions dont nous avons été nourris, dans les lois que nous avons subies, il est tout aussi incontestable qu'un homme supérieur, non moins puissant par la volonté que par l'intelligence, un législateur, un philosophe, un fondateur de religion, un souverain de génie, vient de temps à autre, et plus souvent qu'on ne pense, arrêter le courant qui nous entraîne et nous forcer d'en suivre un autre.

Ce ne sont pas eux qui, selon le langage consacré dans la philosophie du jour, s'adaptent au milieu qui les enveloppe; c'est, au contraire, ce milieu qui s'accommode à leur personnalité. Les noms propres qui se présentent à l'esprit sont trop nombreux pour être cités. Il suffit de remarquer que la loi de continuité ne règne pas seule dans l'humanité, ni peut-être dans la nature; dans l'humanité, il y a aussi la loi des contrastes et les soudaines explosions du génie et du caractère, les deux formes les plus complètes de la personnalité.

En me conformant au langage d'une nouvelle scolastique, introduite par Kant, et que M. Beaussire, dans la division générale de son livre, suit trop docilement peut-être, je dirai que, après avoir mis en lumière le caractère formel de la loi morale et montré par quelles qualités inhérentes à notre nature, sous quelles conditions subjectives elle se réalise en nous, il aborde la question par un troisième côté, qu'il appelle le côté objectif. Il veut savoir quel est en nous, soit dans l'individu, soit dans l'humanité, le résultat produit par l'accomplissement de cette même loi, ou quel est l'objet, non pas de la science morale, mais de la loi qu'elle nous impose, de l'ensemble des devoirs qu'elle nous prescrit.

Sur l'objet de la morale, entendu dans ce sens, ou sur le bien considéré au point de vue objectif, les opinions sont très diverses, sans parler de celles qui, confondant le bien avec le bien-être ou avec l'intérêt, ont uniquement pour conclusion de le supprimer. En réalité, il n'y en a que deux qui, après tout ce que nous avons dit, restent dignes de notre attention et dont M. Beaussire a jugé utile de s'occuper : c'est l'opinion qui voit dans le bien la même chose que l'ordre et celle qui l'identifie avec la perfection.

J'avoue que j'ai été étonné de voir M. Beaussire argumenter, avec une certaine rigueur, contre ces deux doctrines si élevées, si compréhensives, si claires aussi et qui, depuis que la philosophie existe, ont été professées par les plus nobles génies de l'humanité. Sans doute, on peut considérer l'ordre sous plusieurs aspects et le diviser, en quelque façon, en plusieurs parties. Il y aura l'ordre dans la nature, l'ordre dans l'histoire, l'ordre dans le développement et la hiérarchie de nos facultés. Dans aucune de ces attributions particulières, dans aucune de ces conditions restreintes, l'ordre ne répondra à notre amour du bien et n'en réveillera complètement l'idée. Mais ce n'est pas en ces termes que les philosophes dont je rappelle le souvenir et Platon à leur tête, ont parlé de l'ordre. L'ordre, pour eux, et pour la raison elle-même, en dehors de laquelle l'idée d'ordre est introuvable, ce n'est pas l'ordre circonscrit dans le temps et dans l'espace, l'ordre limité et, en quelque sorte, rationné; c'est l'ordre éternel, universel, suprême, auquel, par les attributs distinctifs de notre nature, nous sommes appelés à concourir dans la mesure de notre intelligence et de nos forces; c'est plus qu'une simple loi de notre existence ou une perfection relative, c'est la perfection même qu'exige de nous la réalisation de la loi du devoir, vers laquelle nous portent de sublimes instincts aussi bien que la raison, et dont il est en notre pouvoir d'approcher de plus en plus sans l'atteindre jamais.

M. Beaussire est plus juste envers ceux qui voient dans l'idée du bien l'idée de perfection. « L'idée de perfection, dit-il, domine certainement la morale : elle s'est imposée, par la force des choses, aux philosophes même qui l'ont le plus vivement combattue[1]. » Et cette proposition capitale, il ne se contente pas de l'affirmer, il la prouve victorieusement en montrant que ni Kant, ni les évolutionnistes, ni les positivistes, ni Auguste Comte lui-même n'ont pu se passer de l'idée du progrès, de l'idée du mieux, par conséquent de l'idée de perfection. Cependant M. Beaussire, si éloigné qu'il soit de la répudier, ne s'en contente pas. Il lui reproche de manquer de précision. La perfection absolue, selon lui, n'est que la négation des qualités circonscrites que nous découvrons dans les êtres réels, ou la réunion sous le nom de Dieu des qualités morales qui appartiennent à l'homme. La perfection relative ne dit rien à notre esprit puisqu'elle ne peut être attribuée indistinctement à toutes les existences et à toutes les manières d'exister et qu'elle résulte uniquement de la comparaison que nous établissons entre elles. C'est ainsi que, dans notre pensée, une plante est relativement plus parfaite qu'un minéral, un animal qu'une plante et un homme qu'un animal.

Mais enfin quelle est la conclusion tirée par M. Beaussire de ces ingénieux raisonnements dirigés contre l'idée de perfection prise pour objet suprême de la morale et considérée comme la plus complète réalisation de l'idée du bien? La voici en quelques mots : « Le bien n'est qu'une idée vide s'il n'exprime pas une chose utile, avantageuse à quelque être[2] ». Il n'entre pas dans son esprit de supprimer la mora-

---

1. P. 184.
2. P. 211.

lité et de faire cause commune avec l'école utilitaire ; mais il veut que la moralité ait pour but et pour résultat l'utile. Voici ses propres paroles : « L'utile est l'objet de l'acte moral : il n'y a pas d'acte moral qui n'ait pour fin de réaliser quelque utilité, soit pour l'agent lui-même, soit pour autrui [1] ». Vainement prend-il soin d'ajouter que l'utile n'est que le résultat de l'acte moral et que ce n'est pas le résultat ou le but poursuivi qui en fait la moralité, mais le motif pour lequel l'acte est accompli. Je demanderai comment, lorsqu'il s'agit d'un avantage qui nous est personnel, le résultat prévu et désiré, le but poursuivi se distinguera du motif. Que devient alors ce majestueux impératif catégorique qui doit être exécuté pour lui-même, par la volonté absolument libre de tout motif subalterne ?

Nous avons encore une autre question à adresser à M. Beaussire. Qu'est-ce que l'utile lorsqu'on veut s'en faire une idée générale, capable de servir de règle à toutes nos actions ? Comment ce qui est utile à moi le sera-t-il à mes amis, à mes ennemis même, à mes concitoyens, à la société tout entière ? On sait ce qu'il a fallu à Bentham, à Stuart Mill et à Herbert Spencer de subtilités, de sophismes, de prodigieux combats contre le bon sens et le sens naturel de toutes les langues civilisées, pour se persuader que l'intérêt particulier se confond avec l'intérêt général. M. Beaussire, je l'ai dit, se sépare d'eux, au moins sur ce point ; il leur reproche, avec beaucoup de

---

1. P. 211.

douceur, avec une indulgence qu'il m'est impossible de partager, de s'être fait une idée trop étroite tant du bien général que du bien personnel qui, après tout, se réduisent dans leur système au seul bien-être et même au seul plaisir. Pour lui, il conçoit « une utilité supérieure [1] ». C'est celle qui a pour objet « la diffusion des lumières, l'élévation de la moralité, la restitution de la liberté pour les individus ou pour les peuples [2] ». Complétant et résumant sa pensée, il ajoute un peu plus loin : « En un mot, soit qu'il s'agisse d'autrui, soit qu'il s'agisse de nous-mêmes, la véritable utilité, ce n'est pas le seul bonheur, ce n'est pas la satisfaction plus ou moins complète de la seule sensibilité, c'est le progrès sous toutes les formes, c'est le perfectionnement de toutes les fonctions individuelles ou sociales ».

A merveille! C'est en ces termes que doit s'exprimer un vrai philosophe et un vrai moraliste, au moins un moraliste et un philosophe resté fidèle aux principes du spiritualisme. Mais alors, en quoi l'utile tel que le comprend et le définit M. Beaussire se distingue-t-il du bien? Quelle différence établirons-nous entre l'*utilité supérieure* dont il fait le dernier terme de la moralité humaine et ce que d'autres ont appelé la perfection et l'ordre universel? Si le mot de perfection manque à la phrase que je viens de citer, celui de perfectionnement s'y trouve, et qu'est-ce que le perfectionnement si ce n'est un effort et un acheminement vers le parfait?

1. P. 209.
2. P. 210.

Il nous resterait encore à faire connaître les idées de M. Beaussire sur les rapports de la morale avec la religion et avec la métaphysique. Mais, par le peu que j'en ai dit en passant, on soupçonnera sans peine quelle est son opinion sur la première partie de la question. La seconde ouvre devant nous un champ de réflexions beaucoup trop étendu pour le cadre que je me suis tracé et que comporte peut-être le véritable objet de la morale. Je dirai seulement que, très indulgent pour la morale indépendante et pour la morale de ceux qui nient formellement l'existence de Dieu, M. Beaussire donne pour couronnement nécessaire à la science de nos devoirs la croyance en un divin législateur et en un souverain juge. J'attache trop de prix à me rencontrer avec lui dans cette conviction pour m'exposer, en entrant dans plus de détails, à le contredire sur des points secondaires. Je terminerai donc ici en recommandant son livre comme un des plus intéressants et des plus instructifs qui aient été écrits sur la morale pendant ces vingt ou trente dernières années.

LES
PRINCIPES DU DROIT [1]

I

Ce livre est, en quelque sorte, la suite et le complément du précédent ouvrage dont je viens de rendre compte. C'est dire que nous y trouverons le même esprit, la même méthode, le même fonds d'idées avec des applications différentes et souvent assez imprévues. Du reste, l'auteur a soin de nous en avertir lui-même dans sa préface en renouvelant sa profession de foi spiritualiste.

Après une courte introduction consacrée à des matières préliminaires et à des distinctions qui ont pour but de séparer la science du droit de quelques autres matières de recherche souvent confondues avec elle, M. Beaussire aborde franchement son sujet. Il divise

---

1. *Les Principes du droit*, par Émile Beaussire. — 1 vol. in-8 de vi-427 pages, ancienne librairie Germer Baillière et Cⁱᵉ, Félix Alcan éditeur. Paris, 1888. — *Journal des Savants*, année 1889.

la science du droit en trois parties dont chacune est traitée dans un livre à part. Voici les titres de ces livres dont la clarté est telle qu'ils semblent s'imposer d'eux-mêmes : théorie générale du droit, droit public, droit privé. Il n'y a pas, en effet, une seule question de jurisprudence naturelle ou positive qui ne trouve sa place dans l'un ou dans l'autre de ces trois compartiments, d'ailleurs adoptés depuis longtemps par l'usage.

Les principes du droit, supérieurs à toute législation particulière et à toute interprétation des lois de cette espèce, représentent, dans leur ensemble, le droit naturel, c'est-à-dire le droit tel que le conçoit la raison en jugeant les œuvres des législateurs, ou le droit tel qu'il résulte de la nature de l'homme, de la nature de ses facultés. Au lieu d'adopter ce sens, un grand nombre de philosophes anciens et modernes, surtout ceux du xviiie siècle, ont imaginé un état de nature où les hommes auraient vécu pendant un long espace de temps avant de se réunir en société, et cette réunion elle-même n'aurait eu lieu qu'en vertu d'une convention, en vertu d'un contrat qu'on a appelé le contrat social. Que faut-il penser de ses suppositions ? A l'exemple de la plupart de ses devanciers, M. Beaussire ne croit pas pouvoir se soustraire à la nécessité de s'en occuper, et les réflexions qu'elles lui suggèrent sont dignes de son bon sens. Mettant l'autorité de l'histoire à la place des utopies de Hobbes, de Locke, de J.-J. Rousseau, il n'a pas de peine à montrer que l'état de nature dont les philosophes que nous venons de nommer ont fait les uns un paradis, les autres un enfer, l'enfer d'une guerre universelle et sans trêve, n'a jamais existé ; que l'état social est aussi ancien que le genre humain et, par conséquent, n'a pas pu être fondé par un contrat. « Nous ne concevons pas plus, dit Rossi, qui aurait mieux mérité d'être cité ici que Royer-Collard, nous ne concevons pas plus l'homme hors de la société que le poisson hors de l'eau. » Seulement cette société est plus ou moins parfaite selon que les facultés morales de notre nature l'emportent plus ou moins sur la force brutale. Mais celle-ci n'est jamais la maîtresse à ce point qu'elle empêche la naissance même d'un embryon d'association.

A cette question de l'origine et des états successifs de la société humaine s'en rattache une autre : y a-t-il une science générale de la société, comme il y a une science de la nature, comme il y a une science de l'homme considéré individuellement, et cette science, la sociologie, comme l'appelle Auguste Comte, est-elle différente des recherches définies et déjà fort anciennes qui composent le domaine des sciences morales et politiques? Cette question méritait aussi, en tête du livre qui nous occupe, quelques instants d'attention, car si la sociologie est une science réelle, elle absorbe nécessairement la science du droit, tout au moins du droit naturel.

Sans admettre toutes ses prétentions, M. Beaussire lui accorde encore beaucoup trop. « La sociologie, dit-il, n'est pas autre chose que l'histoire naturelle des sociétés. Elle étudie, dans la complexité de leurs éléments, dans tout ce qui constitue leur réalité concrète, les diverses sociétés humaines, comme l'histoire naturelle étudie les différentes classes d'êtres, et, de même que l'histoire naturelle, elle souffre à côté d'elle des sciences plus abstraites qui se distinguent d'elle-même et se séparent les unes des autres par le choix de leurs points de vue au sein des mêmes réalités [1]. » Je ne comprends pas une histoire naturelle des sociétés qui ne soit pas absolument la même chose que l'histoire proprement dite, à moins que cette histoire naturelle ne soit l'histoire des races humaines. Encore faudrait-il, pour justifier cette dénomination, se borner à la description purement physique et physiologique des différentes races dont se compose le genre humain et aux conditions géographiques sous lesquelles chacune d'elles est obligée de vivre pour se conserver. Dès que, franchissant ces limites, qui sont celles de l'observation des sens, on veut s'occuper de l'état social des différentes branches de la famille humaine, des transformations qu'elles ont subies dans leurs idées, leurs sentiments, dans leurs mœurs, dans les gouvernements qu'elles ont reçus ou qu'elles se sont donnés, on sort du domaine de l'histoire naturelle et l'on se place sur celui de l'histoire. Si, en comparant les races ou les générations entre elles, nous nous bornons à des généralités comme celles que Charles Fourier a reconnues et qu'il appelle l'état édénique, l'état sauvage, l'état barbare, la civilisation, le garantisme et l'harmonie, alors ce sera une partie de la philosophie de l'histoire, à la condition toutefois que

---

1. P. 11.

les généralités dont nous parlons répondront à des faits réels. J'en dirai autant des trois degrés par lesquels, d'après Auguste Comte, s'appropriant une doctrine de Saint-Simon, a passé l'esprit humain : la théologie, la métaphysique et la science positive. Mais une science sociale qui aurait son objet propre en dehors ou au-dessus des différentes branches de connaissances qui se rapportent à la société, il m'est impossible de la concevoir. Si vous retranchez l'histoire, la philosophie de l'histoire, la politique, l'économie politique, la morale, le droit naturel, la jurisprudence, il ne vous restera plus rien pour constituer la matière de cette prétendue science. Il y a des sciences sociales, il n'y a pas de sociologie. La question sociale dont on parle tant aujourd'hui et qui fait tourner tant de têtes, n'existe pas davantage ; il n'y a que des questions sociales.

Après avoir établi que l'homme n'a jamais existé hors de la société, on va nous apprendre qu'il n'y a pas de société digne de ce nom hors du droit. Mais qu'est-ce que le droit ?

L'idée du droit, selon l'opinion générale des philosophes qui ont traité du droit naturel et la plus répandue parmi les jurisconsultes, c'est l'idée corrélative du devoir ou la réciprocité obligatoire sans laquelle le devoir ne se conçoit pas. J'ai pour devoir de respecter votre vie et votre liberté ; donc vous avez droit à ce double respect ; et le devoir dont nous parlons étant universel, le droit qui en résulte existe pour moi comme pour les autres. Cette définition est d'une telle clarté qu'elle semble n'exiger aucun éclaircissement, aucun commentaire. Cependant elle ne suffit pas à M. Beaussire. Il aime mieux dire que le droit « est la qualité d'une personne en vertu de laquelle on lui doit quelque chose ». Mais devoir quelque chose à une personne, n'est-ce pas lui reconnaître des droits et se croire astreint envers elle à des devoirs ? Alors pourquoi cette définition nouvelle, beaucoup moins claire que la définition reçue et qui n'y ajoute absolument rien ? Le droit, sans aucun doute, suppose une ou plusieurs qualités chez la personne envers laquelle on est obligé. Ainsi les droits que nous reconnaissons à l'homme en général supposent les qualités essentielles de la nature humaine, à savoir la raison et la liberté. A quoi bon mentionner ces qualités, puisque ce sont elles précisément qui font naître l'idée des devoirs et par suite l'idée de droit ?

Voici une autre proposition de M. Beaussire que je ne peux pas plus accepter que la précédente : « Le droit considéré en lui-même, dit-il, nous apparaît comme une garantie nécessaire pour l'exercice de notre activité légitime [1] ». Lorsqu'il s'agit, comme ici, non du droit positif et des lois particulières de chaque pays, mais du droit naturel, qu'est-ce que notre activité légitime sinon celle qui est conforme à nos devoirs, soit envers nous-mêmes, soit envers les autres, et en quoi peut consister la garantie de cette activité sinon dans les droits qui découlent de ces devoirs ? C'est donc comme si l'on disait : nous ne

1. P. 36.

sommes autorisés à invoquer des droits qu'autant que nous restons fidèles à nos devoirs, parce que devoirs et droits sont des idées corrélatives. On trouverait difficilement des expressions susceptibles d'être mises à la place de celles-là.

M. Beaussire, tout pénétré des grands principes sur lesquels se fondent la morale et la science du droit, les défend avec une sorte de jalousie inquiète, il semble avoir peur de ne pas assez faire pour les purger de toute obscurité, pour les mettre à l'abri de toute équivoque et des applications fausses ou exagérées. C'est ce qui lui donne parfois un aspect querelleur et pourrait le faire soupçonner, par ceux qui ne le connaissent qu'imparfaitement, d'aimer la discussion pour la discussion elle-même sans être sûr d'en tirer des résultats de grande importance. En voici un exemple :

La plupart des philosophes qui, regardant le droit comme une idée essentielle de la raison humaine, comme une règle fondamentale de nos actions, ont essayé d'en expliquer la nature, l'ont fait consister dans la liberté consacrée et réglée par le devoir, ou simplement gouvernée par le devoir. Cette définition, qu'il est juste de faire remonter à Kant, si l'on n'attache pas trop d'importance à la rigoureuse similitude des mots, ne paraît pas complètement acceptable à M. Beaussire. Il lui reproche de reposer sur une base trop étroite et de n'admettre, au moins en apparence, que ce qu'on a appelé dans une école autrefois célèbre « la liberté du bien ». De plus, le droit, quand on veut l'embrasser tout entier et le considérer sous tous ses aspects, n'est pas seulement un titre pour agir, pour user de la liberté, « mais aussi pour obtenir quelque chose ». Ainsi, selon le droit naturel, comme selon la loi positive, nul n'est admis à recueillir un héritage s'il n'y est autorisé par sa qualité d'héritier légitime.

Il serait facile, je crois, de répondre à ces objections en montrant, contre la première, que, dans l'ordre naturel, en dehors des contraintes légales que réclamait autrefois M. Louis Veuillot, la liberté réglée par le devoir, la seule qui soit un droit, laisse subsister la liberté qui s'exerce contre le devoir ou la liberté du mal. Et, pour avoir raison de la seconde objection, il suffit de remarquer que le consentement à accepter un bien, que la production des titres nécessaires pour recueillir un héritage ou une donation, c'est encore une façon d'agir, et qu'à l'action de celui qui hérite ou qui accepte se joint la libre volonté de celui qui transmet ou qui donne. Mais cette réponse aux difficultés soulevées par M. Beaussire est inutile, car sa propre manière de voir, présentée après un long détour, est au fond la même que celle qu'il a entrepris d'écarter. Les droits qui nous appartiennent doivent être réclamés, selon lui, non pas au nom des devoirs multiples qui s'imposent à chacun de nous, mais au nom du devoir pris dans sa généralité, au nom de la loi morale en tant qu'elle implique des garanties générales qu'elle doit assurer à chacun de ses sujets, et qu'ils doivent s'associer entre eux dans l'intérêt de leur soumission commune à ses commandements. Ces derniers mots sont de

M. Beaussire[1]. En voici d'autres qui les complètent et que je cite directement. « Le droit se constitue avec l'idée pure du devoir, comme la géométrie avec l'idée pure de l'espace. Sa méthode, comme celle de la géométrie, est toute déductive. Il ne fait appel aux données expérimentales, comme la géométrie elle-même, que pour passer de la théorie à la pratique. Dans tout le cours de ses développements, il reste étroitement uni à la morale, mais il l'éclaire plutôt qu'il n'est éclairé par elle; s'il lui a emprunté l'idée générale du devoir, elle lui emprunte à son tour la détermination de toute cette catégorie de devoirs que Kant appelle les devoirs de droit[2]. »

Qui a jamais prétendu que les devoirs multiples et déterminés puissent se concevoir sans l'idée générale du droit? L'opinion généralement reçue parmi les philosophes, soit de l'école spiritualiste, soit de l'école critique ou simplement hostile au fatalisme et à l'empirisme, que le droit, c'est la liberté réglée par le devoir ou conforme à la loi morale, revient donc exactement à celle que soutient M. Beaussire et se prête aux considérations générales qu'il vient de nous présenter.

Sa polémique n'est pas toujours aussi épineuse. Elle est au contraire pleine de force et de clarté quand elle est dirigée contre les doctrines de Bentham, de John Stuart Mill, de Littré et en général

---

1. P. 47.
2. Ibid.

contre tous les systèmes qui nient ou qui méconnaissent les principes du droit.

Contre Bentham et toute l'école utilitaire, à laquelle d'ailleurs il témoigne les plus grands égards, il établit que l'idée de l'utile et l'idée du droit ont entre elles la plus étroite affinité sans que l'une des deux puisse prendre la place de l'autre. On peut accorder, et c'est la raison elle-même qui impose cette concession, que le respect du droit représente toujours la plus haute utilité. Mais pour comprendre cette utilité, pour l'apercevoir dans les choses humaines, il faut savoir qu'elle repose sur le droit et que, le droit disparu, elle disparaît avec lui.

L'opinion de Stuart Mill que le droit prend son origine dans le commandement et l'interdiction qui, dès la naissance des sociétés humaines, s'attachent à certains actes, n'est, sous une autre forme, sous une forme à peine différente, que l'opinion de Bentham; car c'est à cause des avantages qu'ils présentent à la communauté que les ordres et les défenses qui s'adressent au corps social sont respectés et passent à l'état de droits.

D'après Littré, le droit, comme l'indique le nom même qu'il porte en latin, *æquum, æquitas*, a son principe dans l'égalité, non celle des facultés ou des forces, mais celle des avantages que le droit nous représente; celle qui résulte de la réciprocité et qui fait que le droit, en dépit des différences de temps, de lieux et de personnes, est toujours identique à lui-même. M. Beaussire rejette également cette manière de voir, et l'on ne peut qu'être de son avis.

L'égalité, selon lui, est une des conditions du droit, elle n'en est pas le principe. Elle ne nous apprend pas ce qu'est le droit en lui-même et ce qui le rend inviolable, ce qui lui donne précisément cette identité qu'on est forcé de lui reconnaître.

D'autres font naître le droit de nos besoins, ce qui est encore le placer plus bas que de le faire naître de nos intérêts ou de le confondre avec l'utile. De toutes les propositions sur lesquelles porte la critique de M. Beaussire, aucune ne lui inspire autant d'éloignement. « Nul besoin par lui-même ne constitue, dit-il, un droit. Nous n'avons jamais reconnu aux animaux des droits positifs, malgré l'identité de leurs besoins et des nôtres. Si les besoins des hommes nous touchent davantage, nous ne les confondons pas avec leurs droits [1]. » Il pousse la sévérité jusqu'à refuser de reconnaître à l'homme un droit dans un de ces cas de nécessité qui mettent en péril la vie même. Cela est parfaitement juste. Nous voilà bien loin d'un système auquel certainement M. Beaussire n'a pas pensé, quoiqu'il ait fait, il y a près d'un demi-siècle, beaucoup de bruit dans le monde; je veux parler du fameux système de Louis Blanc d'après lequel les besoins de l'individu, quels qu'ils soient, sont la mesure de ses droits et ses facultés celle de ses devoirs.

Cependant n'y a-t-il pas d'autres besoins que les besoins individuels, même si on les considère dans toute leur diversité et dans leur acception la plus

[1] P. 37.

élevée? N'y a-t-il pas des besoins sociaux qu'il serait possible de confondre et que plusieurs philosophes ont en effet confondus avec des droits? M. Beaussire condamne cette confusion. Ce n'est point, si nous l'en croyons, le besoin social qui engendre le droit, c'est au contraire le droit qui fait naître, avec la société elle-même, les besoins qui lui appartiennent en propre et qui la placent au-dessus des passions et des intérêts de l'individu. Ce n'est pas uniquement à une société définie que le droit donne naissance, c'est à la société universelle du genre humain dont l'idée, depuis la plus haute antiquité jusqu'à nos jours, a toujours été présente à la conscience humaine. Il y a sans doute d'autres besoins sociaux que ceux qui naissent de l'idée et du sentiment du droit, mais ces besoins, par exemple les besoins économiques et même les besoins religieux, dégénèrent facilement en actes de tyrannie et de violence quand la loi n'est pas appelée à les contenir en de justes limites.

Telle est, dans ses traits essentiels, la théorie générale du droit que soutient M. Beaussire dans la première partie ou dans le premier livre de son ouvrage. Elle méritait d'être analysée et discutée avec soin, car elle est pleine d'intérêt et témoigne d'un esprit absolument indépendant. Nous allons maintenant interroger M. Beaussire sur ses principes de droit public.

Une première question se présente ici, qui semble tout d'abord être une question d'ordre ou de méthode, mais qui, en réalité, est une question de principe.

Quelle place faut-il assigner au droit public dans la science générale du droit? Doit-il précéder ou doit-il suivre le droit privé? Il est clair qu'il doit le précéder si l'on se place au point de vue de la jurisprudence positive, des législations écrites et des pouvoirs établis et reconnus nécessaires pour assurer l'existence de l'ordre social. S'il n'y avait ni souverains, ni législateurs, ni tribunaux, ni force organisée pour exécuter leurs arrêts et réprimer la fraude ou la violence, personne ne pourrait compter sur rien, ni sur sa vie ni sur sa liberté. Mais, au point de vue de la raison ou de la jurisprudence naturelle, il en est tout autrement. C'est le droit privé qui se présente à la fois comme la base et la mesure du droit public, surtout du droit politique, je veux dire des institutions ou des pouvoirs qui représentent l'État, des obligations et des prérogatives qui lui sont généralement reconnues. L'État, comme on l'a dit avec raison, et comme on ne saurait trop le répéter, n'est pas la société; il n'est que l'ensemble des conditions et des institutions hors desquelles aucune société ne peut subsister; mais la société elle-même, par conséquent l'État, n'a sa raison d'être que dans les devoirs et les droits de la personne humaine. C'est pour rendre possible l'accomplissement de ces devoirs, c'est pour empêcher la violation générale et habituelle, autant dire l'annulation de ces droits, que la société est moralement, et non pas seulement physiquement et psychologiquement nécessaire. Sans les devoirs et sans les droits, je ne dis pas de l'individu, qui est un fait purement physiologique contenu dans l'animalité, mais de la personne humaine, être doué de conscience et de liberté, l'État et la société ne sont que des abstractions ou des créations artificielles abandonnées à l'arbitraire. Chacun de ceux qui possèdent en main la force ou qui comptent sur l'appui du nombre, veut la façonner à sa guise, l'accommoder à ses passions ou à ses rêves. C'est ainsi que les uns en ont fait un instrument de conquête ou de domination intérieure, les autres un agent de propagande religieuse, d'autres un comptoir ou une association de marchands, d'autres un atelier ou une assurance mutuelle contre le besoin et les excès de travail.

En suivant l'ordre que je viens d'indiquer, en passant du droit privé au droit public, le socialisme ou ce qu'on appelle aujourd'hui le plus communément de ce nom, devient impossible, à moins toutefois qu'on ne commence, comme on le fait d'habitude, par nier absolument toute idée de droit, toute idée de devoir, toute idée de liberté.

M. Beaussire a suivi l'ordre consacré par l'usage et parfaitement justifié à un certain point de vue; mais grâce à son bon sens et à son profond respect pour la responsabilité morale de l'homme, il a su se préserver des dangers qui résultent de cette priorité accordée aux droits de l'État.

Le premier de tous les droits de l'État, celui qui comprend et que supposent tous les autres, c'est la souveraineté. Or, sur la question de la souveraineté, nous rencontrons trois théories entre lesquelles se partagent ou se sont longtemps partagés tous les esprits occupés de science politique ou qui ont seulement le désir de se rendre compte de leurs opinions, de leurs antipathies et de leurs préférences en matière de gouvernement. Il y a la théorie du droit divin. Il y a la théorie de la souveraineté du peuple. Il y a la théorie qui ne reconnaît d'autre souverain, de souverain légitime, que la raison.

On peut d'abord se demander si ces trois principes ont réellement exercé sur la société, sur la marche des événements historiques, l'influence qu'on leur attribue, et s'il ne conviendrait pas de les compter au nombre de ces idées purement spéculatives, de ces dogmes de convention qu'on se propose comme un idéal ou dont on se fait, dans certains cas, une arme de combat contre ses adversaires, sans s'inquiéter de savoir s'ils ont jamais été pris au sérieux par les maîtres du monde et sans se soucier de les mettre en pratique dans le cas où l'on serait en situation de le faire. Rappelons-nous, en effet, ce qui est arrivé de chacun d'eux.

Le droit divin, considéré en France et dans la plupart des États de l'Europe comme le fondement nécessaire de la politique monarchique, a été audacieusement violé à l'avènement de chaque dynastie nouvelle. Pépin le Bref, en mettant la couronne sur sa tête et en fondant la dynastie des Carlovingiens, ne tint aucun compte des droits de Childéric III, ni Hugues Capet de ceux de Charles de Lorraine. Le lien de parenté et l'ordre de succession, attribué à la volonté de Dieu lui-même, jouent un faible rôle dans la substitution de la dynastie des Bourbons à celle des Valois. C'est précisément le parti religieux, représenté par la Ligue, qui s'opposa avec le plus d'acharnement à l'avènement de Henri IV. En Angleterre, dans ce pays si biblique et si dévoué à la cause de la monarchie, Guillaume d'Orange n'éprouva aucun scrupule à prendre la place de son beau-père Jacques II. C'est l'Écriture sainte qu'on invoque en faveur du droit divin. L'Écriture sainte n'enseigne rien de semblable. La royauté, dans le Pentateuque, est présentée comme un danger et presque comme un malheur; dans le livre des Rois, elle est annoncée par le prophète comme une malédiction divine et le plus grand des fléaux. Nous voyons, dans ce même livre, David, réputé le plus saint, le plus glorieux des rois d'Israël, devoir sa domination au mépris des héritiers de Saül, quoique Saül eût été couronné par la main de Samuel. Il est étrange que ni Bossuet, ni Fénelon, ni aucun autre apologiste religieux de la monarchie n'ait songé à ces exemples dont nous ne citons que les plus anciens et les plus remarquables.

Peut-on assurer que la souveraineté du peuple a joué un rôle plus effectif, je ne dis pas chez les petits peuples anciens ou modernes, qui n'ont guère été que de remuantes municipalités, mais chez les grandes nations modernes, en particulier dans la nôtre?

Quant à la souveraineté de la raison, nous ne voyons pas que sa place soit marquée ailleurs que dans la république de Platon. Encore n'est-ce que son nom et sa place que nous apercevons dans cet État imaginaire. Son intervention réelle ne s'y fait que trop désirer. Il y a sans doute des hommes qui voudraient que toutes les lois et tous les actes de gouvernement fussent inspirés par une irréprochable justice et une infaillible sagesse ; mais ils ne se dissimulent pas qu'un tel degré de perfection n'est pas de ce monde et qu'il faut surtout renoncer à le rencontrer dans la politique. Aussi leur ambition se borne-t-elle à demander que la raison ne soit pas absolument impuissante à imposer une règle et une mesure au conflit des intérêts et des passions. Cette règle, c'est celle du droit, cette mesure est celle qu'exigent la conservation et la paix de la société!

De ces trois principes, le second, le principe de la souveraineté du peuple est le seul qui ait gardé, qui exerce aujourd'hui une véritable, une redoutable puissance, et dont les applications les plus vantées ne sont pas toutes favorables au progrès, au perfectionnement de la société humaine et conformes à l'idée du droit. Aussi le principe de la souveraineté du peuple est-il, de la part de M. Beaussire, l'objet d'un examen approfondi. Il lui suggère des réflexions pleines de sens, mais moins remarquables par leur élévation que par leur justesse et dans lesquelles on a plaisir à le suivre.

Un peuple, selon lui, étant soumis à la loi morale comme la personne humaine, doit aussi, comme celle-ci, s'appartenir à lui-même. C'est cette possession de soi-même qui, étendue de l'individu à la masse du corps social, nous représente, dans son acception la plus générale, la souveraineté du peuple. Un peuple est donc souverain quand les lois auxquelles il obéit et que les pouvoirs dont elles émanent ou qui sont chargés de les faire exécuter ont pour principal but de garantir à tous les membres de la société, à tous les citoyens, l'égale jouissance de leurs droits naturels. Il est évident qu'une telle souveraineté ne peut exister que si les autorités par lesquelles elle est représentée sont reconnues et obéies. L'obéissance à la loi et aux autorités légales, strictement renfermées dans la légalité, devient ainsi la condition de la souveraineté même. De là ces belles paroles de M. Beaussire qu'il faudrait graver sur la porte de tous les lieux de réunions populaires et imprimer en tête de tous les traités de morale civique remis entre les mains de la jeunesse : « Tant que la loi elle-même, par de tyranniques exigences, n'a pas ruiné le fondement naturel de son autorité, toute révolte contre la loi, tout appel à la guerre civile est un attentat contre les droits que la loi seule peut protéger[1] ». Cette condamnation ne distingue pas entre la majorité et la minorité, elle s'adresse même à un peuple tout entier assez aveugle pour violer les lois qui assurent sa liberté.

La souveraineté du peuple se présente encore sous une autre forme que celle des lois qui garantissent également à tous les citoyens la jouissance de leurs droits nécessaires, et qui réclament de tous un égal respect. On a soutenu que nulle loi n'a droit au respect et même ne mérite le nom de loi si elle n'est pas l'expression de la volonté de tous les citoyens. Cette théorie ne remonte pas au delà de la fin du XVIIIᵉ siècle, et ce sont deux grands philosophes, Kant et

[1]. P. 75.

Rousseau, qui lui ont prêté l'autorité de leurs noms. Ils se servent tous les deux du même argument, sans employer précisément les mêmes termes et sans qu'on puisse les soupçonner de s'être copiés l'un l'autre. Ils prétendent que, lorsque tous prononcent sur tous, chacun prononce sur lui-même. Or, si l'on est facilement entraîné à être injuste envers les autres, on ne l'est pas envers soi. D'où il résulte que la loi faite par tous est pour tous et nécessairement juste. A cet argument commun, Rousseau en ajoute un autre qui lui appartient en propre. Il suppose que la volonté générale est toujours droite et ne peut jamais faillir, et que, de plus, la volonté générale est reconnue par le peuple dans la simple majorité, il n'exige pas qu'elle soit unanime.

M. Beaussire combat victorieusement ces raisonnements, qui ne sont, en réalité, que des hypothèses. Il établit d'abord qu'on peut être injuste envers soi comme envers les autres. Or, l'on est injuste envers soi quand on méconnaît ses devoirs, par conséquent ses droits, puisque les derniers ont leur raison d'être dans les premiers. Il démontre ensuite que la différence est grande entre la majorité et l'unanimité, que nul homme de bon sens ne prendra l'une pour l'autre, car la majorité est souvent aussi tyrannique pour la minorité qu'un seul homme, armé de la toute-puissance, peut l'être pour les individus et pour les peuples. Mais, ce qui est surtout inadmissible, c'est la justice et l'infaillibilité des masses. Pour ajouter foi à ce dogme, fabriqué par l'auteur du *Contrat social*, il faut oublier la place que tiennent dans l'histoire les passions et les préjugés populaires; il faut oublier que le fanatisme, source des plus grands crimes, s'empare plus facilement des masses ignorantes que des classes réputées privilégiées.

Il n'est donc pas nécessaire, il n'est pas de droit absolu que la loi soit directement l'œuvre du peuple, ce qui veut dire de la majorité du peuple. Elle doit être plutôt son œuvre indirecte ou émaner de lui par voie de représentation. Quant à la façon dont cette représentation se constitue et s'exerce, elle peut être très diverse, car elle varie nécessairement suivant l'état de la société, suivant l'aptitude morale et intellectuelle des populations dont elle se compose. Quelle que soit la forme adoptée pour l'élection des législateurs et pour l'œuvre de la législation, pourvu qu'elles soient l'une et l'autre à l'abri de la corruption et de la contrainte, la souveraineté du peuple est sauve. Si j'ai réussi à dégager de cette discussion délicate la pensée de M. Beaussire, il me semble qu'il applique à la souveraineté du peuple une tolérance analogue à celle que l'Évangile recommande pour la piété. L'Évangile fait dire à Jésus : « Il y a plusieurs demeures dans la maison de mon Père ». Selon M. Beaussire, tel que je le comprends, il y a plusieurs formes de gouvernement qui peuvent également se concilier avec la souveraineté du peuple. Il écarte de la politique, bien entendu de la politique libérale, la seule dont il soit question ici, toute idée d'un dogme absolu, toute idée d'un droit divin. Du reste, voici une proposition qui, dans sa brièveté, résume toute sa théorie et condamne le formalisme intolérant :

« La souveraineté du peuple est la souveraineté du droit[1] ».

Après avoir défini l'État dans son principe et l'avoir placé au-dessus des fausses théories qui tendent à le dénaturer, M. Beaussire s'occupe de ses attributions. C'est là aussi une matière à controverse sur laquelle se sont exercés les meilleurs esprits et qui a donné lieu à des opinions contradictoires. M. Beaussire, en la traitant, a fait preuve de cette ferme raison et de cette lucidité d'esprit que nous avons déjà eu fréquemment l'occasion de constater dans son livre. Il y apporte de plus un intérêt qui prend sa source dans un incident particulier dont il a été témoin. C'est la discussion qui s'est engagée sur cette question à l'Académie des sciences morales et politiques.

Ramenées à leur expression la plus générale, les diverses opinions auxquelles a donné naissance la question des attributions de l'État se présentent dans l'histoire, surtout dans l'histoire de ce dernier demi-siècle, au nombre de trois. Selon les uns, les attributions de l'État se réduisent à assurer aux particuliers la possession de leurs biens et la sécurité de leurs personnes en y ajoutant la défense du pays contre les agressions du dehors, et quelques grands travaux qui rendent les communications sûres et faciles. C'est l'opinion de la plupart des économistes, de ceux qui professent la vieille maxime : « Laissez faire, laissez

---

[1] Cette proposition est rigoureusement textuelle, mais elle est extraite d'un passage plus étendu par lequel se termine le paragraphe 2 du chapitre consacré aux *Principes du droit politique*, p. 78.

passer ». C'est aussi le sentiment de quelques légistes qui, distinguant entre les intérêts et les droits, pensent que l'État doit se borner à faire respecter dans chaque citoyen ses droits en donnant lui-même l'exemple de ce respect, et qu'il n'est pas chargé de protéger les intérêts, si ce n'est celui de la défense nationale. Selon d'autres, tout au contraire, les droits, les devoirs, même les intérêts de l'individu s'absorbent et se confondent dans ceux de l'État. L'État ainsi compris est le seul propriétaire, le seul entrepreneur de tous les travaux publics et privés, le seul industriel, le seul commerçant, le seul ordonnateur des travaux de l'esprit comme de ceux qui se rapportent à la vie matérielle. Donc les individus ne seraient pour lui que des fonctionnaires ou des pensionnaires; des fonctionnaires tant qu'ils seraient valides, des pensionnaires quand l'âge ou la maladie ont brisé leurs forces. A chacun d'eux, il assignerait sa tâche, sa rémunération ou sa situation d'invalide. Cette opinion est celle qui nous présente à sa plus haute expression le socialisme. Toutes les doctrines socialistes ne vont pas jusque-là, mais toutes y sont entraînées par leur principe. Enfin, il y a une troisième opinion, d'après laquelle l'État, tout en faisant respecter les droits du citoyen et ceux de la société entière, tout en laissant chacun libre de veiller à ses intérêts dans la mesure de son intelligence et de ses forces, a encore une autre tâche à remplir. Cette tâche consiste à donner satisfaction, par des institutions publiques, à des sentiments, à des besoins d'ordre supérieur qui, abandonnés à l'initiative privée, risqueraient de s'affaiblir, sinon de disparaître, et à donner l'impulsion, à prêter son concours aux nobles facultés qui font l'honneur d'une nation et celui de l'humanité. L'opinion dont nous parlons n'appartient ni à une école, ni à un parti; c'est la pratique que suivent depuis longtemps les gouvernements de toutes les nations civilisées, soit de l'Europe, soit du nouveau monde. Partout, excepté chez les barbares, on trouve des établissements hospitaliers, des temples et des écoles entretenus aux frais du trésor public, des musées, des théâtres, des jardins publics, des collections de plantes et d'animaux, des monuments de toute espèce.

C'est à cette dernière manière de comprendre les attributions de l'État que se rattache M. Beaussire, sans aller jusqu'au bout de cette voie et en laissant subsister dans sa pensée des restrictions, peut-être faudrait-il dire des apparences de restrictions qui sont assurément moins dangereuses que l'excès contraire. Il s'est inspiré de la discussion académique à laquelle il a assisté en 1886, et il ne serait pas impossible que les objections élevées par les économistes et les légistes contre les abus possibles de l'intervention de l'État, l'eussent rendu quelque peu timide. Il n'en prend pas moins parti dans cette matière pour les philosophes et pour les politiques éclairés que la crainte du socialisme ne poussera jamais à abandonner les vrais intérêts de la société, confondus avec ceux de la civilisation. Il établit une différence très juste, très importante, entre l'action de l'État qui a pour but la défense des droits et celle qu'il exerce pour protéger, pour développer les différents intérêts de la société.

« L'action publique, dit-il, lorsqu'elle protège les droits, exclut toute autre action; quand elle vient en aide aux intérêts, elle ne fait que s'associer à l'action individuelle ou privée. Dans le premier cas, l'intervention de l'État a précisément pour but d'empêcher les particuliers de se faire juges dans leur propre cause; dans le second, elle tend, au contraire, à encourager et à faciliter les efforts des particuliers pour des intérêts dont ils sont les premiers juges [1]. » Rien de plus clair, rien de plus vrai, et cela suffit, à quelques exceptions près, pour empêcher la puissance publique de dégénérer en usurpation ou en despotisme.

J'ajouterai cependant que l'action de l'État ne doit pas se renfermer dans les limites que lui prescrit M. Beaussire. En dehors des droits qu'elle est tenue de défendre et des intérêts qu'elle est admise à protéger, je veux parler des intérêts pris dans leur acception ordinaire, elle trouve encore à s'exercer d'une manière légitime. C'est lorsqu'il s'agit de l'honneur de l'esprit humain ou des conquêtes de la vérité et de la science qui échappent à l'initiative privée, qui dépassent les ressources et souvent même les désirs soit des individus, soit des associations particulières. Qui donc, si ce n'est l'État, se chargera des frais de l'exploration lointaine d'un phénomène exceptionnel d'astronomie ou de physique? Quel autre que lui fera exécuter dans de grandes proportions des fouilles archéologiques ou paléontologiques? Quel autre encore

---

1. P. 100.

aura l'idée de fonder et de subventionner des chaires de sanscrit, de zend, d'égyptologie, d'assyriologie, toutes choses inutiles au bien-être et à la richesse des nations? J'en dirai autant des grandes institutions de charité et d'assistance. Sans doute la charité et l'assistance ne sont jamais plus actives ni plus ingénieuses que lorsqu'elles émanent de l'initiative privée. Cependant, nous ne voyons pas que dans aucun pays civilisé elles se passent ou puissent se passer du concours de la puissance publique. Je me bornerai à un seul exemple. Partout, c'est l'État qui s'est substitué à saint Vincent de Paul. C'est l'État qui prend à sa charge, avec une sollicitude plus ou moins éclairée, plus ou moins efficace, les orphelins qu'on appelle aujourd'hui *les enfants assistés*. Voilà ce qu'oublient trop souvent non seulement les économistes, mais les philosophes et les politiques de l'école libérale. Le nom seul de l'État leur fait peur, comme si la liberté pouvait exister sans lui et hors de lui.

A la suite du droit politique, on trouve, dans le livre de M. Beaussire, tout un traité de droit pénal qui est là à sa véritable place, car, puisque l'une des attributions de l'État, la première et la plus essentielle, consiste à faire respecter tous les droits ou les droits qui appartiennent également à tous, il en résulte qu'il est tenu de réprimer les attentats qui peuvent être commis contre ces droits ou les différentes sortes de violations qu'ils sont exposés à souffrir. La répression infligée à ces actes coupables après qu'ils ont été commis, ou le mal qu'on fait souffrir à leurs auteurs par ordre de la justice dans la mesure et sous la forme déterminées par la loi, c'est ce qu'on appelle la punition. Il est donc incontestable que l'État a le droit de punir, et il n'y a que lui qui ait ce droit. C'est cela même qui constitue la base essentielle de l'ordre social. Non content d'exposer les principes d'où découle le droit de punir, M. Beaussire combat les fausses interprétations qui en ont été données, les applications vicieuses qui en ont été faites, et indique les réformes devenues nécessaires, selon lui, dans cette partie du droit public. Il y a là beaucoup de pages de forte critique, beaucoup d'aperçus nouveaux et de vues fécondes. Ne pouvant suivre M. Beaussire pas à pas dans cette nouvelle carrière qu'il ouvre devant nous, je ne m'arrêterai que sur les points qui m'ont le plus frappé. Quand il s'agit de droit pénal, il y a deux choses à définir : la nature du délit, c'est-à-dire du droit dont la violation justifie la sévérité de la loi ou l'application d'une peine, et la nature de la peine elle-même, telle que la société la réclame et est autorisée à l'appliquer. Sur ces deux points, les opinions les plus fausses ont été soutenues. D'après un écrivain contemporain, M. Garofalo, auteur d'un ouvrage très important qui a pour titre : *la Criminologie* [1], le délit, c'est la violation du sentiment moyen de pitié ou de probité dont la pratique est devenue une obligation dans l'état actuel de nos mœurs. D'après un autre écrivain de notre temps, qui a publié un livre également remarqué : *la Cri-*

---

1. 1 vol. in-8, écrit en italien et traduit par l'auteur lui-même en français, in-8. Paris, 1888.

minalité comparée, le délit est l'acte que l'opinion a jugé délictueux. M. Beaussire fait justice de ces deux définitions aussi obscures qu'arbitraires. Il démontre très bien que la pitié est un sentiment dont l'absence ne peut passer pour un crime et ne saurait donner lieu à un châtiment, car nos sentiments ne dépendent pas de nous. A sa place, j'aurais également attaqué la moyenne de la probité, considérée comme mesure de l'honnête. J'aurais demandé si cette moyenne comporte une certaine dose de friponnerie. Quant à dire, comme M. Tarde, qu'un acte délictueux est celui qui est qualifié ainsi par l'opinion, c'est laisser croire que le bien et le mal sont choses de pure convention. C'est supprimer l'idée même du droit et, en même temps, la légitimité de la peine. Pour M. Beaussire, le délit, c'est la violation d'un droit, et non pas de toute espèce de droit, mais de celui qui est rigoureusement déterminé et exigible par la contrainte. S'il est exigible par la contrainte, il va de soi qu'une réparation civile ne peut suffire à sa défense et qu'il faut, de toute nécessité, contre l'opinion de M. Garofalo, une réparation pénale. Les criminels qui attentent à ma vie ou à ma liberté, ou qui auraient causé ma ruine et celle de ma famille, auraient beau jeu s'ils ne sont exposés qu'à une amende ou à des dommages-intérêts. Que ferait-on d'ailleurs s'ils étaient insolvables?

On ne s'est pas moins trompé sur la nature de la peine. De grands esprits de ce siècle, et pendant longtemps la totalité des jurisconsultes et des législateurs se sont imaginé que la peine devait se confondre avec l'expiation ou avec un degré de souffrance physique et moral rigoureusement proportionné non seulement au mal qui a été commis, mais à la seule intention du mal. M. Beaussire combat cette idée qui, inutile à la défense de la société, n'est propre qu'à l'égarer dans les voies de la cruauté et de la barbarie.

A cette réflexion se rattache naturellement, même nécessairement, la question de la peine de mort qui, à la fin du dernier siècle et dans la première moitié de celui-ci, a été un objet de si vives préoccupations pour les philosophes, les législateurs et même les romanciers. Le petit nombre de pages que M. Beaussire lui a consacrées, méritent d'être comptées parmi les plus judicieuses qui aient été écrites sur ce sujet. On les appréciera par ces lignes qui en forment le début et en contiennent la substance :

« La peine de mort, comme les châtiments corporels, serait difficile à rétablir si l'opinion dominante, à tort ou à raison, en avait exigé l'abolition et si les mœurs lui étaient restées contraires. On peut en constater l'utilité alors même qu'elle a pour elle l'opinion et les mœurs; mais on ne saurait, pour d'autres raisons que des raisons d'opportunité ou de sentiment, en méconnaître la légitimité. Elle a tous les caractères d'une juste peine. Elle est la seule peine absolument répressive. Elle est la plus propre à intimider, sinon celui qui la subit, du moins ses émules dans le crime [1]. »

Il aurait été certainement d'un grand intérêt de montrer par quelles raisons cette peine a été com-

1. P. 134.

battue par des esprits excellents; pourquoi certains États civilisés de l'Europe ont réussi à l'abolir et n'en témoignent aucun regret; comment enfin, chez ceux-là même qui l'ont conservée, elle a occupé une place de plus en plus restreinte dans le Code pénal. Mais ces recherches auraient présenté une histoire, non plus une théorie juridique et philosophique de la peine de mort. M. Beaussire a bien fait de ne pas s'y arrêter. Le sujet et le plan de son livre ne le lui permettaient pas.

Je terminerai ici les considérations que j'ai voulu présenter sur la théorie du droit public, en réservant les pages qui vont suivre au droit privé.

II

Un des chapitres les plus remarquables du bel ouvrage de M. Beaussire est celui où il se plait à développer ses idées, ses espérances, je pourrais dire ses illusions sur le droit international [1]. C'est là qu'il traite de la paix et de la guerre, du prétendu droit de conquête et d'annexion, des obligations des peuples civilisés à l'égard des peuples sauvages ou barbares, des liens de fraternité que la raison nous signale entre les nations comme entre les individus, et des motifs qui nous portent à croire que ces liens,

---

1. C'est le chapitre v du livre II, p. 174 à 202.

un jour ou l'autre, deviendront effectifs. Mais je ne pourrais le suivre sur ce vaste et hasardeux domaine sans me laisser entraîner à des considérations, à des discussions dont l'étendue dépasserait de beaucoup celle qui convient à ce travail et qui auraient pour inconvénient d'en faire oublier le principal objet. Je passerai donc, comme je l'ai annoncé, de la théorie de M. Beaussire sur le droit public à celle qu'il a adoptée sur le droit privé.

Les principes du droit privé que M. Beaussire place au-dessus de tous les autres et par lesquels il juge nécessaire de commencer sont ceux qui président, c'est-à-dire qui devraient présider à la constitution de la famille. Ici se présente à l'esprit une difficulté tout à fait semblable à celle que nous avons rencontrée dans la question des rapports du droit public avec le droit privé. Pour parler convenablement des devoirs et des droits de la famille, il faudrait d'abord connaître ceux de l'individu, ceux de la personne humaine qui passent avant tous les autres et que tous les autres supposent. Mais cette objection n'est que de pure forme, elle n'intéresse que l'ordre logique sans atteindre le fond des choses. En fait, quand on considère la succession des générations humaines telles que l'histoire nous la présente, nous n'y voyons pas les individus isolés les uns des autres; ils sont toujours, d'une manière plus ou moins régulière, groupés en familles.

La famille n'est pas seulement un fait primitif et universel qui répond à un instinct, à un besoin, à une nécessité de la nature humaine; elle repose sur le devoir et sur le droit, elle a sa raison d'être dans l'ordre moral, fondement nécessaire de toute société civilisée. La famille, en effet, a pour base les obligations des parents envers les enfants, et ces obligations existent même avant que les enfants soient nés. M. Beaussire pense avec Kant que l'acte par lequel nous avons mis au monde une personne humaine sans son consentement, nous impose le devoir de lui rendre aussi agréable que nous le pouvons cette existence que nous lui avons donnée. Insistant avec chaleur sur cette idée, M. Beaussire lui donne toute l'extension dont elle est susceptible. « Dans ce corps frêle et nu, dit-il, qui réclame tant de soins, de précautions et d'amour, gît une âme immortelle, appelée à remplir des devoirs, à exercer des droits, à poursuivre une destinée infinie. L'enfant a droit au respect, car c'est déjà une personne; il a droit à plus encore. Si le droit à l'assistance a pu être mis en question quand il s'agit de l'homme fait, qui pourrait le contester pour l'enfant au sein de la famille où le sort l'a fait naître? Pendant bien des années ni son esprit ni son corps ne se suffisent à eux-mêmes. Comment pourrait-il, plus tard, obéir à cette loi morale qui règne sur lui comme sur tous les hommes, quand il ne peut rien par lui-même, non seulement pour développer son intelligence et pour armer sa volonté contre les entraînements des passions, mais pour conserver à son corps un seul jour de vie? Si on ne doit rien à ce corps à peine formé, à peine capable d'exercer les fonctions animales; si on ne doit rien, proprement, à cette âme encore engourdie et qui n'agit que par instinct, comme celle des plus humbles animaux, on doit tout à la loi morale dont le petit être va devenir un des ministres. C'est sa destinée morale qui réclame pour lui des secours, c'est elle qui lui confère des droits, et même des droits plus étendus que ceux de l'homme fait; car on ne doit à celui-ci que le simple respect ou une assistance limitée, tandis qu'il faut à l'enfant une protection continuelle et tous les genres d'assistance [1]. »

La conséquence rigoureuse de ces principes, c'est qu'il n'est permis, moralement permis à un homme et à une femme de céder à l'appétit ou à la passion qui les entraîne l'un vers l'autre que sous la condition expresse du mariage, le mariage étant la seule condition qui leur permette, qui leur commande de rester unis pour accomplir leurs devoirs communs envers le fruit de leur union, envers l'enfant qui doit ou qui peut naître d'eux. Hors de là, de si belles couleurs que les romanciers et les poètes nous peignent ces rencontres, il n'y a que des unions bestiales, dignes de la réprobation et du mépris des gens de bien. Cette conséquence peut sembler sévère, et en réalité elle l'est ; mais on ne peut nier qu'elle ne soit parfaitement conforme à la saine logique. Il en résulte que le mariage n'est pas, comme on l'a dit souvent et comme on le dit encore, une simple convention, un pur préjugé né de l'habitude et de la tradition ; c'est une institution absolument nécessaire,

---

1. P. 202-204.

une institution divine dans le sens le plus élevé du mot ; car avant d'avoir été consacré par les lois de la société, par ses lois civiles comme par ses lois religieuses, il avait sa raison d'être dans la nature, dans la conscience, dans l'intérêt immuable de la société.

Cette manière de voir, qu'il est difficile de ne pas accepter quand on met les principes à la place des passions et des systèmes, permet à M. Beaussire de soutenir, contre l'opinion commune, adoptée par la plupart des législateurs et des jurisconsultes, que le mariage n'est pas un contrat. Un contrat, comme il le fait remarquer, est un acte essentiellement arbitraire dans toutes ses parties. Quel qu'en soit l'objet, il peut être résilié par l'accord commun des deux parties; de plein droit il cesse d'exister quand les conditions qu'il stipule n'ont pas été remplies de part et d'autre. En est-il ainsi du mariage? Nullement. Le mariage, sans doute, ne peut avoir lieu sans le libre consentement de l'homme et de la femme; mais une fois qu'il a été accepté et qu'il a été reconnu, constaté sous la forme que lui impose la loi civile ou religieuse, il ne peut plus être rompu par la seule volonté, par la mutuelle convention des époux, parce que les obligations qui en résultent et qui sont la raison de son existence, s'étendent au delà des deux personnes unies, elles naissent du devoir qu'elles ont à remplir envers un tiers, elles représentent le droit de l'enfant. L'homme et la femme, liés l'un à l'autre par le mariage, auraient pu, dit M. Beaussire, ne pas s'unir. « Mais, une fois unis, quelques engagements qu'ils aient pris, et quand ils n'en auraient pris aucun, ils sont moralement liés l'un à l'autre par une chaîne qu'ils n'ont pas formée et qu'ils n'ont pas le droit de rompre. Ils se doivent une vie commune et une fidélité mutuelle ; ils se doivent, en un mot, tout ce qui constitue le mariage [1]. »

Cette théorie du mariage est très noble et très belle, ce qui ne l'empêche pas d'être en même temps parfaitement solide. Cependant je la crois insuffisante. Il ne serait pas, à ce qui me semble, impossible de démontrer que, indépendamment des considérations tirées par M. Beaussire du droit de l'enfant, le mari et la femme ont aussi des devoirs, et des devoirs permanents à remplir l'un envers l'autre. Cette femme qu'on a épousée jeune, belle, pleine de vigueur et de santé, je ne pense pas qu'il soit permis de l'abandonner quand elle est devenue vieille, infirme, incapable de se passer de protection ; et cet homme qui a fait dépendre tout son bonheur de cette compagne qu'il a choisie par amour, qui a rapporté à elle toutes ses espérances et tous ses efforts, je ne suppose pas non plus qu'il soit honnête de le remplacer un jour par un autre plus beau, plus riche ou simplement plus aimé. Mais en acceptant le mariage tel que le définit M. Beaussire, il est impossible de n'y pas voir une liaison sainte dont l'idée se rattache à ce qu'il y a de plus élevé dans la conscience humaine et de plus vénéré dans le monde. C'est pour cela qu'on en a fait un acte religieux et que chez tous les peuples il a pris le rang d'une institution divine. Cela n'empêche

---

[1]. P. 212-213.

pas qu'il soit aussi une institution civile dont l'importance et la nécessité s'accroissent dans la même proportion que la civilisation elle-même. Dans tous les pays où l'État n'est point confondu avec l'Église, c'est à lui qu'il appartient de fixer par une loi, émanée de sa seule autorité, les conditions du mariage, d'en assurer la durée et les effets dans l'intérêt général de la société aussi bien que dans l'intérêt particulier de la famille.

Il était difficile à un esprit aussi juste et, en prenant ce mot dans sa plus large acception, aussi libéral que M. Beaussire de ne pas admettre, de ne pas réclamer le mariage civil ; mais il s'exprime avec la plus grande sévérité sur la manière dont il est célébré, au moins parmi nous. D'un passage assez étendu qu'il a consacré à ce sujet, je me contente d'extraire les mots suivants : « On peut dire, en un sens, qu'on est marié par le prêtre, car il confère à l'union conjugale un caractère nouveau, il la transforme en sacrement. On n'est pas marié par le maire, on se marie devant lui ; son rôle se borne à recevoir une double déclaration, pour qu'elle puisse produire des effets civils. Il est, pour l'état des personnes, ce qu'est, pour celui des propriétés, le notaire qui rédige les actes ou l'employé de l'enregistrement qui les transcrit. Si l'acte déclaratif du mariage, après l'accomplissement de toutes les formalités préalables exigées par la loi, avait été reçu et attesté, soit par un notaire ou toute autre personne publique, soit même simplement par deux témoins, il semble que la société, pour sauvegarder ses droits, n'aurait rien de plus à domander que la reproduction de cet acte sur ses registres authentiques. Notre législation a voulu entourer le mariage civil d'un appareil solennel, analogue à celui qui est propre au mariage religieux. Nous craignons qu'elle n'ait dépassé le but et compromis l'institution qu'elle cherchait à ennoblir [1]. »

Comparant ensuite l'une à l'autre les deux cérémonies, M. Beaussire, qui semble s'inspirer ici des premiers romans de George Sand, nous montre que tout est petit dans le mariage civil, que tout est grand, auguste, édifiant dans le mariage religieux. Il n'y a pas jusqu'à la personne de l'officier civil qu'il ne rabaisse et humilie devant celle du prêtre.

Pour combattre à la fois les impressions défavorables de M. Beaussire et la conclusion qu'il en tire, il suffit de remarquer que les auteurs de notre code n'ont pas songé à établir une assimilation, encore moins une rivalité, entre le mariage civil et le mariage religieux. Se plaçant en dehors du domaine de l'idéal, ils ont voulu que la loi fût obéie, non comme un moyen de perfection ou de salut éternel, mais comme une garantie de paix et de bonne foi entre les hommes dans l'état de société. Les engagements contractés par le mariage, ils ont voulu qu'ils fussent respectés dans la société domestique ; voilà pourquoi ils ont évité d'y faire entrer tout ce qui relève de l'amour et du sentiment. « Le mari doit protection à sa femme, la femme doit obéissance à son mari. » Ce sont là des actes, ce ne sont pas des élans du cœur.

---

[1] P. 217 et 218.

Encore est-il nécessaire que ces actes, qui sont d'une autre importance que les conventions d'intérêt enregistrées par le notaire, soient connus de ceux qui s'y obligent volontairement et rappelés avec quelque solennité à leur mémoire ou à leur intelligence défaillante. Voilà pourquoi on leur donne lecture des articles du code. Et qui est chargé de cette tâche? Ce n'est pas un notaire ou un employé de l'enregistrement, c'est le représentant de la société dans la commune où le mariage est contracté, c'est l'élu du suffrage populaire. C'est à la communauté tout entière, personnifiée en lui et symbolisée par son écharpe, que les deux époux se présentent mutuellement et promettent d'être fidèles l'un à l'autre. C'est à elle aussi qu'ils présentent et recommandent d'avance leurs enfants à naître. Qu'y a-t-il là qui ne soit d'accord avec la raison, avec l'intérêt social et souverainement respectable? Il importe peu que la solennité civile, comme M. Beaussire le fait remarquer, n'inspire pas le même recueillement que la solennité religieuse, elle n'en conserve pas moins son utilité et son importance. Ce qu'il faut éviter, c'est que le maire ou son adjoint ait la prétention de tenir lieu du pasteur et qu'il adresse aux mariés une espèce de sermon laïque, comme on a pu en entendre quelquefois dans la salle des mariages des mairies de Paris.

Après le mariage civil se présente la question plus délicate et plus controversée du divorce. On est conduit naturellement par tout ce qui précède à supposer que le divorce ne trouvera pas grande faveur auprès de M. Beaussire. En effet, il le combat de toutes ses forces en même temps qu'il couvre de son indulgence la séparation de corps. Il assimile le divorce à la polygamie, et s'il ne tient pas le même langage que de Bonald, il est peu éloigné de penser comme lui que le divorce est le moyen d'avoir plusieurs femmes et de n'en entretenir jamais qu'une seule. Il explique la tolérance dont le divorce est l'objet, de la part des législateurs et des peuples modernes, par l'idée fausse que le mariage est un contrat comme un autre et que, pareil à tous les contrats, il peut être résilié par le consentement mutuel des parties. La première de ces deux suppositions est une pure hyperbole ou un trait de satire. La second n'est pas sans quelque fondement, mais ne touche qu'indirectement à la question. Quelle est la véritable raison pour laquelle le divorce devrait être banni de nos lois et de nos mœurs?

« Le mariage, nous répond M. Beaussire [1], a pour fin naturelle l'éducation des enfants dont il consacre la naissance; mais ses devoirs ne sont pas attachés à leur existence actuelle. Il imprime à l'union des deux sexes un caractère moral; il l'arrache au joug des sens et des passions capricieuses; il ne lui permet pas une autre destination que sa destination légitime. » Il reconnaît cependant que le ménage peut être troublé par des conflits qui rendent la vie commune impossible. Alors il permet, non le divorce, mais la séparation de corps : « Il faut qu'une porte reste toujours ouverte pour la réconciliation, pour le rétablissement

---

[1]. P. 228.

de la famille, pour l'accomplissement des devoirs communs [1] ».

La rigueur à laquelle M. Beaussire se laisse entraîner ici a la même cause que son hostilité à l'égard du mariage civil. Il oublie que la loi civile, n'ayant pas la même sphère ni la même autorité que la loi morale, est obligée de compter avec les réalités de la vie, et cela dans l'intérêt même de la loi morale, pour atteindre un degré de moralité supérieur à celui où descendrait la société si elle ne venait à son aide. Il y a des cas, plus nombreux qu'on ne pense, où la rupture qui éclate entre époux est absolument irréparable, où même la réconciliation ne peut avoir lieu sans déshonneur pour l'un d'eux, quelquefois pour tous les deux, et par suite sans dégradation du lien conjugal lui même. Qu'arrive-t-il alors? Un désordre en amène un autre. Les époux séparés vivent chacun de son côté comme s'ils étaient libres. Les enfants qui naissent de ces unions, les enfants adultérins comme la loi les appelle, n'ont aucune place dans la société. Les enfants légitimes, nés avant la séparation et qui sont témoins de ce triste spectacle, sont exposés à être pervertis par l'exemple de leurs parents. Le divorce, dans cette situation et dans quelques autres, est mille fois préférable à la séparation de corps. Il permet de constituer une famille, d'établir un mariage là où la famille et le mariage n'existent plus et sont remplacés par une immoralité en quelque sorte forcée. Il faudrait en effet compter sur un grand fond de candeur pour

---

[1] P. 228.

supposer que des époux séparés dans l'âge des passions resteront fidèles l'un à l'autre.

Au reste, M. Beaussire lui même, bien qu'à contre-cœur, finit par admettre dans la loi civile ce qu'il appelle la part de l'expérience : « La loi civile, dit-il, il ne faut jamais l'oublier, doit consulter les intérêts variables des individus aussi bien que les principes éternels de la justice. Nous ne la blâmons donc pas de permettre le divorce dans un intérêt social, en l'entourant de toutes les conditions qui peuvent en pallier le danger. Sur ce point, comme sur tous les autres, elle doit s'appuyer non seulement sur des principes absolus, mais sur les mœurs, les croyances religieuses, les besoins de la société dont elle est l'arbitre [1]. »

Mais ce qu'il a donné d'une main, M. Beaussire semble bientôt après le retirer de l'autre. Après avoir admis le divorce dans la pratique, il continue de le proscrire au nom de la théorie. Il va même jusqu'à demander à la conscience de ne voir qu'un *concubinage autorisé*, qu'un *adultère susceptible d'effets civils* dans ces seconds mariages sanctionnés par la loi, avant la dissolution naturelle des premiers [2]. Parler ainsi, c'est décourager les plus honnêtes intentions du législateur, c'est dépasser les bornes de la justice et de la vérité.

J'ai dit que M. Beaussire, très hostile au divorce, se montrait au contraire très facile pour la séparation de corps. En cela, il n'est que conséquent avec lui-même. Il lui est impossible, en effet, de ne pas reconnaître

---

1. P. 229.
2. P. 230.

que par une foule de causes, qui ne sont pas également
faciles à expliquer, l'harmonie conjugale peut être
troublée à un point que la vie commune devient intolérable. Or, comme la dissolution du mariage est
déclarée immorale pendant toute la durée de la vie
des conjoints, il faut bien accorder à ceux-ci le droit
de se séparer sans cesser d'être l'un à l'autre. Il n'y a
ici aucune place pour la contrainte légale, et la contrainte matérielle, uniquement exercée par le plus fort,
serait pour la femme un retour à l'esclavage. Mais, sur
la séparation de corps, M. Beaussire a toute une théorie
qui lui est personnelle. Il veut qu'on la considère
« comme un acte de liberté, qui peut être abusif, mais
qui ne peut donner lieu à aucun recours légal [1]. » Il y
a cependant des intérêts qui restent communs aux
époux séparés. Les uns sont d'ordre matériel, comme
le partage des biens; les autres, d'ordre moral, comme
le partage des enfants. Qui réglera ces intérêts en
l'absence de la justice? M. Beaussire a recours aux
amis, aux parents, aux ministres de la religion. Voilà
déjà bien des moyens difficiles à réunir et à mettre en
œuvre. Et s'ils échouent, que fera-t-on? Car enfin il
est plus que probable qu'ils échoueront devant les
ressentiments obstinés des parties intéressées. « Alors,
nous répond M. Beaussire avec une admirable candeur, il faut bien s'adresser à la justice publique [2]. »
Tous les esprits pratiques se demanderont si, au lieu
de passer par tant de tentatives douteuses, il ne vaudrait pas mieux commencer par là.

1. P. 242.
2. P. 243.

Mais nous n'en avons pas fini avec les vues systématiques et passablement compliquées de M. Beaussire en matière de séparation de corps. Cette « justice publique » à laquelle il fait appel en dernier ressort, ce n'est pas la justice ordinaire, ce n'est pas le tribunal civil, c'est, pour me servir de ses expressions, « l'arbitrage souverain du jury ». Voilà le jury chargé d'une tâche plus difficile que celle qu'il remplit en matière pénale et, dans certains pays, en matière civile. C'est en matière matrimoniale qu'il aurait à se prononcer, et quelle serait la valeur de son verdict s'il était en majorité composé de célibataires?

Il n'y a qu'une manière d'expliquer ces étrangetés chez un esprit aussi ferme et aussi droit que M. Beaussire : c'est son respect hyperbolique de la liberté individuelle et sa défiance à l'égard de toute intervention de l'autorité publique dans la vie privée.

C'est le même sentiment qui l'inspire, ce sont presque les mêmes théories qu'il développe quand il traite de l'autorité paternelle.

Les bases sur lesquelles repose la puissance paternelle, étant les mêmes pour M. Beaussire que celles du mariage et de la famille en général, ne peuvent être à ses yeux l'objet d'aucun doute. Elles sont d'ailleurs reconnues de tous les moralistes, de tous les jurisconsultes et de tous les législateurs. Mais la puissance paternelle est exposée à un double danger. Abandonnée à elle-même sans restriction et sans limites, elle dégénère en despotisme, elle nous ramène à l'antique esclavage, au temps barbare où le père avait le droit de vie et de mort sur ses enfants et pouvait les vendre comme une propriété, comme un bétail. Soumise à des restrictions variables et mal définies imposées par la loi, elle entre dans la puissance de l'État et fait de l'autorité publique la maîtresse absolue de la famille. Il n'est pas besoin de dire que M. Beaussire repousse également ces deux excès. Le premier ne le retient pas longtemps, car il n'est plus à craindre aujourd'hui que l'esclavage est condamné par les lois de tous les peuples civilisés. Mais le second le préoccupe beaucoup et lui inspire des réflexions très intéressantes. Il repousse absolument et avec grande raison l'opinion des publicistes et des politiques qui prétendent que les enfants appartiennent à l'État ou à la république. Les anciennes républiques, et même la république de Rome, montrent à quelles conséquences on arrive avec ce principe. Mais si l'État ne peut se susbtituer au père de famille, il a cependant le droit, par l'organe de la loi, d'intervenir entre lui et ses enfants, quand il abuse de son autorité contre la fin même pour laquelle elle est instituée. Mais quels sont les abus que l'État se trouve appelé à réprimer, et dans quelles conditions son intervention est-elle légitime? Ici M. Beaussire, justifié par le droit naturel et par le respect dû à la famille, se refuse aux prescriptions générales dont il est si facile de faire un usage arbitraire. Si l'on dit que le père est déchu de son droit, parce qu'il donne à ses enfants une mauvaise éducation, ou parce qu'il leur fait subir des corrections physiques, on demandera ce qu'il faut entendre par une mauvaise éducation, et comment l'autorité paternelle se fera respecter quand les moyens de persuasion et la répression morale ne suffisent pas. M. Beaussire exprime le vœu qu'on ne fasse entrer dans la loi que des prescriptions particulières, et dans le nombre de ces prescriptions se trouve celle qui exige pour les enfants l'instruction élémentaire et celle qui les soustrait, avant un certain âge, au travail des manufactures. L'abandon moral est un autre cas de déchéance pour l'autorité paternelle. Mais qu'est-ce que l'abandon moral? Qui sera admis à le constater, à le définir, à y porter remède? Dans cette délicate question, comme dans celle de la séparation de corps, M. Beaussire fait appel au jury, mais à un jury particulier, uniquement composé de pères de famille. « Le jury, selon lui, c'est par excellence le juge de l'ordre moral, et particulièrement le juge de la famille [1]. » Nous voyons que le jury est, pour M. Beaussire, un être idéal créé par son imagination. C'est précisément pour cela qu'il est sans méfiance à son égard, et qu'il ne craint pas d'abuser de sa complaisance. Ce qui est par-dessus tout l'objet de sa méfiance, je dirai même de son effroi, c'est l'intervention de la loi et, par conséquent, de l'État, dans la vie privée, dans les relations mutuelles des membres de la famille. C'est là certainement une des conséquences de la liberté civile et une des applications du libéralisme.

Il me reste encore, pour achever de faire connaître dans ses traits les plus essentiels le livre de M. Beaussire, à dire comment il explique et justifie la pro-

---

[1]. P. 256.

priété. L'importance de cette question n'a échappé à aucun philosophe, à aucun jurisconsulte, à aucun législateur, on peut ajouter à aucun économiste. L'ordre social y est intéressé tout entier, par toutes ses conditions d'existence. Aussi nulle institution, aux différentes époques de l'histoire, n'a-t-elle été plus attaquée par ceux qui voulaient changer ou renverser les fondements de la société. Aujourd'hui particulièrement, elle a contre elle trois ennemis : une certaine spéculation philosophique, le socialisme révolutionnaire et ce qu'on appelle le socialisme d'État ou de la chaire. De ces différents ennemis, les uns, et au premier rang parmi eux le socialisme révolutionnaire, se proposent de la supprimer purement et simplement ; les autres, tels que le socialisme d'État, se contentent de l'amoindrir ou de la rendre précaire, au point de ne lui laisser qu'une ombre d'existence.

Mais cette ligue déchaînée contre la propriété lui a suscité des défenseurs plus éclairés, mieux informés, moins faciles à désarmer que ceux qu'elle possédait autrefois ; car la force dont ils disposent est celle de la raison, et mieux encore, de la conscience morale unie à l'expérience, à l'expérience, non de quelques hommes, mais du genre humain. Ils s'accordent à montrer qu'entre la propriété et la liberté la dépendance est telle que l'une étant supprimée ou menacée, l'autre l'est aussi, et qu'en somme, la propriété n'est qu'une des formes, une des applications les plus nécessaires de la liberté. Appelant l'histoire en témoignage de la théorie, ils s'accordent également à établir qu'on fait la liberté et la propriété n'ont jamais existé, n'ont jamais été reconnues, n'ont jamais fait un pas en avant ou en arrière l'une sans l'autre; qu'elles ont traversé les mêmes crises, couru les mêmes dangers et fourni la même carrière. D'où il résulte que l'une et l'autre, la propriété aussi bien que la liberté, sont à la fois nécessaires à la vie morale et à la vie économique, à l'âme et au corps, soit des peuples, soit des individus. « Dans sa forme la plus matérielle, dit M. Beaussire, la propriété intéresse l'âme aussi bien que le corps. Consacrée par la liberté, elle est pour la liberté le plus sûr rempart. Chez l'individu, elle apparaît comme une extension légitime des droits de la personne; chez l'être collectif, elle donne seule un corps à ce qu'on peut appeler la personne morale. Il y a dans la famille quelque chose qui survit à la famille elle-même : c'est la propriété; elle est comme un corps immortel destiné à en perpétuer l'esprit. De même l'État ne trouve son unité sensible que dans sa propriété générale et perpétuelle, dans le territoire de la patrie qui ne passe pas comme ses chefs, qui ne change pas comme ses institutions, et qui donne encore, dans la ruine et le démembrement de l'État, un corps aux espérances nationales [1]. »

Voilà de nobles et fortes paroles qu'on éprouve un véritable plaisir à citer, car elles renferment autant de vérité que d'élévation d'âme. On pourrait dire, si elles n'avaient pas un sens universel, que ce sont des

1. P. 259.

paroles patriotiques bonnes à faire connaître de tout le monde dans les circonstances difficiles. Au point de vue de la discussion dont nous rendons compte en ce moment, elles nous prouvent que M. Beaussire, sur le principe de la propriété ou, pour me servir de ses expressions, sur sa base morale et philosophique, a une doctrine plus large, par là même plus forte que celle qui est généralement adoptée. Mais tout d'abord il a soin de distinguer cette base morale et philosophique de ce qui constitue l'origine de la propriété. L'origine de la propriété, c'est, comme tout le monde en tombe d'accord, l'occupation et le travail. C'est par là que la propriété commence d'exister, mais ce n'est point par là qu'elle est justifiée, qu'elle devient légitime.

La théorie si généralement adoptée qui fonde la propriété sur le travail, n'est, au fond, selon M. Beaussire, que la glorification de la force. « S'il y a un autre droit que celui du plus fort, nous ne sommes pas en réalité maîtres absolus de notre personne, de notre liberté, de nos facultés, nous ne vivons pas pour nous seuls; nous nous devons à notre famille, à notre patrie, à l'humanité. Tout emploi de nos facultés qui n'est pas légitimé par nos devoirs n'est qu'un fait brutal qui ne crée pour les autres aucune obligation. Quand notre travail n'a pour but que notre intérêt, quand nous profitons de notre supériorité physique ou intellectuelle pour nous emparer de la terre, pour la soustraire à ceux qui nous entourent et pour en frustrer les générations futures, pouvons-nous invoquer quelque devoir qui légitime notre droit? Voilà toute la question [1]. » Et ce qu'on vient de dire du travail s'applique sans contredit à la simple occupation, même à l'occupation primitive.

Il résulte de là que le seul principe qui rende la propriété légitime, sa seule raison philosophique et morale, c'est le devoir et le droit qu'elle contient implicitement. La propriété ne mériterait aucun respect si elle n'était conçue comme l'instrument de nos devoirs et la garantie de nos droits.

M. Beaussire a très bien compris que les défenseurs de la théorie qui fonde la propriété sur le travail ont un moyen de se défendre. Ils peuvent dire, et les plus éclairés d'entre eux disent en effet que la défense de notre liberté est un devoir envers nous-mêmes, le premier de nos devoirs, ou que le travail fonde la propriété, non parce qu'il est un libre emploi de nos facultés, mais parce qu'il est une obligation morale envers nous-mêmes, la condition et la source de toutes les autres. A cela que répond M. Beaussire? Un droit qui ne se rapporte qu'à nous-mêmes cesse avec nous. Il autorise une possession viagère, non une possession perpétuelle, une véritable propriété. La propriété n'est consacrée que par des devoirs sociaux, et les premiers devoirs de cette espèce sont ceux de la famille. En créant par son travail des biens qu'on laissera à ses enfants, à ses petits-enfants, on revêt la propriété d'un caractère vraiment inviolable. Au contraire, le socialisme, dont le principe est au fond le même que celui du com-

---

1. P. 263.

munisme, en supprimant d'une manière plus ou moins directe la propriété, fait courir les plus grands dangers à la famille et nous menace de nous ramener à l'état bestial [1].

Dans cette doctrine, qui est d'ailleurs soutenue ici avec beaucoup de vigueur, il y a certainement un grand fond de vérité, surtout de moralité. Mais elle est poussée à un excès qui la compromet et qui n'est pas tout à fait exempt de contradiction. La liberté qui justifie le travail et le droit de jouir des fruits de son travail, n'est pas seulement un devoir individuel, un devoir envers nous, c'est la condition de tous les devoirs, car sans elle aucune obligation ne peut subsister ni même se concevoir; sans elle ni la famille, ni la patrie, ni l'humanité, n'ont aucun titre à notre respect. On n'est pas légitimement marié, on n'est pas citoyen, on n'est pas homme si l'on n'est pas libre. Le travail, œuvre de cette liberté nécessaire et inviolable quand elle n'est pas en révolte contre les lois de la conscience ou de la société, suffit donc pour constituer la propriété et lui donner le caractère d'un droit. Que la propriété existe, cela suffit; la question des applications dont elle est susceptible est une question ultérieure et même secondaire par rapport à elle-même. Que j'aie une famille, que j'aie une patrie ou que je n'en aie pas, elle n'en existe pas moins avec tous les droits qui y sont attachés. S'il en était autrement, il faudrait admettre et même inscrire dans la loi qu'un célibataire ou

---

1. P. 264.

un veuf sans enfants ne peuvent pas être propriétaires.

Donnant pour base principale à la propriété les devoirs de la famille, M. Beaussire se trouve naturellement amené à défendre le droit d'hérédité ; ce droit qui a donné tant de soucis à des jurisconsultes et à des philosophes de la plus grande valeur, entre autres à Leibniz. L'hérédité pour M. Beaussire n'est pas, comme pour beaucoup d'autres, une forme de la donation. La donation, facile à justifier comme un acte de liberté, n'est qu'un droit du père, tandis que l'hérédité est le droit des enfants, un droit indivis qui ne suppose pas nécessairement l'égalité des partages et n'est pas absolu pour tous les enfants. M. Beaussire admet, avec beaucoup de raison, qu'un enfant peut être déshérité, en totalité ou en partie, pour offense ou rébellion envers le père, j'ajouterai envers la mère, qui participe de plein droit à l'exercice de l'autorité paternelle, puisqu'elle participe à l'œuvre de l'éducation. De là déjà une première cause d'inégalité dans la répartition des héritages. Mais il y en a d'autres, que M. Beaussire, parlant au nom du droit naturel, des devoirs mêmes du père de famille, signale avec justesse. Pour ne pas affaiblir ses arguments, je lui donnerai la parole : « Quand un père a pourvu ses fils, au prix des plus grands sacrifices, de professions honorables et lucratives, n'est-il pas quitte envers eux et n'est-ce pas blesser l'équité que de lui refuser la disposition de ce qui lui reste de son patrimoine pour former la dot de ses filles ? Il y a dans la famille un enfant infirme que la faiblesse de son corps ou de son intelligence empêchera toujours de se suffire à lui-même : son père en mourant se fait un devoir de pourvoir à ses besoins ; la part dont la loi lui permet de disposer sera-t-elle toujours suffisante ? Toute latitude est laissée aux parents pendant leur vie, pour les soins qu'ils prennent de leurs enfants ; est-il juste de leur lier les mains quand ils veulent continuer leur œuvre au delà du tombeau et qu'ils n'ont plus d'autre moyen d'action que la libre répartition de leurs biens [1] ? »

Aux suppositions que vient de faire M. Beaussire et qui sont dignes de la plus grande attention, je me permettrai d'en joindre une autre d'un caractère tout opposé. Les dérogations à la loi d'égalité, qui sont légitimes en faveur d'un seul ou de quelques-unes des enfants, devraient-elles être interdites quand il s'agit de l'honneur commun ou des communs avantages de toute la famille ? Voici, par exemple, un des fils que la nature a doué des plus rares facultés et qui y joint une force de volonté non moins remarquable. Pour faire des voyages commencés, des découvertes promises à ses premières recherches, ou pour achever un ouvrage d'art, de littérature, qui pourra devenir pour son nom, pour la famille entière ou pour son pays, une source de gloire ou de fortune, il a besoin d'une part d'héritage très supérieure à celle de ses frères et de ses sœurs ; cette part, le père de famille, le créateur et le propriétaire du patrimoine, ne pourra pas la lui laisser ? La même observation s'ap-

---

[1]. P. 268.

plique à des fondations de charité, à des créations industrielles et commerciales dont il sera stipulé que tous les cohéritiers, dans une mesure plus ou moins large, seraient admis à tirer avantage.

M. Beaussire fait la remarque très judicieuse que ce qui nous attache, nous autres Français et quelques autres nations modernes, avec tant de fanatisme, au partage égal des héritages, c'est la crainte de retourner à l'antique droit d'aînesse. Il n'éprouve pas une horreur invincible pour cette institution, souvent si profitable à la liberté politique; mais il en connaît les inconvénients, il en signale l'injustice apparente, tout en montrant que le système contraire ou l'égalité dans l'hérédité présente des inconvénients non moins graves. Il faut pourtant reconnaître que le partage égal n'est pas une conséquence nécessaire du régime démocratique. Le peuple des États-Unis n'attache aucune importance aux héritages petits ou grands, divisés ou indivisibles; l'usage même de doter les filles y est presque tombé en désuétude. Nulle part cependant la liberté et l'égalité politiques ne jouent un plus grand rôle.

Sur cette question controversée de la transmission et de la répartition des patrimoines, M. Beaussire propose plusieurs autres réformes, toutes inspirées par l'amour de la justice et très intéressantes à connaître; mais je ne veux pas, en suivant ses pas, écrire tout un traité sur la propriété. Il me suffit, en me bornant à quelques exemples, d'avoir donné une idée de l'indépendance d'esprit et de la hauteur de vue qu'il a apportées à l'étude de toutes ces questions.

Aussi j'ai la conviction que son nom restera dans la science du droit naturel. C'est à cette consolation que devront s'arrêter ses nombreux amis et ses lecteurs encore plus nombreux que sa mort récente a si profondément affligés.

ÉTUDES FAMILIÈRES

DE

PSYCHOLOGIE ET DE MORALE[1]

Ce volume, sans prétention, écrit d'un style simple et familier, au jour le jour, et consacré à des sujets très différents, offre cependant un grand intérêt. Les questions qui y sont traitées, toutes prises sur le domaine de la morale et de la psychologie, sans être indignes d'un moraliste et d'un psychologue de la valeur de M. Bouilllier, sont plus accessibles que d'autres à la grande majorité des esprits cultivés. On en jugera par cette simple énumération : de la responsabilité morale dans le rêve ; des sentiments des vivants à l'égard des morts et des effets de la distance sur la sympathie ; des compensations dans la vie humaine ; du temps dans le langage ordinaire.

De ces études à la fois si différentes et si restreintes,

---

1. *Études familières de psychologie et de morale*, par Francisque Bouillier, membre de l'Institut, 1 vol. in-18, librairie Hachette et Cie. Paris, 1884.

on aurait de la peine à tirer un système ou même une doctrine suivie. L'auteur n'y songe pas; il lui suffit que chaque fragment se recommande par lui-même. On peut dire cependant que tous procèdent et sont pénétrés d'un même esprit : l'esprit de fine analyse et de sagace observation que M. Francisque Bouillier a mis en œuvre dans tous ses ouvrages, particulièrement dans son traité devenu presque populaire : *Du plaisir et de la douleur*, et dans son livre : *De la vraie conscience*, dirigé contre les fantaisies les plus récentes du positivisme et de l'évolutionnisme.

De nombreux écrits, et non les moins curieux et les moins savants, ont été publiés sur le sommeil et les rêves. Il n'est pas sûr que le premier soit d'Aristote. Il ne l'est pas non plus que ceux de Maine de Biran, de Jouffroy, d'Albert Lemoine et de M. Alfred Maury soient les derniers. Mais ce n'est ni en psychologue ni en physiologiste, moins encore en métaphysicien, que M. Bouillier aborde ce sujet, c'est en moraliste. Le problème sur lequel il se propose de répandre quelque lumière est celui-ci : « Toute responsabilité disparaît-elle sitôt que le sommeil a succédé à la veille et que nos paupières sont closes? »

Si nous en croyons les poètes de l'antiquité, le sommeil est l'image de la mort. Selon les philosophes, soit anciens soit modernes, rien n'est plus faux. Nous vivons dans le sommeil comme dans la veille, et la première de ces deux vies, formée de nos songes, se compose des mêmes éléments que la dernière. Ces éléments, qui sont nos sensations, nos sentiments, nos pensées, nos perceptions, nos actions, ne diffèrent, d'un état à un autre, que par les rapports qui existent entre eux, ou par la manière dont ils se combinent les uns avec les autres. Pourquoi donc, responsables comme nous le sommes de quelques-uns de nos actes ou de nos projets, de quelques-uns de nos sentiments même, quand nous sommes éveillés, ne le serions-nous plus, à aucun degré, quand nous rêvons? Il y a plus : selon M. Bouillier, le rêve, malgré la confusion des images qu'il enfante, nous révèle quelquefois les motifs secrets de nos actions et de nos intentions et les passions qui occupent le fond de nos cœurs, avec plus de franchise que notre conscience de l'état de veille.

Les autorités que M. Bouillier cite à l'appui de son opinion sont très imposantes et appartiennent à tous les temps. Les anciens, en général, attribuaient aux songes le don de la divination, les Hébreux celui de la prophétie. Selon les stoïciens, l'âme, détachée du corps pendant le sommeil, a une vue supérieure des choses de la nature et se trouve plus rapprochée de la divinité. La Mothe Le Vayer et Charles Nodier étaient de l'avis des stoïciens et des Hébreux. Les auteurs du Talmud, que M. Bouillier oublie de citer, vont moins loin que ces deux écrivains modernes, dont l'un est cependant un apôtre du scepticisme : ils estiment que le songe est la soixantième partie de la prophétie. C'est peut-être à cette proportion que le réduisent Franklin et Marc-Aurèle, quand ils assurent avoir reçu dans leur sommeil des avis salutaires. Plus hardi que tous ses devanciers et ses successeurs, Jouffroy soutient que le sommeil ne nous prive d'aucune de nos facultés et que l'esprit veille pendant que le corps est endormi.

La conséquence directe de cette dernière opinion, mais une conséquence qui n'a jamais été avouée, c'est que nous ne sommes pas moins responsables des volontés que nous avons en rêve et que nous avons l'illusion de pousser jusqu'à l'exécution, que des actes que nous avons accomplis pendant que nous sommes éveillés. Malgré sa sévérité pour les gens endormis et quoique très disposé à leur appliquer une maxime de son invention : « Dis-moi ce que tu rêves et je te dirai ce que tu es », M. Bouillier recule devant cet excès de rigueur, que le prince des théologiens, saint Thomas d'Aquin lui-même, a condamné. Sans se laisser troubler par l'exemple de saint Augustin demandant pardon à Dieu des péchés qu'il a pu commettre en songe, l'auteur de la *Somme* nie expressément que le sommeil nous laisse l'usage de notre liberté : *In dormiendo ratio non habet liberum arbitrium.* M. Bouillier est du même avis ; il nous décharge de la responsabilité des rêves considérés en eux-mêmes, mais il nous demande compte des pensées et des actions coupables qui les ont provoqués. Cela est juste, mais on se demandera peut-être si cela ajoute quelque chose aux fautes que nous avons à nous reprocher étant éveillés. Hippocrate a vu dans les rêves un indice de la santé du corps ; M. Bouillier, à ce qu'il semble, en fait un indice de la santé de l'âme ou de la moralité. Encore cet indice est-il bien trompeur. Il y a de très honnêtes gens qui commettent en songe les plus grands crimes qu'on puisse imaginer, sauf à en éprouver, après, de cuisans remords, car le discernement du bien et du mal, du juste et de l'injuste n'est pas aboli dans le sommeil. Seulement, il ne s'exerce que sur les actes déjà accomplis ou que notre imagination abusée nous présente comme tels, il ne nous empêche pas de les accomplir.

Ce qui subsiste également dans le sommeil, au moins pour un très grand nombre de personnes accoutumées à raisonner, c'est, en dehors du domaine des perceptions et des faits, profondément altérés par les illusions du songe, le discernement du vrai et du faux, plus particulièrement de ce qui est logique et illogique. Combien de fois n'arrive-t-il pas qu'on soutienne une thèse par tous les arguments qu'elle comporte, en face d'un adversaire que l'imagination vous a créé, mais que vous voyez et que vous entendez! Que cet adversaire vous fasse une objection sérieuse, irréfutable, vous vous arrêtez tout court, vous souffrez de ne pouvoir lui répondre, et généralement dans cet état vous vous réveillez. C'est dans ce cas que l'opinion de M. Jouffroy est fondée, au moins en grande partie. Nos facultés perceptives sont endormies ou altérées; mais nos facultés intellectuelles restent actives et intactes. Cela seul suffirait pour établir un immense intervalle entre l'intelligence et les sens.

Je crois, en somme, qu'il est bien difficile, sinon tout à fait impossible de ramener les rêves à des lois générales. Ils varient à l'infini, non seulement suivant nos habitudes, suivant nos pensées et nos actions à l'état de veille, mais suivant les événements et les accidents dont nous avons été témoins, suivant les lectures que nous avons faites, suivant les conversations que nous avons eues ou entendues, et enfin, peut-être faudrait-il dire en premier lieu suivant les différents états de notre santé, et même suivant les conditions dans lesquelles se trouve tel ou tel de nos organes. Aussi me paraît-il d'une grande témérité de juger de l'homme éveillé par les songes de l'homme endormi et de lui attribuer dans ce dernier état le moindre degré de liberté et de responsabilité. Il y a des romans fabriqués de toutes pièces et avec une continuité étonnante par la puissance véritablement inconsciente du rêve, qui nous représentent, nous et nos amis ou les personnes que nous connaissons le mieux, je ne dirai pas comme très différents, mais comme absolument l'opposé de ce que nous sommes. Ce serait la peine de rechercher, sur les traces de Maine de Biran ou après le dernier volume de M. Vacherot [1], ce que deviennent alors l'unité et l'identité du moi; mais ce n'est pas ici le lieu d'aborder un tel problème, il nous forcerait à abandonner, dès le début, le volume de M. Francisque Bouillier.

En nous peignant les sentiments des vivants à l'égard des morts, M. Bouillier se relâche quelque peu de sa gravité ordinaire. Contre toute attente, ce sujet le porte à l'enjouement et lui inspire des réflexions très justes, au fond, et très fines, mais d'une tournure plus satirique que philosophique. Je ne puis résister au désir de citer au moins quelques lignes d'un passage, que son étendue, beaucoup trop

---

1. *Nouveau Spiritualisme*, in-8, 1884.

grande à mon avis, m'interdit de reproduire tout entier. Notre premier mouvement, quand nous apprenons la mort d'une personne que nous avons connue, est celui que Bossuet[1] a si bien décrit : « On n'entend dans toutes les funérailles que des paroles d'étonnement de ce que ce mortel est mort. Chacun rappelle en son souvenir depuis quel temps il lui a parlé, de quoi le défunt l'a entretenu ; et tout à coup il est mort. » Mais à cette impression, en succède une autre bien différente, sur laquelle M. Bouillier insiste de préférence et qu'il analyse en ces termes :

« A peine avons-nous, en quelque sorte, repris nos esprits; à peine nous sommes-nous, pour ainsi dire, tâté nous-mêmes afin de bien nous assurer que nous ne sommes pas atteints du même coup, une sorte de réaction a lieu. Nous nous retournons contre celui qui, par sa mort, est la cause de notre émoi, et qui, d'une façon si importune, nous a rappelé, une fois de plus, notre propre mortalité. Nous lui en voulons à ce mort d'avoir, en quelque sorte, donné un fort mauvais exemple....

« Il y avait en Égypte un tribunal où les morts étaient jugés; il semble que quiconque meurt, au moins chez nous, ait à passer devant un tribunal de ce genre, avec la différence qu'il ne s'agit pas de savoir comment il a vécu, mais comment il a commis la faute de se laisser mourir[2]. »

Cette injustice à l'égard des morts, qui ne s'arrête

1. *Sermon sur la mort.*
2. P. 99-100.

que devant le courage, l'héroïsme ou les pertes subies par nos affections, prend sa source dans le même égoïsme qui nous irrite contre les malheureux et contre les malades. Pour nous dispenser de les plaindre, ou nous venger de l'attention que nous sommes obligés de leur donner, nous soutenons qu'ils sont tombés dans le malheur, qu'ils ont perdu leur fortune ou leur santé par leur faute. Quelquefois même, sous prétexte de les éclairer ou de les prémunir contre des maux à venir, nous faisons étalage devant eux de notre sagesse ou du régime qui nous a valu notre vigueur. C'est ce que l'Écriture, à propos des amis de Job, appelle très ingénieusement des consolateurs onéreux, *consolatores onerosi*. On ne soupçonne pas jusqu'où peut aller cet endurcissement du cœur. J'ai connu un père qui, apprenant que sa fille, ruinée par le mari que lui-même l'avait forcée à accepter, était venue chercher un asile sous le toit paternel, refusa obstinément de la voir jusqu'à ce que toute la famille, à force de supplications, eût obtenu de lui la grâce de la coupable.

Pour nous en tenir aux morts, M. Bouillier reconnaît qu'ils nous inspirent souvent des sentiments d'une autre nature. Il en est que nous admirons, que nous regrettons, que nous plaignons d'avoir quitté trop tôt une vie qui les traitait avec faveur et dont ils savaient tirer parti pour le bien d'autrui. Mais peut-être ces observations eussent-elles été plus intéressantes si elles ne s'étaient pas arrêtées à la société moderne, et peut-être faudrait-il dire à la société française de notre temps. Les sentiments des vivants à l'égard des morts ont varié suivant les âges de l'humanité, suivant les degrés de la civilisation, suivant les croyances, suivant les races, suivant les mœurs, peut-être aussi suivant les formes de gouvernement quand elles ont duré un peu longtemps. Voyez, par exemple, quelle différence ils présentent quand vous passez des Égyptiens aux Hébreux, des Hébreux aux Grecs et aux Romains. Chez les Chinois, les morts sont honorés à l'égal de la divinité. Sous un gouvernement violent ou chez un peuple misérable où personne ne peut compter sur le lendemain, on ne songe pas à en vouloir aux morts de nous faire penser à notre propre fin, on les félicite d'être délivrés du fardeau de la vie. C'est cette opinion qui a donné naissance au bouddhisme, une religion professée par 400 millions de sectateurs et qui regarde comme le plus grand des bienfaits, non seulement la mort, mais l'anéantissement. Ces questions si étroitement liées à celle qu'a traitée M. Bouillier, n'appartiennent pas seulement à l'histoire, elles relèvent de la psychologie et de la morale. Il est vrai que ce n'est plus de la psychologie familière.

Ce qui est vraiment de notre temps et n'a jamais existé dans aucun autre, ce que M. Bouillier a raison de signaler comme une déviation d'un des meilleurs sentiments du cœur humain, c'est une singulière façon de secourir des désastres publics. Que la pitié se soit faite cosmopolite et ne connaisse plus de frontières; qu'en France, par exemple, elle s'exerce en faveur des inondés de Szegedin, des inondés de Murcie et des victimes de la catastrophe de Chio, aussi bien que de celles qu'a faites le choléra à Marseille et à Toulon, rien de mieux, c'est ce qu'on peut appeler un véritable progrès. Mais ce qui afflige M. Bouillier et devrait contrister avec lui toutes les âmes saines, c'est que cette victoire de la pitié soit une occasion de triomphe pour la vanité et la folie et puisse être considérée comme une marque d'insensibilité. « Est-il convenable, dit-il, qu'un malheur soit l'occasion immédiate d'une fête d'autant plus brillante et bruyante que le malheur aura été plus grand? Je n'aime pas que des orchestres joyeux retentissent jusqu'aux oreilles des victimes à soulager; je trouve de mauvais goût cet étalage extérieur de luxe, cet empressement à s'amuser et à se divertir au milieu des calamités publiques, en raison même de la grandeur de ces calamités, à côté de veuves et d'orphelins, d'ouvriers sans travail et sans pain. Ceux qui organisent ces fêtes devraient toujours avoir présentes à l'esprit ces paroles de La Bruyère : « En face de certaines misères « on a honte d'être heureux. »

Les loteries de bienfaisance n'ont pas le même inconvénient; mais elles en ont un autre, peut-être plus grave, surtout quand elles montrent en perspective aux pauvres et aux malheureux de subites fortunes représentées par des lots de 100 000 et de 500 000 francs. Elles substituent à la charité la fièvre du lucre et l'espérance de devenir riches sans l'avoir mérité par le travail. Ne vaudrait-il pas mieux se contenter de secours un peu moins abondants que de les provoquer par des mesures aussi corruptrices? Les plus malheureux alors ne sont pas ceux qu'on pense. Si ce jugement paraît trop sévère à ceux qui pensent avec une société fameuse que la fin justifie les moyens, je me fais un devoir de leur déclarer qu'il ne doit pas être mis sur le compte de M. Bouillier.

Le morceau le plus curieux de ce petit volume, c'est, à mon avis, celui qui traite des compensations dans la vie humaine. De tout temps, mais surtout chez les modernes, on s'est demandé si les hommes, si inégaux par tout le reste, ne nous offraient pas, au contraire, une égalité parfaite par la somme des biens et des maux dont se compose leur existence. Cette question a été résolue de deux manières : par l'opinion générale ou le sentiment plus ou moins réfléchi des moralistes, et par les systèmes des philosophes.

L'idée des compensations ou la supposition d'un partage égal des biens et des maux peut indifféremment servir la cause du pessimisme ou celle de l'optimisme. C'est en faveur de l'optimisme que l'opinion générale et la grande majorité des moralistes l'ont fait valoir, et cela dans un temps où les conditions sociales étaient bien plus inégales qu'aujourd'hui.

« Contentement passe richesse », dit un proverbe populaire. On croyait donc, je n'oserais pas affirmer que l'on croit encore, qu'on peut être heureux sans être riche, par conséquent sans avoir aucun des avantages que la fortune accompagne ordinairement. Pour plusieurs de nos grands écrivains du XVIIe et du XVIIIe siècle, la compensation se présentait sous une autre forme. « La vie est courte, dit Mme de

Sévigné, c'est la consolation des misérables et la douleur des gens heureux. »

La Bruyère exprime la même pensée en se servant presque des mêmes termes : « Si la vie est misérable, elle est pénible à supporter ; et si elle est heureuse, il est horrible de la perdre [1] ». L'auteur des *Caractères* va même jusqu'à donner la préférence aux pauvres et aux petits sur ceux qu'on regarde comme les privilégiés de ce monde. « Si je compare ensemble, dit-il, les deux conditions des hommes les plus opposées, je veux dire les grands avec le peuple, ce dernier me paraît content du nécessaire et les autres sont inquiets et pauvres avec le superflu. » Puis il termine par cette réflexion qu'on serait moins étonné de trouver sous la plume d'un contemporain de Rousseau que sous celle d'un écrivain du siècle de Louis XIV : « Le peuple n'a guère d'esprit et les grands n'ont point d'âme ; celui-là a un bon fond et n'a point de dehors ; ceux-ci n'ont que des dehors et qu'une simple superficie.... Faut-il opter ? je ne balance pas, je veux être peuple. » La Rochefoucauld et Vauvenargues croient aux compensations et, en dépit des différences extérieures, ils estiment qu'il y a équivalence entre tous les numéros que nous pouvons tirer à la loterie de la vie.

Chez les différents penseurs que nous venons de citer, les compensations se présentent comme une idée isolée qui ne joue qu'un rôle tout à fait secondaire.

---

[1]. P. 102, 103.

Mais il y a des philosophes qui en ont fait un système, le seul vrai, à les en croire, et le seul propre à résoudre toutes les difficultés de l'ordre naturel et de l'ordre social. Le plus connu de ces systèmes est celui auquel Azaïs a attaché son nom. M. Bouillier nous apprend qu'Azaïs a eu un prédécesseur qui valait mieux que lui et dont il s'est borné à exagérer ou à dénaturer les principes. C'est Antoine de la Salle, le traducteur fort inexact et aujourd'hui très oublié des œuvres de Bacon ; l'auteur encore plus oublié, s'il est possible, des ouvrages dans lesquels il a développé sa propre philosophie : *le Désordre régulier* ; *la Balance naturelle* ; *la Mécanique morale*. La biographie de ce personnage étant restée en partie inédite et comme à l'état d'une obscure tradition, c'est avec beaucoup de peine que M. Bouillier est parvenu à la reconstituer ; mais quelle étrange destinée elle nous révèle ! Fils d'un Montmorency, celui qu'on appelait Montmorency-Pologne ou Montmorency le Pauvre, Antoine de la Salle, après une vie de voyages, d'aventures, de misères de toute espèce, mourut à Paris, à l'Hôtel-Dieu, en 1829. Au milieu des plus cruelles souffrances et du plus affreux dénuement, il ne cessa jamais de professer cette maxime que « dans la vie humaine, la somme des biens dépasse celle des maux ». La conclusion de son système est tout entière dans ces mots : « Si l'Être suprême a daigné semer de quelques épines cette vallée qu'il dépend de nous de couvrir de fleurs et de fruits, c'est afin de nous éveiller par la pointe du mal et de rouvrir nos yeux imbéciles sur les biens de toute espèce dont il nous a entourés » ;

Un des nombreux prédécesseurs de Schopenhauer, Maupertuis, dans son *Essai de philosophie morale*, soutient précisément le contraire. « Si Dieu, dit-il, supprimait pour nous tout le temps que nous voudrions supprimer, peut-être la durée de la vie la plus longue se réduirait-elle à quelques heures. » Un philosophe contemporain d'Antoine de la Salle, Mérian, nous refuse même ces quelques heures. A l'en croire, la peine l'emporte sur le plaisir tout à la fois par la durée et par l'intensité.

Comment faire un choix entre deux opinions contraires dont chacune s'appuie sur d'aussi fortes raisons et sur des autorités si considérables? Je crois que le mieux est de n'en pas faire et de considérer la vie, non au point de vue du bonheur qui est purement relatif, purement subjectif et qui varie suivant les individus, au gré des dispositions changeantes de chacun d'eux, mais au point de vue des obligations que la vie nous impose et de la dignité que nous pouvons y mettre. Pris en lui-même, le système des compensations ne repose que sur des évaluations arbitraires, et, quelle qu'elle soit, la conclusion qu'on en tire ne peut être que dangereuse. Le pessimisme conduit au désespoir et l'optimisme rend égoïste. Si toutes les conditions sont heureuses au même degré, quels efforts feront la société et l'individu pour remédier à la misère, à l'ignorance, à l'immoralité elle-même? Si tout est pour le mieux, laissons aller les choses comme elles vont, sans rien demander ni à la charité privée ni à la prévoyance publique. Pour être sûr de ne pas nous tromper, il suffit de ne faire entrer dans nos calculs que ce qu'il y a de meilleur dans la nature humaine : l'intelligence et l'activité employées à la poursuite du vrai, du beau et du bien; les nobles et saintes affections; le sacrifice de notre intérêt particulier aux intérêts généraux de notre espèce et de la société à laquelle nous appartenons.

NOUVELLES ÉTUDES FAMILIÈRES
DE
PSYCHOLOGIE ET DE MORALE [1]

La psychologie est en grande faveur aujourd'hui; elle n'occupe pas seulement nos philosophes, mais nos poètes, nos criminalistes et surtout nos romanciers. On nous donne la psychologie du crime, de la folie et de toutes les espèces d'amours. Je viens de lire en italien et dans une traduction française plusieurs gros volumes où l'on prétend nous prouver que l'on naît criminel, assassin, adultère, voleur, comme on naît brun ou blond, grand ou petit, vigoureux ou chétif, et que tout le Code pénal est à remplacer par un nouveau système d'hygiène ou de thérapeutique. D'autres nous apprennent que les différences que nous établissons entre le vrai et le faux, entre la raison et le délire sont purement imaginaires,

---

[1]. *Nouvelles Études familières de psychologie et de morale*, par Francisque Bouillier, membre de l'Institut. — 1 vol. in-12, librairie Hachette et Cie, Paris, 1887.

que toutes nos idées se valent, ainsi que les actions qu'elles suggèrent, que les unes et les autres sont des faits que la vraie science se borne à constater, que le vrai talent se borne à décrire sans avoir la prétention de les qualifier. A plus forte raison en est-il ainsi des passions dont une vieille habitude du langage a placé le siège dans le cœur. Elles ne sont par elles-mêmes ni belles ni laides, ni coupables ni innocentes, ni viles ni généreuses; c'est la société qui leur impose ces épithètes dans l'intérêt de ses conventions, sans ignorer que personne n'est libre de les maîtriser quand un enchaînement fatal de circonstances les a fait naître.

Telle n'est pas la psychologie de M. Francisque Bouillier, même quand il nous la présente comme un résultat d'observations familières. Les études auxquelles il attribue ce caractère et qui forment une grande partie de son nouveau volume, sont les études d'un maître. Dans le nombre, il en est surtout deux qui m'ont captivé par la finesse des aperçus que l'auteur y a répandus et l'intérêt qu'il a su prêter à des sujets qui sont loin d'être nouveaux. L'un de ces morceaux a pour titre : « De l'oubli », et l'autre : « Amour de soi, amour des autres ».

M. Bouillier distingue avec raison entre l'oubli et l'amnésie. L'amnésie, c'est l'effet que certaines maladies produisent sur notre mémoire ou plutôt sur quelques-uns de nos sens dont la mémoire dépend immédiatement. L'oubli est un fait qui se produit dans l'état sain, c'est une défaillance de la mémoire à laquelle n'échappent point même les plus riches et les plus vigoureuses intelligences. Il ne faut pas s'en plaindre, car sans elle nous succomberions sous le poids des idées accumulées sans relâche dans notre esprit et dont la confusion s'accroîtrait en raison directe de leur nombre. On a dit, non sans raison, que l'oubli était la condition de la mémoire. Mais de même qu'il y a plusieurs sortes de mémoires : la mémoire des lieux, la mémoire des temps, la mémoire des formes, la mémoire des nombres, la mémoire des idées, la mémoire des mots, il y a aussi plusieurs sortes d'oublis. Il y a des oublis définitifs, contre lesquels il n'y a pas de recours ni de remède, comme celui qui engloutit les trois ou quatre premières années de notre vie, ou quelques-uns de nos songes, dont nous nous autorisons pour affirmer que nous n'avons pas rêvé. Il y a des oublis temporaires, dont nous sortons par quelque circonstance fortuite ou en vertu d'une association d'idées qui s'est faite à notre insu. Il y a des oublis intermittents et des oublis continus. A peu d'exceptions près, ils sont tous involontaires. Mais il y en a aussi que nous avons provoqués, en détournant notre esprit, avec persévérance, des choses dont il nous est pénible de nous souvenir, comme on détourne les yeux des objets que nous ne voulons pas voir. En général, on ne tient pas assez compte, et peut-être M. Bouillier n'a-t-il pas assez parlé, de l'immense pouvoir que la volonté exerce sur la mémoire. Si la mémoire qui, après les organes des sens et les instincts de la vie animale, est certainement la plus matérielle de nos facultés, a sa vieillesse et ses maladies, la volonté en diminue et en paralyse les effets par la force de l'attention. Elle a un moyen efficace de conserver ses trésors dans la résolution de ne pas les lâcher et dans l'ordre avec lequel elle a pris soin de les ranger. De quelque nom qu'on l'appelle, il y a, après tout, dans notre vie, une force qui commande et des instruments qui obéissent. Seulement, il ne faut pas laisser cette force de commandement se paralyser faute d'exercice.

Parmi tous les objets de notre connaissance, il n'y en a pas qui soient plus accessibles à l'oubli et qui s'effacent plus vite sous la main du temps que les noms propres. Les noms les plus familiers et même notre propre nom ne sont pas à l'abri de cette infirmité. Pline l'Ancien en cite un exemple mémorable. J'y joindrai celui de Mme de Bawr, l'auteur de *Suite d'un bal masqué* et l'épouse temporaire du fondateur du saint-simonisme. Un jour qu'elle s'était égarée dans cette jolie partie aujourd'hui détruite du Luxembourg qui s'appelait « la Pépinière », on eut beaucoup de peine à la ramener chez elle, parce qu'elle avait oublié momentanément son nom et celui de sa rue. Les efforts souvent très pénibles que nous faisons pour reconstituer dans notre souvenir ces noms oblitérés ressemblent beaucoup à un travail d'articulation intérieure et ne sont peut-être pas autre chose. Comme ce travail tout organique ne se lie, quand il s'agit de noms propres, qu'à une seule idée, on comprend qu'on en perde facilement l'habitude, qu'il faille un acte énergique de volonté pour l'exécuter à nouveau quand il a été négligé, et qu'il se ressente plus vité des atteintes de l'âge que les souvenirs d'une nature purement intellectuelle.

Une question secondaire, mais particulièrement intéressante, se rattache à l'étude de la mémoire. Puisqu'un grand nombre de nos idées ont la propriété de disparaître de notre esprit pour y renaître ensuite au bout de plus ou de moins de temps, que deviennent-elles pendant la durée de leur absence? Sont-elles entièrement annihilées ou en reste-t-il encore quelque chose, et sous quelle forme pouvons-nous concevoir ce qui en reste? Ce problème de haute psychologie est discuté par M. Bouillier avec beaucoup de sagacité et de vigueur. On peut regarder comme décisifs les arguments qu'il oppose à l'opinion d'après laquelle des idées oubliées sont des idées anéanties. Il démontre que dans l'ordre intellectuel et moral, comme dans l'ordre physique, rien ne se perd de ce qui a une fois existé et que l'habitude ne suffit pas pour rendre à l'intelligence une pensée, une perception, une connaissance dont elle n'a conservé aucune trace. Il admet qu'il y a en nous des idées latentes qui, sous l'empire de certaines circonstances ou d'un certain travail de l'esprit, apparaissent au grand jour, et que ces idées, quoique inaperçues, ont bien leur siège dans notre pensée, que ce ne sont pas des vestiges matériels laissés dans notre cerveau. Il est bien difficile de ne pas donner raison à M. Bouillier, quand on songe qu'il y a dans notre âme, à l'état latent, des phénomènes, des forces, des facultés de plus d'une espèce, et même des actes dont la négation serait un véritable paradoxe. Est-ce que nous n'avons pas nos passions latentes, amours, haines ou rancunes, nos espérances latentes, nos chimères latentes, nos désirs latents, nos facultés latentes qui n'attendent pour éclater qu'une occasion favorable, une excitation venue du dehors, ou simplement la cessation d'une contrainte? « Les facultés inconnues de l'âme humaine », tel est le titre d'un mémoire communiqué, il y a déjà longtemps, par M. de Rémusat à l'Académie des sciences morales et politiques, et que M. Bouillier cite très à propos en faveur de sa thèse. J'ajouterai qu'il y a aussi des actes de volonté, d'attention et de raisonnement, des consécutions, comme dirait Leibniz, qui, commencés en état de veille dans la pleine lumière de la conscience, se poursuivent à notre insu, quand nous croyons être entièrement occupés d'autre chose, et persistent jusque dans notre sommeil, jusque dans nos rêves. A qui n'est-il pas arrivé de chercher, avant de s'endormir, un souvenir qui lui échappe, une citation, un mot, surtout un nom propre, et de le trouver tout à coup en se réveillant? D'où cela vient-il? De ce que le travail de l'esprit a continué pendant que nous dormions. C'est de la même manière que nous sortons quelquefois d'une grave incertitude ou que nous apercevons tout à coup la solution d'un problème vainement agité durant tout un jour. On a souvent fait la remarque que les écoliers qui ont laborieusement étudié leur leçon avant de se coucher la savaient très bien le matin au sortir de leur lit. Seulement il résulte de cette observation que c'est là un mauvais régime pour la santé des enfants.

Quels sont les moralistes qui ne se sont pas occupés de l'amour de soi, la plupart pour le blâmer, quelques-uns pour nous montrer en lui l'unique mobile de nos actions ou pour expliquer comment, pourvu qu'il soit éclairé, il peut suppléer à toutes les vertus? C'est dans un tout autre esprit qu'en parle M. Bouillier. L'amour de soi, tel qu'il le comprend, ce n'est pas l'égoïsme. L'égoïsme est un excès, une corruption, un attachement exclusif à notre intérêt personnel, un vice justement condamné par la saine morale. L'amour de soi, au contraire, se concilie parfaitement avec l'amour des autres. Ces deux amours, s'ils ne se confondent pas absolument, peuvent du moins être considérés comme deux frères issus de la même origine. Au fond, M. Bouillier est convaincu de leur identité, car toutes ses observations tendent à cette conclusion finale : « Dans la vraie acception psychologique, l'égoïsme ou l'amour de soi, tel que la nature l'a mis en nous, comprend non seulement nous-mêmes, mais tout ce qu'il y a de nous dans les autres [1] ».

Cette règle est vraie pour l'immense majorité des hommes et la plupart des affections qui les attachent les uns aux autres, même les plus désintéressées en apparence; mais, heureusement pour l'honneur de notre espèce, elle n'est pas toujours vraie, elle ne s'applique point à tous les hommes ni à tous les sentiments du cœur humain. On est quelquefois obligé de renverser la proposition de M. Bouillier et de dire :

1. P. 308.

ce qui nous attache le plus fortement à nous-mêmes, c'est ce qu'il y a des autres, ou de quelque autre chose que nous, en nous. En dépit des railleries des sceptiques et des lamentations des pessimistes, il y a des êtres qui sont pour nous des types vivants de la perfection, et qui, sans tenir à notre personne par aucun lien de nature ou de société, nous inspirent un tel degré d'admiration et d'amour que nous n'attachons de prix à notre existence qu'en raison de ce sentiment. C'est là sans doute un des effets de l'amour humain élevé à sa plus haute puissance et revêtu de sa forme la plus poétique. Mais l'amour divin, tel que l'ont conçu les âmes mystiques de toutes les croyances et même celles qui ne cédaient qu'à la pure philosophie, a souvent produit dans une sphère supérieure les mêmes résultats. Quelquefois la charité et une pitié profonde, une pitié tout humaine suffisent pour nous faire estimer notre vie par ce qu'elle vaut pour le soulagement de ceux qui souffrent. C'est encore cette merveilleuse abnégation qui s'offre à nous quand nous nous élevons de la sphère des sentiments à celle des idées. Le vrai savant, le vrai poète, l'artiste vraiment voué au culte du beau — il y en a toujours eu, il y en a encore, — ne font cas de leur existence que parce qu'elle profite à la science, à la poésie et à l'art. Ils appartiennent à ces choses idéales et ne songent pas à les faire rentrer dans leur personnalité. Nous en avons un exemple mémorable dans notre histoire : c'est Lavoisier demandant au tribunal révolutionnaire un sursis de quinze jours pour terminer une expérience commencée.

Le livre de M. Bouillier n'est pas consacré tout entier à la psychologie. La politique et même la politique contemporaine, sous prétexte qu'un certain nombre de ses effets sont justiciables de la morale, y tient une très grande place. On peut dire qu'elle est le principal, sinon l'unique sujet du deuxième morceau, annoncé comme une « étude sur la lâcheté ». M. Bouillier ne s'y montre pas tendre pour les erreurs et les faiblesses de notre temps. Ces erreurs et ces faiblesses, il n'entre pas dans ma pensée de les contester; mais je ne puis admettre qu'elles dérivent toutes d'une source unique : de la lâcheté des hommes de notre génération. C'est un véritable réquisitoire, et non un des moins violents qui aient jamais été écrits ou prononcés contre tous ceux qui remplissent aujourd'hui dans notre pays un rôle officiel : contre le gouvernement, contre la Chambre, contre le Sénat, contre les électeurs, contre les magistrats, contre le jury. C'est le cas de s'écrier avec Alceste :

> Vous n'épargnez personne et chacun a son tour.

Tous, à en croire M. Bouillier, se conduisent en lâches, tous trahissent leurs devoirs, moins par intérêt que par peur. Ils ont peur les uns des autres, et c'est pour cela qu'aucun d'eux n'ose dire ni défendre la vérité.

Dans tous les temps agités, la faiblesse du caractère joue son rôle, et l'époque où nous vivons paye son tribut à la loi commune. Il y a donc du vrai dans le reproche que lui adresse M. Bouillier. Mais ce qui nous manque dans la période que nous traversons, ce n'est pas tant la bravoure que la conviction. Il n'y a de conviction ni de principe, nulle part, ni en politique, ni en morale, ni en religion, ni en philosophie, ni en économie politique, sans que nous puissions cependant nous faire passer pour des sceptiques. Le scepticisme est une doctrine, est un système qui se justifie par des raisons, qui a la prétention de rester fidèle à lui-même et de ne pas céder au premier appel de notre intérêt ou des circonstances extérieures. Nous n'en sommes pas là; le doute même nous manque comme parti pris. Nous sommes prêts à nous ranger derrière ceux qui crient le plus fort; et ce qui crie le plus fort, c'est l'appétit, c'est l'envie, c'est l'ignorance. Il y a même, au milieu de nous, je n'ose pas dire un grand, mais un nombreux parti politique, qui a longtemps tenu le pouvoir dans ses mains, et qui fait de tout une question de temps, une question d'occasion, une question d'opportunité; de sorte que pour lui le vrai et le faux, le bien et le mal n'existent pas. Ne lui demandez pas ce qu'il pense sur telle ou telle question, demandez-lui ce qu'il attend.

C'est encore la politique, plus ou moins mêlée à la morale et à la psychologie, qui fait le fond de trois autres chapitres : « De la justice historique »; — « Corruption de la langue par la mauvaise foi industrielle et politique »; — « Patriotisme et fêtes publiques, ou enseignement historique populaire ». Tous les trois offrent un mélange de bon sens et de passion, de fine raillerie et de colère contenue, qui en fait une lecture très attrayante ; mais, ne pouvant m'y arrêter autant que je le voudrais, je dirai seulement quelques mots des deux derniers.

Les langues les plus nobles et les plus pures, en passant de l'élite de la société dans l'usage des classes vouées à des occupations vulgaires ou simplement spéciales, subissent une corruption inévitable. Chaque profession adopte les locutions dont elle a besoin, et, à tous les changements accomplis dans les idées, dans les habitudes et dans les mœurs, correspondent des changements de langage. Mais ce phénomène, qui est universel, se produit plus rapidement et dans une plus grande étendue chez les peuples modernes, qui jouissent, par conséquent qui abusent, de la liberté de la parole et de la presse, inséparable elle-même de la liberté de la tribune. On comprend dès lors tous les subterfuges, toutes les sophistications verbales que les partis ou les ambitions individuelles sont obligés d'inventer pour dissimuler leurs manœuvres, plus souvent encore pour masquer leurs fautes. Passez de la politique dans l'industrie, vous trouverez les mêmes stratagèmes. Avec la liberté du prospectus, avec le charlatanisme autorisé des annonces, les opérations les plus suspectes prennent des noms honnêtes. C'est cela qui révolte M. Bouillier, et il cite, en effet, des exemples plaisants des métamorphoses subies par certains mots. Ainsi la fraude qui consiste à vendre de l'eau pour du vin s'appelle aujourd'hui la liberté du mouillage, et cette liberté est revendiquée sur le même ton que si elle faisait partie des droits de l'homme et du citoyen. Mais il n'y a pas lieu d'attacher trop d'importance à ces mensonges publics. Personne n'y croit et ils n'abusent que des victimes volontaires. Ces victimes-là, aucune loi ni aucune vigilance de l'administration ne pourra les sauver. Il y en a toujours eu, il y en aura toujours ; M. Bouillier lui-même, dans sa bonne foi, nous fournit des arguments contre l'exagération où il se laisse entraîner. Il nous apprend que déjà Addison, dans un temps et dans un pays essentiellement monarchiques, a rencontré devant lui les falsifications de fait et les altérations de langage dont nous sommes si justement scandalisés.

Sur ce dernier point, d'ailleurs, le *cant* anglais ne se montre pas inférieur à la démocratie française. Ce n'est certainement pas une marque de pureté dans les mœurs et de franchise dans les esprits d'appeler l'adultère « une conversation criminelle » ; de dire qu'une femme est « dans une position intéressante » quand elle est simplement grosse, et de demander ou d'offrir à table « la jambe d'un poulet » quand il s'agit de la cuisse de ce volatile. On a remarqué que les malfaiteurs eux-mêmes se servaient d'expressions d'une étrange délicatesse pour désigner les choses les plus horribles. L'échafaud, dans la langue qu'ils se sont créée, au moins pour un temps, car on assure qu'ils en changent souvent, c'est « l'abbaye de Monte-à-Regret ». Verser le sang d'un homme, c'est « faire suer le chêne ». Être aux prises avec un procès où il y va de la vie, c'est « avoir une fièvre cérébrale ». Les juges sont des « curieux », et la conscience, c'est la « muette ». La maxime de La Rochefoucauld sur l'hypocrisie en action s'applique parfaitement à l'hypocrisie du langage : c'est un hommage que le vice rend à la vertu.

Tous les Français de bon sens qui aiment sincèrement leur pays, seront d'accord avec M. Bouillier quand il exprime le regret que, au lieu de ces fêtes publiques successivement introduites et successivement emportées par les révolutions ou par des gouvernements temporaires, nous n'ayons pas une fête nationale, une véritable fête de la patrie qui soit, pour le peuple tout entier, une source de joie et un salutaire enseignement. Il en imagine plusieurs dont la plus facile à réaliser serait la fête de Jeanne d'Arc, célébrée dans toute la France, comme un jeune député en a fait la proposition il y a quelques années; ou une revue militaire dans laquelle les anciens uniformes et le souvenir des anciens exploits se mêleraient à ceux du temps présent. Je ne sais laquelle des deux aurait le plus de chances de succès ; aucune peut-être n'en a de bien sérieuses. Ce qui est hors de doute, c'est que la solennité du 14 juillet présente de graves inconvénients. La chute de la Bastille, une fois la Révolution admise en principe, a été un fait inévitable; mais ce n'est pas le fait capital de la Révolution, et il s'est produit dans des circonstances qui ne permettent pas de l'offrir en exemple. Aussi ne peut-on pas dire qu'il exalte beaucoup les esprits, ni que la commémoration en soit attendue chaque année avec une fiévreuse impatience.

Ne soyons pourtant pas trop difficiles, nous pourrions avoir pis que cela, nous autres Parisiens. Dieu veuille que nous ne soyons pas forcés d'illuminer prochainement nos maisons pour faire accueil à la mairie centrale, c'est-à-dire à l'avènement de la troisième Commune ! Les dernières élections municipales ne sont pas précisément faites pour nous rassurer.

ESSAI

SUR LE

GNOSTICISME ÉGYPTIEN[1]

SES DÉVELOPPEMENTS ET SON ORIGINE ÉGYPTIENNE

I

Cette thèse est un livre qui, par le sujet qui y est traité et l'érudition peu commune, les connaissances spéciales dont l'auteur fait preuve en les éclairant d'une saine critique, commande à un très haut degré l'intérêt et l'attention.

Tout le monde sait quelle place tient le gnosticisme dans l'histoire intellectuelle et religieuse des premiers siècles du christianisme. Combattu à la fois par l'école platonicienne d'Alexandrie et par les Pères de l'Église, il n'a pas cessé d'exister, comme le croit M. Amélineau, vers la fin du viiie siècle, mais il exerçait encore

---

1. *Essai sur le gnosticisme égyptien, ses développements et son origine égyptienne*, thèse pour le doctorat ès lettres, par M. E. Amélineau. — 1 vol. in-4 de 332 pages, chez Ernest Leroux, éditeur, Paris, 1887.

en France, en Italie, dans le sud de l'Europe, une grande puissance jusqu'à l'époque la plus florissante du moyen âge. Les cathares ne sont en effet qu'une de ses ramifications les plus populaires.

Quoique le gnosticisme ne nous soit connu que par les Pères de l'Église, principalement par saint Irénée, saint Épiphane et l'auteur encore douteux aujourd'hui des *Philosophumena*; quoique dans les temps modernes il n'ait occupé de lui que des écrivains ecclésiastiques et que dans le siècle même où nous vivons les savantes recherches auxquelles il a donné lieu soient dues uniquement à des théologiens de profession ou à des érudits imbus de l'esprit théologique, il n'est pas d'une moindre importance pour la connaissance approfondie de certains systèmes de philosophie que pour celle d'un grand nombre d'opinions religieuses, plus ou moins voisines ou émules ou franchement ennemies des croyances chrétiennes. Ainsi, dans la doctrine de Basilide, antérieure de plus de deux siècles à Plotin et d'un siècle au moins à Ammonius Saccas, il est impossible de ne pas reconnaître les fondements métaphysiques du platonisme alexandrin. C'est peut-être pour cela que Plotin, sans nommer personne, sans distinguer entre les hommes et entre les systèmes, a écrit un livre contre les gnostiques. Il ne se souciait pas de reconnaître de pareils ancêtres, et son exemple a été imité par Porphyre. Puisque nous touchons à ce sujet, nous reprocherons tout de suite à M. Amélineau de n'avoir pas indiqué plus souvent ces curieux rapports entre les gnostiques et les philosophes.

Faut-il lui accorder que le gnosticisme n'est qu'un pur syncrétisme, c'est-à-dire une simple juxtaposition des doctrines les plus diverses et souvent les plus opposées par leur nature et leur origine? On l'a souvent dit et à force de le répéter on en a presque fait un axiome historique; mais ce prétendu axiome est loin d'être une vérité, au moins pour tous les systèmes gnostiques. Les plus célèbres d'entre eux, en particulier ceux de Basilide et de Valentin, celui de Marcion également, ne tendent à rien moins qu'à former une synthèse complète et définitive de toutes les croyances et de toutes les idées dont l'humanité a besoin ou dont elle peut se servir pour se rendre compte de son origine, de sa nature, de sa fin, de son passé et de son avenir, en un mot de tous les problèmes de l'existence, de toutes les contradictions de la vie, résumées dans celles du bien et du mal. Les religions et les philosophies, surtout les plus anciennes d'entre elles, étaient également mises à contribution en vue de ce résultat. Rien de plus logique; car si la vérité existe et si elle est accessible à l'âme humaine, elle est une, elle est universelle, elle est éternelle. Les fondateurs du gnosticisme, assistant aux succès du christianisme naissant, ont essayé de s'en emparer et de l'absorber dans leur propre enseignement au moyen d'une explication allégorique ou d'un mysticisme surhumain, d'une gnose comme on l'appelle généralement. Mais aucun d'eux n'était chrétien, même quand il avait consenti à recevoir le baptême. Ils absorbaient de la même manière le polythéisme, le vieux polythéisme de l'Orient, de l'Égypte et de la Syrie, non celui de la Grèce, sans qu'aucun d'eux puisse être considéré comme polythéiste. Les bases dont ces audacieuses constructions avaient besoin pour se tenir debout et s'accorder tant bien que mal avec elles-mêmes, ils savaient les tirer de leur propre fonds, à moins qu'ils ne les trouvassent dans quelque métaphysique ésotérique dont le nom et la vraie patrie nous échappent. C'est cela même qui, malgré le prestige qu'il exerça d'abord, perdit le gnosticisme dans l'esprit des masses. On ne gouverne pas les hommes par des abstractions ontologiques, car l'on a de la peine à en faire sortir des règles de conduite assez fermes et assez précises pour contenir les passions de l'individu et assurer la sécurité de la société.

M. Amélineau aurait eu trop à faire s'il avait voulu relever toutes les erreurs et toutes les inexactitudes des savants modernes qui ont eu la prétention d'écrire l'histoire critique du gnosticisme. Il se contente d'en signaler les causes qui se ramènent à deux principales. Quand ces savants, entre autres Neander et Baur en Allemagne, Matter en France, ont publié leurs travaux, on connaissait encore très imparfaitement les langues de l'Orient, particulièrement celles de l'Inde, de l'Égypte et de l'ancienne Perse, les trois pays auxquels les gnostiques ont fait de nombreux emprunts, et l'on ignorait entièrement l'existence d'un monument indispensable à la connaissance du gnosticisme, celle des *Philosophumena* faussement attribués à Origène par celui-là même qui les a découverts. M. Amélineau, sans se prononcer comme l'a fait M. Denis dans son beau livre sur Origène, sur la paternité de ce précieux document, en fait un fréquent usage en le comparant aux écrits d'Irénée, de saint Épiphane et de Clément d'Alexandrie. Cette comparaison, faite avec soin et avec impartialité, lui laisse la conviction que c'est dans les *Philosophumena* qu'on trouve les renseignements les plus précis, les plus complets et les plus anciens sur les éléments très divers dont la gnose a été formée. Ces éléments une fois mis au jour, il ne reste plus qu'à en chercher l'origine première à une source plus haute, si on peut la trouver.

Ces considérations générales, dont il n'était guère possible de se passer, forment la matière d'une courte, mais très instructive *introduction*, où M. Amélineau nous donne la meilleure idée de son esprit critique, de sa familiarité avec tous les auteurs qui de près ou de loin ont touché à son sujet, et de la conscience avec laquelle il les a consultés. Il nous apprend et nous prouve par ses citations que, non content d'explorer les sources connues, les sources grecques et latines de l'histoire du gnosticisme, il a mis à contribution des manuscrits coptes et des textes hiéroglyphiques.

La thèse proprement dite se divise en trois parties : la première est consacrée à Simon le Magicien et à ses deux disciples immédiats Ménandre et Satornilus; la seconde à Basilide et la troisième, la plus importante et la plus étendue, à Valentin.

Simon, qu'il faut appeler le Magicien et non le Mage, puisque la magie a pris une place considérable dans son école, n'appartient pas sans doute à l'Égypte et n'a emprunté à ce pays aucune partie de son enseignement; mais il est le véritable père, le fondateur du gnosticisme, et si on ne le fait pas remonter jusqu'à lui, le gnosticisme égyptien n'est pas plus facile à comprendre que le gnosticisme de Syrie et celui de l'Asie Mineure, auxquels on donne pour principaux chefs Bardesane et Marcion. Quelques érudits allemands, entre autres Baur, un des représentants les plus éminents de l'école de Tubinge, ont voulu faire de Simon un personnage légendaire sous le nom duquel les auteurs des Actes des Apôtres ont représenté l'antagonisme de saint Pierre et de saint Paul. M. Amélineau fait justice de cette supposition, on pourrait dire de cette invention. Il établit par des arguments sans réplique, par des textes précis tirés surtout des *Philosophumena* et par la croyance unanime d'une longue suite de docteurs appartenant à toutes les écoles, que Simon le Magicien est bien un personnage réel né à Gittha, aujourd'hui Gitthoï, en Samarie, qui a vécu quelque temps à Tyr, où il a rencontré sa fameuse Hélène, et qui est mort à Rome de la façon que nous allons dire.

Quelles que soient et de quelque manière qu'on juge ses doctrines, il est difficile, je crois, de refuser à Simon la sincérité. Elle est attestée par ses rapports avec les apôtres Pierre et Jean et par sa mort. Quoi! voilà un homme à qui tout le monde dans Samarie attribue la puissance des miracles et qui passe, qui se donne lui-même pour une incarnation d'une des vertus, de la grande vertu de Dieu; et cet homme, après avoir accepté le baptême, va prier les apôtres de lui conférer le don du Saint-Esprit! La manière dont il le demande n'est pas d'une stricte moralité, mais elle prouve du moins qu'il y croit et qu'il trouve avantageux de l'ajouter aux prérogatives dont il jouit déjà. C'est la confirmation du fait que nous signalions tout à l'heure, que, dès sa naissance, le gnosticisme s'est efforcé d'absorber le christianisme sans se confondre avec lui.

La sincérité de Simon est également établie par sa mort. Selon les Pères de l'Église, il aurait usé de ses procédés magiques pour s'élever dans les airs; mais son art, par la volonté de Dieu, l'ayant brusquement abandonné, il serait tombé et aurait trouvé la mort dans sa chute. Selon l'auteur des *Philosophumena*, il se serait fait enterrer vif, promettant de ressusciter le troisième jour à l'exemple du Christ. Naturellement la tombe garda sa proie. Mais pourquoi la résurrection aurait-elle été promise si le prophète samaritain n'y croyait pas? Et pourquoi y aurait-il cru sinon parce qu'il s'attribuait le pouvoir de dominer et d'effacer la foi évangélique? C'est cela précisément qui rend le récit des *Philosophumena* plus vraisemblable que celui de Théodoret et d'Irénée.

Simon a écrit un livre qui n'est pas arrivé jusqu'à nous, mais que les premiers historiens du gnosticisme nous font abondamment connaître. Le titre seul de ce livre: *la Grande Révélation*, Ἀπόφασις μεγάλη, nous découvre le but de l'auteur. Une révélation annoncée avec tant de pompe ne peut être prise pour une explication ou un simple commentaire soit de l'Évangile, soit de quelque autre monument religieux déjà connu.

Quelle est la doctrine qui a été recueillie dans cet ouvrage et que Simon, jusqu'à la fin de ses jours, n'a cessé de propager par sa parole? Elle se compose de trois éléments principaux également importants à constater et curieux à étudier : la théorie de l'émanation, la théorie de l'incarnation et celle de la rédemption ou de la délivrance. Mais il ne faut pas que les mots nous fassent illusion; à ces éléments qu'on retrouve ailleurs sous les mêmes noms, Simon le Magicien a su donner un caractère particulier, on pourrait dire personnel. Aussi ne puis-je admettre avec M. Amélineau qu'il a tiré un grand parti des écrits de Philon, j'irai même jusqu'à douter que ces écrits lui aient été connus. Si l'on trouve chez le philosophe juif, dans une mesure très restreinte, des traces non équivoques d'émanation, on n'y rencontre jamais rien qui ressemble à l'incarnation et surtout à cette liste d'éons masculins et féminins, à cette procession de couples, de syzygies, comme on les appelle, qui constitue le fonds invariable, le fonds polythéiste et païen, en même temps que métaphysique, de tout gnosticisme.

Le mot émanation ($\dot{\alpha}\pi\dot{o}6o\lambda\eta$), formellement répudié par Basilide, n'a peut-être été jamais employé par Simon; mais qu'importe le mot s'il a admis la chose? Or, puisqu'il ne croit pas à la création, tous les êtres qu'il fait figurer dans son système, étant sortis d'un seul être, il faut bien qu'il lui substitue l'émanation. C'est en effet ce qui a lieu d'une manière indubitable.

Pour lui, chose inattendue de la part d'un tel mystique, de la part d'un théosophe, comme l'auraient appelé les disciples de Bœhn et de Saint-Martin, le premier de tous les principes, la source de toute existence, c'est le feu. Quelle espèce de feu? Assurément ce n'est pas celui qui nous chauffe ou qui brûle dans nos foyers. Ce n'est pas celui qui échauffe toute la nature et qui est perçu par nos sens. C'est un feu invisible, insensible, inépuisable, éternel, infini. Comme le Jéhovah de la Bible, il doit être défini : « Celui qui a été, est et sera ». En d'autres termes, il est Dieu, il est l'essence même de la Divinité, il est le principe de la raison aussi bien que celui de l'existence.

Cette manière de concevoir la nature divine ne vient ni des Juifs, quoique Dieu soit appelé dans l'Écriture un feu dévorant, ni des Grecs, pour qui le feu est un véritable élément, une substance toute matérielle. Dans le système d'Héraclite il est le mouvement perpétuel, le principe et le siège d'un perpétuel devenir, d'un écoulement sans interruption et sans limites. Pour les stoïciens même, le feu, principe d'intelligence et d'activité, est un véritable corps, un élément physique. L'idée que Simon le Magicien s'est faite du principe suprême de tous les êtres, peut donc bien avoir été empruntée au mazdéisme, à la théologie de Zoroastre où Ormuzd, dont le nom signifie la grande lumière, *Ahura Mazdao*, est adoré comme le véritable auteur de l'Univers, ou de tout ce qui dans l'Univers est conforme à l'idée du bien et de l'intelligence.

Mais tandis que l'émanation, à peine sensible dans le Zend Avesta, ne produit que des puissances familières à l'homme ou préposées aux phénomènes de la nature, elle se traduit, dans le système de Simon, par des puissances métaphysiques qui donnent l'existence et la forme à la totalité des êtres. Ces puissances métaphysiques, ce sont les trois couples d'éons, l'Esprit et la Pensée (Νοῦς, Ἐπίνοια), la Voix et le Nom (Φωνή, ὄνομα), le Raisonnement et la Réflexion (Λογισμός, Ἐνθύμησις), qui forment successivement les trois mondes : le monde divin, le monde intermédiaire et le monde inférieur. Les trois mondes se ressemblent et dérivent les uns des autres, se réfléchissent les uns les autres. Dans tous nous retrouvons les trois couples d'éons, représentés par une image affaiblie d'eux-mêmes. Après avoir formé, dans leur pureté primitive, le monde divin, ils ne sont plus, dans le monde inférieur, que six anges. Ces anges, refusant de regarder au-dessus d'eux et voulant être les auteurs indépendants de leur œuvre, les maîtres absolus de l'homme et de la terre, retinrent parmi eux la Pensée, la divine Epinoïa, pour en faire l'instrument de leur domination et de leur orgueil. Afin de mieux l'asservir, ils l'enfermèrent dans un corps de femme et se servirent d'elle pour séduire, pour opprimer, pour diviser les hommes. C'est elle qui, sous le nom d'Hélène, a allumé la guerre de Troie. C'est elle qui a apporté sur la terre le péché, engendré dans le ciel par la révolte des anges. De là la nécessité de sauver le genre humain et de relever la femme, c'est-à-dire de rendre à la liberté la pensée divine. C'est ainsi que Simon le Magicien traduit à sa manière le récit biblique de la femme séduite par le serpent et de l'homme séduit par la femme. Voici maintenant quelle est, selon lui, la réparation de ce double malheur, un malheur et non pas une faute, puisque le péché n'est l'œuvre ni de l'homme ni de la femme.

Le sauveur, c'est lui-même, lui Simon, l'incarnation de la Grande Vertu, c'est-à-dire de l'Esprit, du premier des éons, de celui qui représente le principe actif dans le premier couple émané du feu éternel. Quoique préoccupé de l'idée de donner à sa doctrine un caractère universel, Simon prétend que sa propre incarnation, ou l'incarnation de Dieu dans sa personne, a été annoncée et comme attestée par l'incarnation du fils de Dieu dans la personne de Jésus et celle du Saint-Esprit dans les prophètes et les sages de toutes les nations.

La délivrance de la pensée divine, de l'éternelle Epinoïa, c'est encore lui qui en est l'auteur. De chute en chute, la puissance mystérieuse dont nous parlons en était arrivée aux dernières souillures dont notre esprit puisse concevoir l'idée, elle avait été enfermée dans le corps d'une prostituée, et c'est dans cette condition que Simon la rencontre à Tyr sous le nom d'Hélène. Il la reconnut, lui rendit son nom d'Epinoïa avec la conscience d'elle-même et la présenta à l'adoration de ses nombreux disciples.

On peut demander si cette idée que le père du gnosticisme s'est faite de la femme, de l'avilissement qui lui est infligé par la société et du parti qu'on peut tirer de son esprit inspiré, n'a laissé aucune trace parmi nous. Ne disons-nous pas, nous aussi, que pour relever la société il faut relever la femme, que la condition faite à la femme décide de l'ordre social tout entier, et n'avons-nous pas vu une religion créée de notre temps et morte depuis peu, en appeler à la femme libre pour fonder la société et la religion définitive? Le père du positivisme, Auguste Comte, lui a consacré dans sa maison un oratoire où il lui adressait des prières trois fois par jour. Il serait difficile de soutenir que l'influence de Simon le Magicien s'est conservée jusque dans notre siècle ; mais alors il faut convenir que c'est lui qui a rencontré sous une forme théologique, on pourrait dire mythologique, une idée qui relève de la conscience humaine et qui trouve sa place jusqu'au sein de la civilisation la plus avancée.

C'est pour sauver tous les hommes, livrés à la domination des puissances subalternes, que Simon, incarnation de l'intelligence divine, est descendu sur la terre ; mais il ne répond de leur salut qu'à ceux qui croient en lui. Ceux-là seuls sont régénérés. La grâce qui est descendue sur eux les met à l'abri du péché et la foi les dispense des œuvres. Assurément, ni la liberté ni la moralité ne trouvent leur compte à ces principes. Mais Simon est-il donc le seul qui les ait enseignés? La foi qui sauve sans les œuvres, c'est saint Paul qui lui a prêté l'autorité de son grand nom, et les œuvres sanctifiées par la grâce, nous les rencontrons dans le quiétisme, non dans celui de Fénelon et de Mme Guyon, mais dans celui de Molinos, en plein xvii° siècle. On reproche aux disciples de Simon bien des écarts de conduite. Il est possible que cette accusation soit fondée; mais leur doctrine ne suffit pas pour la faire accepter; car, d'une part, des systèmes, quels qu'ils soient, philosophiques ou religieux, vont rarement dans la vie réelle jusqu'à leurs dernières conséquences. D'une autre part, il est équitable de remarquer que les seuls juges que nous connaissions aux gnostiques sont leurs plus ardents adversaires. L'impartialité était certainement dans les intentions des Pères de l'Église que nous avons plusieurs fois nommés, mais la foi qui les animait la leur rendait difficile.

Après Simon le Magicien, nous rencontrons, dans la thèse de M. Amélineau, les noms de Ménandre et de Satornilus, deux disciples immédiats du prophète samaritain. Mais nous n'avons aucune raison de nous arrêter à ces deux personnages subalternes. Quand nous aurons appris que le premier s'est attaché surtout à associer à la gnose naissante la prétendue science et la pratique de la magie, et que le second, admettant l'existence de Satan, y a introduit le dualisme, nous saurons ce qu'il y a chez l'un et chez l'autre de plus intéressant. Quant à soutenir avec M. Amélineau que la magie de Ménandre pourrait bien avoir été la théurgie des prêtres de l'ancienne Égypte et que cette théurgie est précisément celle que Jamblique expose dans son livre sur les mystères des Égyptiens, je n'irai pas jusque-là. Je crois qu'il est difficile à ceux-là même qui ont étudié la vieille Égypte dans ses monuments les plus authentiques de s'aventurer sur ce terrain sans exciter la plus légitime défiance.

Nous passerons donc sans autre transition de Simon le Magicien à Basilide. C'est avec Basilide que commence véritablement le gnosticisme égyptien, puisque l'Égypte, si elle n'en a pas fourni les idées, est au moins le théâtre sur lequel il s'est développé.

Basilide vivait sous les règnes d'Adrien et d'Antonin le Pieux, vers l'an 140 après Jésus-Christ. Clément d'Alexandrie a pu connaître personnellement plusieurs de ses disciples dans la grande ville où il enseignait lui-même. Aussi est-il mieux informé de tout ce qui le concerne qu'aucun autre Père de l'Église. Mais c'est surtout dans les *Philosophumena* que les idées de Basilide sont exposées avec le plus de développement et de précision. L'auteur de la thèse dont nous rendons compte est donc autorisé à soutenir qu'avant la découverte des *Philosophumena* Basilide était à peine connu.

Rien de curieux, surtout pour le philosophe et en particulier pour l'historien de la philosophie, comme le système de Basilide. Les premières assises en sont empruntées à Simon ; mais, sur cette base déjà assez étrange par elle-même, quelle étonnante construction ! On dirait la subtilité et l'audace de l'esprit grec unies à l'invention de l'imagination orientale. C'est tout ensemble une mythologie et une métaphysique ; et cette métaphysique pourrait bien être la mère de celle qui a fleuri à Alexandrie sous le nom de Plotin et encore ailleurs sous des noms presque contemporains.

Le premier principe reconnu par Basilide, celui qu'il appelle le Père non engendré des choses, c'est le Dieu qui n'existe pas, ὁ οὐκ ὢν θεός, ou l'Unité qui n'est rien, τὸ οὐδὲν ἕν. C'est le Aïn, de la Kabbale. Cet être qui n'est pas, cette unité qui n'est rien, et qui par là même est l'ineffable, puisque l'on ne peut pas nommer ce qui n'est pas, contient cependant les germes de tous les êtres, comme le grain de sénevé contient la plante et toutes les plantes qui naîtront d'elle. Qu'est-ce que cela veut dire sinon que rien n'existe en fait, que tout est en voie de se former, que l'être se confond avec le devenir et que toute existence ultérieure n'est qu'un développement ou une transformation de l'existence actuelle? La théorie de l'éternel devenir, celle qui identifie l'être avec le non-être ou qui le fait consister dans une chaîne indéfinie de transformations, dans une perpétuelle évolution ; ces théories qui tiennent tant de place dans les spéculations philosophiques et scientifiques de notre temps ne sont donc pas aussi nouvelles qu'on pense. L'unité ineffable des Alexandrins, d'où sortent tous les êtres par un développement logique et fatal, πρόοδος, a été connue, elle aussi, avant les maîtres qui ont cru la découvrir pour la première fois.

Voici maintenant comment, du Père non engendré, du Dieu qui n'existe pas, Basilide fait sortir non seulement les trois mondes reconnus par Simon, mais les trois cent soixante-cinq mondes qu'il reconnaît lui-même. On admettra que le problème est difficile et l'on ne sera pas étonné que la solution manque de rigueur et de clarté. Peut-être M. Amélineau aurait-il pu y suppléer un peu en serrant de plus près la pensée de l'auteur gnostique.

Ne pouvant se servir ni du mot émanation ni du mot génération, qui ne s'appliquent ni l'un ni l'autre au non-être, pris pour principe des choses, Basilide a recours à un terme de son invention, υἱότης, dont le sens, qu'il n'explique nulle part, reste vague, fuyant et équivoque. Le Père non engendré et qui n'engendre pas lui-même puisqu'il n'existe pas, se manifeste cependant ou sort de son néant par trois υἱότης, non trois fils, mais trois espèces de fils, trois espèces de progéniture, qui font penser à des fils, ce que nous oserions appeler, par un barbarisme imité d'un autre, trois filialités. La première est celle qui ressemble le plus au Père, quoique le Père ne ressemble à rien ; c'est la plus pure, la plus parfaite, celle qui sert de modèle à tous les êtres et sur laquelle tous éprouvent le besoin de fixer leur pensée et de régler leur existence. Il n'est pas difficile de voir que c'est elle qui tient ici la place du Logos de Platon et du Verbe de la théologie chrétienne. C'est elle qui est la source de l'esprit et de toute vie véritablement spirituelle. Une autre, la dernière, est grossière, ténébreuse et d'une nature absolument opposée à celle de l'esprit. La seconde tient le milieu entre la troisième et la première sans se confondre avec aucune d'elles. Exposée à descendre, elle est aussi capable de s'élever et de se purifier. On a toute raison de croire que ce sont là, pour Basilide, les trois catégories de l'être, sorties ou sortant éternellement de l'idée abstraite de l'être, assimilée au non-être : l'esprit, la matière et l'âme. Nous sommes d'autant plus autorisés à accepter cette interprétation qu'elle nous explique les trois mondes principaux admis par Basilide, ainsi que par tous les gnostiques, et les trois sortes d'âmes qu'ils distinguaient chez l'homme. Parlons d'abord des mondes.

Le premier, le monde supérieur, le monde divin n'est pas autre chose que l'union du Père avec l'Esprit ou plutôt avec le Logos et avec l'âme; car, de la matière il ne faut pas parler, elle est moins une forme que la limite de l'existence. On sait que telle est aussi l'idée que s'en fait l'école d'Alexandrie et beaucoup de métaphysiciens plus modernes. N'est-ce pas également la trinité d'Alexandrie que nous trouvons par anticipation dans le monde divin de Basilide? On remarquera que l'élément mythologique du gnosticisme, celui que représentent les éons, n'y tient aucune place. C'est donc là véritablement un système métaphysique.

Du monde supérieur ou hypercosmique, comme Basilide l'appelle encore, nous descendons vers le monde intermédiaire qui se résume et se personnifie, en quelque sorte, dans son principe, appelé le Grand Chef, le grand Αρχων. Le grand Archon est pour Basilide à peu près la même chose que le démiurge pour les néoplatoniciens. Plus déterminé, mieux défini, il est plus réel que le Père non engendré. Il est non seulement le seigneur et le maître, il est l'archétype, l'architecte, la beauté, la force du monde placé au-dessous de lui et qui se décompose en trois cent soixante-cinq cieux ou étoiles, d'où lui vient le nom d'Abraxas, un mot dont les lettres forment le nombre trois cent soixante-cinq. Mais toutes ces choses, il ne les a pas faites seul. Son orgueil lui ayant fermé les yeux sur son origine, il a voulu, pour animer sa solitude auguste, se donner un fils, et ce fils, dans lequel il s'est plu à se contempler, a été supérieur à son père et a formé avec lui, beaucoup mieux que lui, le monde du milieu avec toutes ses dépendances, avec toutes ses puissances subalternes. Cela n'est pas une inconséquence, c'est, au contraire, une confirmation du système, puisqu'un plus haut degré de détermination apporte avec lui un plus haut degré de perfection.

Il serait téméraire d'expliquer ce qu'était l'ogdoade au sein de laquelle vivait et agissait le Grand Αρχων comme dans son atmosphère propre; les pères de l'Église qui nous font connaître Basilide ne sont pas d'accord sur ce point, et l'auteur des *Philosophumena* n'en fait pas mention. Mais, en voyant figurer dans cette ogdoade la justice et la paix, la force et la sagesse, on a le droit de supposer que ce sont les vérités cosmiques ou morales qui ont pris la place des catégories ou des entités métaphysiques du monde divin.

Le dernier des trois cent soixante-cinq cieux dont se compose le monde intermédiaire arrive jusqu'à l'orbite de la lune. Alors nous entrons dans le monde inférieur, celui où nous vivons et où existent tous les corps à commencer par nous; car au-dessus de la lune c'est la région de l'éther. Les choses semblent se passer d'abord dans le monde inférieur comme dans le monde qui est placé au-dessus de lui. C'est un chef, un maître, un prince, un Αρχων qui y règne, qui en est le type et le principal architecte; mais il n'y règne pas seul. Son pouvoir lui est disputé et est partagé par six autres puissances, par six anges, qui avec lui forment une hebdomade. Nous voyons qu'ici la puissance qui représente l'être n'est pas seulement déterminée, elle est divisée. C'est ce qui fait sa faiblesse et ce qui déchaîne le mal sur la terre. A cette conception philosophique, Basilide a voulu rattacher la tradition biblique. Cet ange qui tient la première place dans notre monde n'est pas autre chose que Jéhovah, le dieu des Juifs. Des anges qui lui résistent et lui disputent le pouvoir, on a fait les mauvais anges. Tous ensemble ils oppriment les âmes. Chacun d'eux prend sous sa protection une nation qu'il excite à la haine contre les nations protégées par ses rivaux. De là les guerres et les autres fléaux qui désolent l'espèce humaine depuis les premiers jours qui ont suivi sa naissance.

Devant cette peinture peu séduisante de la condition de l'homme sur la terre, il semblerait que la promesse d'une rédemption et par suite d'une incarnation soit aussi nécessaire dans la doctrine de Basilide que dans celle de Simon; mais, dans aucun des nombreux fragments recueillis par M. Amélineau et reproduits au bas des pages de sa thèse, on ne trouve rien de pareil. Pour Basilide, toute la chaîne des existences, depuis le Père incréé jusqu'à l'homme, est l'effet d'une inexorable nécessité. Chacune des puissances entre lesquelles se partage la domination des êtres obéit à la loi que lui imposent son intérêt et son orgueil, sans s'inquiéter de celle des puissances supérieures et sans la connaître. Cette ignorance, née du désir de ne dépendre que de soi, est la source du péché, mais en même temps elle est la condition de l'ordre et de la durée du monde. Pour que chaque être atteigne sa destinée et en soit satisfait, il faut qu'il ignore ce qui est au-dessus de lui.

Cependant le mal existe, la souffrance est inévitable, mais elle est méritée quoique la liberté n'existe nulle part. Le péché que nous n'avons pas commis, nous avons toujours eu l'intention de le commettre, et la vertu que nous nous attribuons vient d'une source supérieure à nous. Du reste, l'unité nous manque aussi bien que la liberté. Il y a, comme nous l'avons dit, trois âmes dans chaque homme, lesquelles, ayant des origines différentes, diffèrent aussi par leurs œuvres et par leurs fins. Rien n'est plus conséquent, car les catégories qui dominent la totalité des êtres se trouvent ainsi reproduites dans l'existence de l'homme, véritable image de l'univers.

On se demande si, pour expliquer un des points les plus importants de la théologie de Basilide, il est nécessaire, comme le croit M. Amélineau, de faire intervenir les vieilles croyances de l'Égypte. Dans le système de Basilide, le Grand Prince, le Grand Ἀρχων engendre un fils supérieur à son père. Cette étrangeté, selon M. Amélineau, ne s'explique que par le mythe égyptien. Là aussi et là seulement nous trouvons un fils supérieur à son père. Horus est doué d'attributions et de perfections qui manquent absolument à Osiris. Mais ce n'est pas là une exception. La mythologie des Perses et celle des Grecs nous présentent le même spectacle. Ormuzd joue un plus grand rôle et possède de plus grandes perfections que le temps sans bornes, Zervane Akérène, qui est son père. De même Jupiter est incomparablement supérieur à Saturne et Saturne au ciel dont il est le fils. Sans manquer de respect au christianisme, on peut dire que, dans la théologie chrétienne elle-même, le Fils, considéré dans ses rapports avec l'humanité, est plus grand et joue un rôle plus important que le Père.

Il nous reste à examiner si l'influence de l'Égypte est plus sensible dans le système de Valentin.

II

Avant de nous occuper de Valentin, la plus haute personnification non seulement du gnosticisme égyptien, mais du gnosticisme en général, je ne puis me dispenser de m'arrêter quelques instants à Carpocrate, qui l'a devancé et qu'il a éclipsé sans le faire oublier. Né à Alexandrie, où vraisemblablement il a passé sa vie, Carpocrate se donnait surtout pour un disciple de Platon, dont il exagérait ou défigurait les doctrines en les combinant avec certains principes du gnosticisme empruntés à Basilide. Ce qui lui appartient en propre, ce qui a fait sa célébrité et a excité l'indignation des écrivains chrétiens, c'est l'apologie du communisme poussé à ses dernières conséquences et associé de la manière la plus bizarre à une métaphysique idéaliste, on pourrait même dire mystique. Voici en quels termes on peut résumer ce système.

Au sommet des êtres, il y a un Père non engendré, qu'il faudrait appeler plutôt un Père inconnu ou l'Inconnu (Αγνωστος). On voit que ce n'est pas l'école de Herbert Spencer qui a inventé l'agnosticisme. Le monde a été formé, non par ce principe abstrait et insaisissable, mais par des forces réelles et déterminées que des écrivains bibliques nomment des anges. L'un de ces anges, celui-là même que les Juifs ont divinisé et qu'ils adorent sous le nom de Jéhovah, a opprimé les âmes, auparavant libres et heureuses dans la périphérie de Dieu, et en possession d'une science qu'elles ont perdue en arrivant sur la terre. C'est Jéhovah et les autres anges qui les ont précipitées sur notre misérable globe et qui les ont dégradées en leur imposant les lois de la société, qui ne sont pas autre chose dans leur ensemble que la loi des Juifs. Une âme supérieure aux autres, celle de Jésus, se rappelant dans notre bas monde tout ce qu'elle savait dans le ciel, est venue leur enseigner la délivrance. Et en quoi consiste cette délivrance ? A mépriser et à violer toutes les lois de la société, c'est-à-dire les lois qui consacrent la propriété et le mariage, sources de toute inégalité et de toute servitude chez les hommes. L'égalité dans la communauté, et la communauté comprenant les femmes et les biens, tels sont les traits qui distinguent une société bien faite, une société d'âmes pures et régénérées. Tant qu'une âme n'avait pas violé toutes les lois, sa régénération n'était pas complète, et elle devait revenir sur la terre pour achever son œuvre de délivrance.

Ce n'est pas Carpocrate lui-même qui a rédigé cet étonnant code de morale et de législation, mais son fils Epiphane, à qui il l'a enseigné et qui est mort à l'âge de dix-sept ans, laissant dans sa secte la réputation d'un génie supérieur. Clément d'Alexandrie cite un long fragment de son livre où l'on reconnaît, sous une forme naïve, quelques-uns des arguments de nos communistes modernes. Le premier et le plus important, c'est que l'égalité est une loi de la nature. « La justice de Dieu, dit-il, n'est autre chose que l'égalité dans la communauté. Le ciel entoure la terre également sans être plus d'un côté que de l'autre, et Dieu fait luire également le soleil sur tous ceux qui le peuvent voir et tous le voient également, car Dieu ne distingue pas entre les pauvres, les riches et les princes de la terre, entre les ignorants et les savants, entre les hommes et les femmes, entre les hommes libres et les esclaves; mais la propriété, instituée par la loi humaine, a déchiré et complètement déraciné la communauté établie par la loi divine. On n'a pas compris cette parole de l'apôtre : « C'est par la loi que j'ai connu le péché [1] ».

Carpocrate n'est qu'un accident dans l'histoire du gnosticisme. Valentin nous en offre le dernier, je veux dire le plus complet développement. Lui aussi, comme l'affirme expressément l'auteur des *Philosophumena*,

---

1. *Le Gnosticisme égyptien*, p. 159.

il s'est nourri des écrits de Platon ; mais il n'a pas fait un moindre usage des traditions qui subsistaient encore de l'école pythagoricienne. Enfin, comme M. Amélineau le démontre très bien, il n'était pas étranger aux vieilles croyance de l'Égypte où, s'il n'y était pas né, il a certainement passé la plus grande partie de sa vie et qui a été le berceau de sa secte. Ses adversaires, même les pères de l'Église qui l'ont combattu avec le plus d'ardeur, rendent hommage à sa science philosophique, et il ne paraît pas qu'on eût des doutes sur sa science religieuse, puisque avant sa rupture avec l'Église, il avait été question d'en faire un évêque. Ses premiers écrits, qui furent des homélies et des psaumes, semblaient justifier ce choix.

Cependant il était encore jeune lorsque, après avoir figuré au nombre des disciples de Basilide, il devint lui-même un des maîtres du gnosticisme. C'est aux environs de la cent quarantième année de notre ère que, laissant derrière lui de nombreux disciples, il quitta l'Égypte pour se rendre à Rome. Il y demeura seize à dix-sept ans, complétant sa doctrine et la prêchant avec succès, pendant qu'elle gagnait du terrain à Alexandrie et dans les principales villes égyptiennes. De là vient sans doute que le gnosticisme valentinien se divise en deux branches : la branche orientale et la branche italique, qu'on a souvent confondues l'une avec l'autre. Mais quoique ces deux branches aient subi visiblement l'influence des deux centres intellectuels au milieu desquels elles se sont formées, elles ne diffèrent pas autant qu'on serait porté à le croire, mais peut-être plus que ne le suppose M. Amélineau. Occupons-nous d'abord de la branche orientale qui est de beaucoup la plus complète et celle qui nous paraît le mieux coordonnée.

Elle donne lieu à une observation générale à laquelle je ne puis m'empêcher d'attribuer une extrême importance tant pour l'histoire de la philosophie que pour l'histoire religieuse des premiers siècles de l'ère chrétienne. Nous n'apercevons rien ici qui justifie le nom de syncrétisme dont M. Amélineau se sert avec prédilection aussi bien à propos de la doctrine de Valentin que de celle de Simon le Magicien. Nous y trouvons, au contraire, un système parfaitement lié où la variété ne fait point tort à l'unité, ni l'imagination à la logique, où le même principe, en donnant naissance aux applications les plus diverses, n'est jamais en contradiction avec lui-même et où toutes les questions qui s'imposent soit à la religion, soit à la métaphysique, celle du principe des choses, celle de l'origine du mal, celle de la destinée de l'homme et de la fin de tous les êtres, obtiennent, je ne dirai pas une solution, mais une réponse originale et intéressante. C'est le système de Basilide absorbé et comme transfiguré dans une conception plus vaste, à la fois plus morale et plus philosophique, ou du moins plus respectueuse de la réalité sous sa forme allégorique ou mythologique. Si, à la place des personnages dont cette mythologie toute artificielle se compose, on veut énoncer les idées ou les abstractions métaphysiques qu'ils représentent, on se trouvera bien près d'avoir sous les yeux le platonisme de l'école d'Alexandrie, née plus d'un siècle après Valentin. C'est pour cela même, comme j'en ai déjà fait la remarque, que l'école d'Alexandrie est si hostile aux gnostiques. Elle les regardait comme des chrétiens d'une certaine espèce, plus exaltés et plus fanatiques que les autres, et mettait son honneur à n'avoir rien de commun avec eux.

Je n'exposerai pas le système valentinien dans tous ses détails; je me bornerai à en signaler les traits les plus caractéristiques, surtout ceux qui le distinguent du système de Basilide.

Pour premier principe, Valentin reconnaît, non plus le Dieu qui n'est pas, ou l'unité qui n'est rien, comme faisait Basilide, mais l'unité féconde et active, non engendrée, mais génératrice, incompréhensible et pourtant réelle, existante par elle-même et qui, de son vrai nom, s'appelle le Père. Plus tard, en vertu de la division de toutes les catégories de la pensée et de l'existence par syzygies ou par couples, on a cru devoir adjoindre à l'unité suprême ou au Père non engendré un principe féminin par son nom grec, le Silence (Σιγή). Mais les disciples qui ont proposé cette adjonction n'ont pas compris la pensée du maître, puisque l'unité dont il s'agit ici, l'unité suprême, imitée de la monade de Pythagore, comme le croit l'auteur des *Philosophumena*, exclut toute dualité. Il est possible cependant que le Silence ne soit ici qu'un pur symbole qui a pour signification qu'il n'y a aucune manière de parler convenablement de l'unité suprême, qu'elle ne comporte aucune définition ou qu'elle est ineffable, comme disent les philosophes alexandrins.

Un second point sur lequel Valentin se sépare de son maître, c'est que si l'unité sort d'elle-même, si le Père manifeste son existence ou devient un principe actif, ce n'est point par nécessité, mais par amour. L'amour étant son essence, il n'a pas pu rester en face de lui-même, mais il a dû sortir de sa solitude par un acte d'expansion ou de génération; et naturellement, le résultat de cet acte, ce n'est pas une autre unité semblable à la première, ou une unité divisible qui ne serait plus une unité, c'est une dualité, une dyade, comme disent Platon et Pythagore; et cette dyade n'est pas purement numérique ou matérielle, conformément à l'opinion des anciens philosophes de la Grèce, elle est vivante, elle est divine, elle est la plus haute manifestation, la plus parfaite image du Père, puisqu'elle se compose de l'Esprit, Νοῦς, et de la Vérité, Ἀλήθεια. Aussi ne puis-je m'empêcher de croire que M. Amélineau se trompe quand il donne à cette activité intérieure par laquelle le père de toute chose se révèle à lui-même le nom d'émanation. Non, c'est, comme le dit expressément l'auteur gnostique, une génération de même nature que celle qui, dans le dogme chrétien, s'applique au Fils. Ne dit-on pas que le Fils est éternellement engendré, et cette génération n'est-elle pas à la fois considérée comme différente de l'émanation et de la création *ex nihilo*?

Le rapport qui existe entre l'unité suprême et la dyade qui procède directement d'elle, nous explique tout le système gnostique et en particulier le système valentinien des syzygies ou des couples. Ces couples, en effet, ou ces dyades, comme il faudrait les nommer pour rappeler leur origine pythagoricienne et peut-être égyptienne, ne sont que des reflets ou des images plus ou moins affaiblies les unes des autres et toutes, en définitive, se modèlent sur la première. Plus on s'éloigne de celle-ci, plus on se rapproche de ce qui constitue à proprement parler l'émanation ; mais ce n'est pas dès le début, ce n'est pas dès la seconde dyade que ce moyen de multiplication se reconnaît. Le Verbe et la Vie dont elle est formée sont des manifestations, des générations de l'esprit, plutôt qu'une extension ou un développement de substance. Remarquons en passant que ce n'est pas une vue superficielle et méprisable celle qui fait de la vie un acte, une œuvre de l'esprit, et qui fait de l'esprit le principe, la source de la vie. Cela nous fait presque penser à cette proposition d'un savant moderne qui identifie la vie avec une idée créatrice.

A l'exemple de ses deux devanciers Simon le Magicien et Basilide, Valentin partage toutes les existences entre trois mondes : le monde supérieur ou le Plérôme, l'Ogdoade ou le monde intermédiaire, l'Hebdomade ou le monde inférieur. Mais ces trois mondes, il les conçoit un peu différemment ou plutôt il les construit à sa façon. Les trois couples divins imaginés par Simon et les trois principes purement métaphysiques reconnus par Basilide, ne sont pas les seuls habitants de son Plérôme. Les éons dont il le peuple sont au nombre de trente, et il suffit de lire leurs noms pour se convaincre qu'ils n'ont pas été créés au hasard. Ils expriment cette idée que toutes les perfections intellectuelles et morales, que toutes les formes d'existence les plus élevées que nous connaissions ou les plus saintes que nous représente la tradition religieuse, ont leur type, par conséquent leur origine et leur principe dans la nature divine, que la nature divine est précisément la réunion de ces perfections et de ces formes. C'est ainsi que, avec les éons que j'ai déjà cités, et dont le caractère symbolique ne peut guère être mis en doute, nous en trouvons d'autres qui ne sont pas moins significatifs : la Sagesse (Σοφία), qu'il ne faut pas toutefois confondre avec le Verbe dont elle n'est que l'inspiration ou l'imitation, la Volonté ou l'esprit de volonté sans lequel la sagesse est impossible, le souverain bonheur ou la Béatitude (Μακαρία), le Christ (Χριστός), l'Esprit Saint (Πνεῦμα Ἅγιον), l'Homme, l'Église, c'est-à-dire la société parfaite, la société idéale qui, pas plus que l'homme lui-même, ne peut être conçue comme étrangère à la volonté et à la pensée de Dieu.

Ce n'est donc pas sans ignorance ou sans injustice qu'on a souvent cru voir dans le gnosticisme un simple retour au paganisme, une réaction du paganisme oriental contre le judaïsme et le christianisme. Si ce n'est pas le platonisme, c'est le père du néoplatonisme et une imitation du platonisme lui-même, pleine de science et d'audace, d'une compréhension assez vaste pour unir ensemble la spéculation philosophique et des traditions religieuses de plusieurs époques et de plusieurs peuples.

La partie la plus curieuse du système de Valentin est celle qui a pour but d'expliquer l'origine du mal.

Il a écrit sur ce sujet un traité séparé dont Clément d'Alexandrie nous a conservé un fragment assez étendu. Dans ce document, qui paraît remonter à une époque où sa pensée n'était pas encore tout à fait arrêtée, l'auteur gnostique se propose uniquement de justifier Dieu de l'accusation d'avoir créé le mal. Après avoir tracé un tableau saisissant de tous les crimes dont la terre est souillée, il ajoute : « Je ne pouvais pas trouver en moi la force de croire que Dieu était l'auteur et le créateur de tous ces maux.... Comment ne serait-il pas absurde de dire que Dieu a créé ces mêmes choses qu'il réprouve ? Il ne pourrait pas vouloir qu'elles n'existassent pas si lui-même les avait créées le premier [1]. » N'étant pas l'œuvre de Dieu, le mal ne peut venir que de la matière, et encore des parties les plus informes de la matière d'où les hommes l'ont tiré. Les belles parties de la matière ont servi à la création. « Mais tout ce qui était souillé de lie et, par conséquent, non apte à devenir une créature, Dieu le laissa tel quel, comme ne pouvant servir à rien. C'est de là, me semble-t-il, que le mal est venu par les hommes [2]. »

On voit par le ton hésitant du langage qu'il n'y a là qu'un essai d'explication, d'ailleurs assez obscur et d'une originalité douteuse. Presque toutes les écoles de philosophie et de théologie ont distingué entre le mal physique et le mal moral. Elles ont mis le premier sur le compte de la matière, elles ont attribué

---

1. Passage traduit par M. Amélineau, p. 230.
2. *Idem*, p. 231.

le second au mauvais usage que l'homme fait de sa liberté. Aux difficultés déjà très graves que présente cette théorie si accréditée, Valentin en ajoute d'autres. Qu'est-ce qui distingue entre elles les bonnes et les mauvaises parties de la matière? Les unes et les autres ne viennent-elles pas de Dieu? Et d'où viennent-elles si elles ne viennent pas de lui? Si elles viennent de lui, pourquoi s'est-il servi des unes pour créer le monde; pourquoi les autres furent-elles abandonnées à elles-mêmes et aux souillures dont elles sont le siège? De qui l'homme tient-il la volonté et le désir de se plonger dans ces souillures? Valentin n'a pu fermer les yeux sur ces objections et il a cherché à les résoudre par une doctrine très compliquée, très étrange, qui rentre dans son système général de théogonie et de cosmogonie.

Ce qui en fait le trait caractéristique, c'est que le mal ne vient ni d'une révolte, ni d'une chute, soit au ciel, soit sur la terre, soit parmi les anges, soit parmi les hommes. Il prend sa source dans l'ambition même du bien, ou dans un amour du bien en disproportion avec les forces qui lui étaient nécessaires pour se satisfaire, oublieux des conditions qui lui sont imposées par la nature des choses. Voici comment ce fait extraordinaire s'est produit. L'un des éons, Σοφία, la Sagesse, qui représente un principe masculin, un principe actif, eut la pensée, non de détrôner le père ou de l'égaler, comme fait l'archange rebelle dans le ciel chrétien, mais de se rapprocher de lui, de lui ressembler davantage en engendrant, par ses seules forces, de nouveaux types, de nouveaux éons. Cette tentative ne lui réussit pas, parce qu'il n'y a que la puissance génératrice du Père qui se suffise à elle-même et n'ait pas besoin d'auxiliaire. Sophia ne donna l'existence qu'à un être incomplet, déclassé, ἔκτρωμα, indigne de prendre place dans le Plérôme. La douleur que lui causa son échec fut immense, et la preuve qu'on ne songea pas à la traiter en révoltée, c'est que l'Esprit et la Vérité s'unirent pour la consoler : ils lui donnèrent pour compagnons Christ et le Saint-Esprit, c'est-à-dire les types divins, les types éternels de ces deux puissances, et le Plérôme tout entier fit naître en son honneur l'éon Jésus, type du personnage surnaturel qui joua, sous le même nom, un si grand rôle parmi les hommes, le dernier des éons, la dernière limite du Plérôme, par conséquent le médiateur du ciel et des mondes inférieurs.

Sans abuser du droit d'interprétation, il est permis de supposer que la Sagesse, la Sophia, dont il est ici question et qui tient une place inférieure à celle de l'Esprit et du Verbe, n'est pas autre chose que la science. Elle a échoué parce que la science n'est pas une puissance créatrice, elle ne peut rien en dehors de la vérité : en dehors de la raison. Mais ces erreurs et ses fautes sont susceptibles d'être réparées par le principe religieux personnifié dans le Christ et dans Jésus. Cependant il serait téméraire d'affirmer que telle a été véritablement la pensée de Valentin. Selon toute probabilité, sous les noms des personnages divins qu'il met en scène se cachent non seulement des idées philosophiques, mais des entités considérées comme des puissances effectives, comme les moments divers, ainsi que dirait Hegel, d'un système cosmogonique.

De quelque manière qu'on le comprenne, symbolique ou réel, le drame qui s'est passé, qui peut-être se passe éternellement dans le Plérôme, se répète dans le monde intermédiaire, dans l'Ogdoade, puisque le dernier de ces deux mondes est l'image du premier. Là se trouve une autre Sophia, fille de celle du ciel, qui, prise d'une ambition semblable à celle de sa mère, entreprend, elle aussi, par un excès d'amour pour le bien, de créer par ses seules ressources des êtres parfaits, sinon des éons, du moins des existences dignes d'être placées à côté d'elle. Comme sa mère, elle échoua, et son échec, effet de son insuffisance, lui causa une intolérable douleur. C'est une remarque qu'il est bon de faire une seconde fois. Elle n'est pas en état de révolte, elle poursuit un but supérieur à ses forces et qui représente un bien supérieur à sa nature. Elle souffre de ne pas pouvoir y atteindre, mais elle n'est pas punie, elle n'a mérité aucun châtiment.

Jésus, descendu du Plérôme, vient à son aide, et en quoi consiste le secours qu'il lui prête? Il la fait renoncer à l'œuvre qui passe ses destinées et lui en assigne une autre pour laquelle elle a plus d'aptitude. C'est une œuvre cosmogonique et non pas théogonique. Elle ne donnera pas naissance à un éon, mais elle disposera des trois essences dont sont formés les êtres du monde inférieur : l'essence spirituelle, l'essence animale et l'essence matérielle, ou l'esprit, la vie et la matière. Ces essences qui dépendent d'elle, qui émanent d'elle selon toute apparence, ce n'est pas elle-même cependant qui les change en créatures réelles, en créatures pensantes, vivantes ou purement physiques. Cette tâche est celle du Démiurge, prince de l'Hebdomade, qu'une fausse théologie, celle de la Bible, a confondu avec le Dieu suprême, tandis qu'il est même sans pouvoir sur le monde intermédiaire.

Dans tous les enseignements du gnosticisme, dans celui de Basilide comme dans celui de Simon le Magicien, le passage de la vie divine à la vie cosmique est représenté comme une chute, comme une malédiction, comme un résultat de l'oppression exercée sur la pensée divine, sur *Epinoïa*, par des anges orgueilleux et rebelles. Dans le système de Valentin rien de pareil. Le passage dont nous parlons s'opère par le conseil et par l'intervention de Jésus. C'est pour lui obéir que Sophia, substituée à une pensée avilie et captive, s'occupe à faire naître et à coordonner les matériaux dont sera construit l'univers, les essences éternelles et indispensables. Le Démiurge, son serviteur fidèle, ne ressemble pas, lui non plus, à cet Archon jaloux, à ce chef tyrannique et réprouvé qui est uniquement occupé à déchaîner parmi les hommes la misère et la haine. Le spectacle que nous avons sous les yeux c'est celui de la nature des choses, comme l'appelaient si justement les anciens, de la nature universelle qui revêt successivement toutes les formes de l'existence, toutes celles qui sont réalisables et que la pensée peut concevoir, sans qu'on puisse montrer quelque part que ce soit un crime et un criminel, un mal volontairement créé et un malfaiteur. C'est la suppression du péché, mais aussi de la liberté, telle que la conscience morale la réclame. Il est peut-être permis de se demander si la liberté est plus facile à comprendre quand elle se trouve aux prises avec la grâce et le péché originel. Sur cette même question le néoplatonisme, qui, je le répète, est certainement sorti du gnosticisme, en particulier du valentinianisme, n'est pas plus satisfaisant.

Il y a cependant dans le monde, tout au moins dans celui où nous sommes placés, un degré, une forme de l'existence que le système de Valentin, s'il nous est fidèlement rapporté, représente comme mauvaise en soi et qu'il personnifie dans le démon. C'est la matière proprement dite, la matière brute, privée même d'une âme psychique, la nature hylique pour l'appeler du nom qu'on lui donne. Mais comme le démon, dans la doctrine valentinienne, n'a de place nulle part, comme il n'est jamais question ni de sa naissance, ni de ses œuvres, ni de sa raison d'être, et que, en définitive, il doit disparaître à une certaine époque de la vie universelle, on est conduit à supposer qu'il n'est que le nom symbolique du non-être, du néant, de la négation de toute virtualité et de toute existence. Le salut apporté aux âmes par Jésus, le type de l'humanité ou l'homme parfait, selon Valentin, consiste précisément à les avoir arrachées au néant en leur enseignant la gnose, c'est-à-dire la vérité, la vérité seule étant appelée à vivre, la vérité seule trouvant place dans une âme immortelle, une âme pneumatique ou purement spirituelle, qui n'a rien de commun avec la matière et qui se distingue de l'âme animale, de l'âme psychique. L'âme psychique elle-même, si nous nous en rapportons à une citation de Clément d'Alexandrie, sera sauvée à la fin des temps en perdant ce qu'elle a de psychique; et de la matière de la nature hylique il ne restera rien, parce que, après tout, elle n'est rien. C'est le salut universel, non pas tout à fait pareil à celui qu'annonce Origène, mais tel que le comprennent les théosophes, qui sont les gnostiques modernes.

Dans la branche italienne du valentinisme, l'idée négative que représente la matière se trouve encore plus accentuée que dans l'école orientale. Là on dit expressément que le monde inférieur, de plus en plus rapproché de la matière pure, est né de l'impuissance, des larmes et de la douleur de la seconde Sophia, appelée ici Sophia Achamoth. Cette douleur consiste précisément dans la limite de plus en plus étroite où son action et sa pensée se trouvent renfermées et dans la contradiction qui s'établit, d'une part entre ses aspirations, son ambition du bien, tournées vers le ciel, et de l'autre son œuvre de plus en plus obscurcie, de plus en plus limitée, de plus en plus perdue dans la matière. L'intention métaphysique de la branche italienne de l'école de Valentin se montre aussi clairement que possible dans le portrait qu'elle nous fait du Démiurge. Le Démiurge est ici, comme dans la branche orientale, la personnification de Sophia, de la pensée qui a présidé à la naissance du monde inférieur. La passion qui l'anime a fait les choses animales, sa stupeur a fait les choses matérielles. La matière est donc une œuvre d'ignorance, une négation réalisée, si l'on peut ainsi dire, réalisée par une illusion. Comment s'étonner de cela ? N'y a-t-il pas plusieurs philosophes modernes qui ont regardé comme une illusion l'existence des corps et du monde extérieur ?

Du reste, l'école italienne, retournant en partie au système de Basilide, semble avoir fait de toutes les existences, de toute la série des êtres, une œuvre illusoire, une pure conception de la pensée. Pour elle, en effet, le principes des choses, ce n'est pas le Père, c'est le Père avant le Père, ὡρόπατωρ, c'est l'abîme, βυθός, c'est un couple formé de l'ineffable et du silence.

Ce qui disparaît positivement dans ce système, comme dans celui de la branche orientale, c'est la volonté du mal et le mal lui-même, c'est le péché, la malédiction, l'enfer et la déchéance. Nous l'avons déjà remarqué, Jésus est le type de la nature humaine, à laquelle il appartient d'ailleurs par Marie, sa mère ; tandis qu'il appartient au ciel par son âme spirituelle, pneumatique. Il n'a pas souffert pour les hommes, il n'est pas venu pour prendre sur lui l'expiation de leurs péchés, il s'est borné à leur enseigner la vérité, à les soustraire aux illusions de la matière et de la vie animale. Aussi le docétisme, qui tient une si grande place chez les anciens gnostiques, est-il passé sous silence par Valentin et ses disciples.

Il va de soi que la lumière de la vérité est tout entière dans la gnose ; la matière, à la fin des temps, disparaîtra, et avec elle les passions qui tiennent à la matière, le monde dans lequel nous souffrons et nous croyons captifs. Les âmes, les seules qui subsisteront, les pneumatiques, formeront des syzygies bienheureuses comme celles des éons dans le Plérôme. Toutes, pour me servir d'une expression de Valentin [1], seront admises au festin nuptial. N'est-ce pas là que Swedenborg, un véritable gnostique en plein XVIIIe siècle, a pris son tableau mystique de l'amour conjugal dans le ciel?

La secte, on pourrait dire la religion de Valentin, malgré son indifférence pour les œuvres, respectait cependant, même au dire des Pères de l'Église, les principales institutions de la société, à commencer par le mariage, et possédait un culte extérieur dont les pratiques se réduisaient au baptême et à l'extrême-onction. Mais ce qu'elle avait surtout, c'étaient des cérémonies d'initiation répondant à autant de degrés dans la purification des âmes par la gnose. Comment en aurait-il été autrement dans une doctrine si peu accessible à l'esprit de la foule et si difficile à embrasser tout entière? N'en était-il pas de même chez les pythagoriciens et chez les esséniens, et cette hiérarchie n'a-t-elle pas été imitée par toutes les espèces de loges maçonniques? M. Amélineau s'est donné de la peine pour retrouver les noms et les attributions de ces différentes classes d'initiés et les rites consacrés pour chacune d'elles. Je ne le suivrai pas dans cette aride recherche. Je dirai seulement

---

1. *Le Gnosticisme égyptien,* p. 248-249.

que les initiations ou les baptêmes du valentinisme étaient de véritables drames ou des scènes symboliques pendant lesquelles le prêtre ou l'hiérophante prononçait des paroles d'une grande portée. En voici quelques-unes que M. Amélineau a traduites du livre copte *Pistis Sophia* : « Vous parlez de mystères au-dessus desquels ne se trouve nul autre mystère; celui-là conduira votre âme à la lumière des lumières, au lieu de la vérité et de la bonté, au séjour du saint de tous les saints, au lieu où ne se trouve ni mâle, ni femelle, ni forme, mais où tout est lumière, lumière persévérante et ineffable. Rien n'est donc plus élevé que ces mystères, nul nom n'est plus élevé que ur nom, si ce n'est le nom en qui sont renfermés tous les noms, toutes les lumières et toutes les vertus [1]. »

Nous touchons ici au point culminant de la doctrine, au point où se rencontrent et se confondent toutes les philosophies et toutes les religions mystiques, sans distinction d'âge, de langue, ni d'origine. On trouvera, sans avoir besoin de les chercher longtemps, des lignes et des pages empreintes du même esprit, souvent semblables par les expressions, soit dans le bouddhisme indien, soit dans le néo-platonisme grec, surtout dans les *Ennéades* de Plotin, soit chez les auteurs les plus anciens de la Kabbale, soit chez les mystiques chrétiens, tant les orthodoxes que les hérétiques. C'est la preuve que le mysticisme, dont le règne est loin d'être fini, même chez les peu-

---

1. *Le Gnosticisme égyptien*, p. 248-249.

ples les plus éclairés, répond à un besoin de l'esprit humain aussi bien que le positivisme.

Il me reste encore, pour avoir fini la tâche que je me suis imposée, à interroger M. Amélineau sur les origines égyptiennes du valentinisme.

« Primitivement, écrit M. Amélineau, le monothéisme fut la religion de l'Égypte, elle[1] resta celle des prêtres longtemps après que celle du vulgaire fut devenue panthéiste, et enfin elle ne fut plus qu'un panthéisme grossier avec des formules mélangées de monothéisme, formules dont les prêtres et les scribes finirent par ne plus comprendre le sens mystique[2]. »

Voilà une proposition difficile à accorder avec l'histoire des religions que nous connaissons le mieux. Partout les croyances enseignées dans le secret des sanctuaires sont supérieures aux croyances populaires et celles-ci ne se dégagent qu'avec le temps des ténèbres dont elles sont d'abord enveloppées. Mais peu importe, pour les questions qu'on se propose de résoudre, que le monothéisme, s'il a existé dans l'ancienne Égypte, ait été connu des seuls prêtres ou qu'il ait été professé par le peuple tout entier à une époque reculée de son histoire. Or le monothéisme, à le prendre dans le sens biblique et chrétien du mot, a-t-il existé dans l'empire des Pharaons? Personne n'oserait le prétendre, et j'en donnerai pour preuve la citation même sur laquelle s'appuie M. Amé-

---

1. Pour *il* probablement par la faute du typographe.
2. P. 283-284.

lineau pour soutenir le contraire. Ce sont ces lignes de M. Maspéro : « Au commencement était le Nun, l'océan primordial dans les profondeurs infinies duquel flottaient les germes des choses. De toute éternité Dieu s'engendra et s'enfanta lui-même dans cette masse liquide sans forme encore et sans usage[1]. » Il y a là, sans aucun doute, l'idée d'un Dieu unique, mais non pas du Dieu qu'adore le monothéisme, du Dieu personnel, libre, créateur, providence du monde et juge de tous les hommes. C'est le Dieu du panthéisme métaphysique, du panthéisme oriental, avec un caractère plus décidé peut-être et mieux défini que le Dieu du panthéisme indien, du panthéisme néoplatonicien et de quelques systèmes métaphysiques des temps modernes.

Ce qui suit ne change rien à ce que je viens de dire. « Unique en essence, continue M. Maspéro en parlant du même Dieu, il n'est pas unique en personne. Il est père, par cela seul qu'il est, et la puissance de sa nature est telle qu'il engendre éternellement sans jamais s'affaiblir ou s'épuiser. Il n'a pas besoin de sortir de lui-même pour devenir fécond : il trouve en son propre sein la matière de son enfantement perpétuel. Seul, par la plénitude de son être, il conçoit son fruit, et comme en lui la conception ne saurait être distinguée de l'enfantement, de toute éternité il produit en lui-même un autre lui-même. Il est à la fois le père, la mère et le fils de Dieu[2]. » C'est à regret que j'abrège

---

1. Cité par M. Amélineau, p. 282.
2. *Ibid.*

cette belle définition du Dieu des Égyptiens, très probablement du Dieu des théologiens et des philosophes de l'Égypte; mais ce qu'on pourrait y ajouter n'en ferait point disparaître le caractère essentiel. On n'y reconnaît pas le Dieu qui a créé le monde parce qu'il l'a voulu et qui a cessé de le créer quand il l'a cru achevé, qui l'a formé d'une matière distincte de lui, également créée par sa libre volonté, qui le détruira à l'heure qu'il a fixée d'avance, sans avoir promis et sans être obligé de recommencer. Je me garderais de prononcer entre les deux systèmes, je constate seulement les différences qui les séparent, et si l'un des deux est monothéiste, l'autre ne l'est pas.

Qu'est-il donc? Il est panthéiste, et le panthéisme des Égyptiens se manifeste encore sous une autre forme, la forme mythologique ou populaire. Ra, c'est le nom du grand Dieu des Égyptiens, primitivement le même que le soleil, et ce nom s'ajoute à celui des autres dieux, comme s'il n'y avait qu'un Dieu unique sous des noms différents, ou un seul être divin qui absorbe dans sa substance tous les autres êtres. Le roi, après sa mort, se confondait avec lui. C'est de cette façon que les Égyptiens comprenaient l'apothéose de leurs souverains.

Mais c'est par là précisément, par cette croyance panthéiste à une substance unique et universelle, à un Dieu unique éternellement engendré par lui-même, que la théologie égyptienne a pu servir de modèle à celle de Valentin. Il serait bien extraordinaire, en effet, que, née sur le même sol, enfantée par le même esprit, la plus moderne des deux n'eût rien emprunté à la plus ancienne. Comment, par exemple, se refuser à reconnaître le *Buthos*, l'abîme des gnostiques dans le Nun, dont nous avons parlé tout à l'heure, dans cet Océan primitif, d'une étendue et d'une profondeur sans bornes, dans lequel sont contenus tous les germes de l'existence? « Ra dit à Nun : Tu es le premier-né des dieux. Nun dit à Ra : Mon fils Ra, tu es un dieu plus grand que ton père qui t'a créé [1]. »

Une autre ressemblance qui ne peut pas être expliquée par le hasard, c'est celle qui existe entre le rôle de Sophia, dans la cosmogonie valentinienne, et celui qui est attribué par plusieurs textes récemment traduits aux divinités égyptiennes. On se rappelle que ce sont les larmes de Sophia Achamoth qui ont donné naissance à la matière et au monde matériel. Ce sont aussi les larmes des dieux que les hiéroglyphes et les papyrus nous représentent comme la matière d'où sortent les fleurs, l'encens, les abeilles, l'eau, le sel. « Quand Horus pleure, dit un de ces textes, l'eau qui tombe de ses yeux croît en plantes qui produisent un parfum suave [2]. »

Je ne m'arrêterai pas plus longtemps au parallélisme établi par M. Amélineau, entre le gnosticisme et ce que nous savons des vieilles croyances ou des rites religieux de l'ancienne Égypte. Ce parallélisme peut souvent paraître outré et n'ajoute rien au résultat final qu'il est important d'établir. Le gnosticisme, tel qu'il a été constitué par Basilide et Valentin, surtout

---

1. Texte cité par M. Amélineau, p. 285.
2. *Le Gnosticisme égyptien*, p. 303.

par Valentin, est une des œuvres les plus curieuses et les plus hardies, les plus savantes aussi que l'esprit humain ait produites pendant les deux premiers siècles de notre ère. Plongeant par ses racines dans l'antique religion des Égyptiens, elle a eu pour fruit une métaphysique qui est devenue une des principales assises de la philosophie néoplatonicienne; mais sa vitalité ne s'est point épuisée dans l'école de Plotin et de Proclus, elle reparaît au moyen âge dans la secte des cathares, elle suscite dans les temps modernes, au cours du XVII° et du XVIII° siècle, les maîtres de la théosophie : Jacob Bœhm, Swedenborg, Saint-Martin et le premier maître de Saint-Martin, Martinez Pasqualis. On trouvera un gnosticisme très caractérisé dans le traité de la *Réintégration des êtres* et des scènes dignes des initiations valentiniennes dans la correspondance inédite de Saint-Martin avec son ami Kirchberger, notamment dans le récit des amours du général Gichtel avec Sophia. Est-il bien sûr que, dans le temps même où nous vivons, il ne reste plus rien des enseignements du gnosticisme ou de l'école théosophique? J'ai sous les yeux les deux premières années d'une revue très étrange qui s'appelle le *Lotus*[1]. Ce recueil, comme nous l'apprenons par son titre, est consacré à de *hautes études théosophiques, tendant à favoriser le rapprochement entre l'Orient et l'Occident.* Dans le dernier numéro, celui du 13 avril de l'année dernière, nous trouvons des articles qui ont pour

---

1. In-8, chez Georges Carré, éditeur, rue Saint-André-des-Arts, 58. Paris, 1887 et 1888.

titres : *Psychologie de l'Égypte ancienne; Résumé de théosophie; l'Œuvre de la Société théosophique aux Indes*. Précédemment nous avons trouvé des tentatives pour soustraire l'homme aux conditions de la vie physique sans le mettre en danger de mort, et un essai de conciliation entre le Christianisme et la Kabbale [1].

[1]. Depuis que ces lignes ont été écrites, bien d'autres publications théosophiques ont vu le jour : *l'Aurore; l'Initiation; l'Étoile;* la *Revue théosophique*, etc. On en trouvera l'énumération et l'appréciation sommaire dans l'*Avant-propos* de la 2ᵉ édition de *la Kabbale* (in-8, Paris, 1889, Hachette et Cⁱᵉ.

LA
PHILOSOPHIE ANCIENNE [1]

HISTOIRE GÉNÉRALE DE SES SYSTÈMES

Voilà un livre excellent, qui fait honneur non seulement à celui qui l'a écrit, mais à notre vieille Université de France à laquelle appartient M. Bénard, par son âge, par ses écrits et par ses longs services. L'Académie française a bien fait de lui décerner un de ses prix et il est à souhaiter qu'elle fasse toujours un emploi aussi judicieux des sommes considérables dont elle dispose. Mais quoiqu'il reste encore beaucoup à dire, même après les nombreux ouvrages dont elle a fait le sujet, sur l'histoire des anciens systèmes de la philosophie grecque, ce répertoire de toutes les solutions possibles des grands problèmes, des problèmes éternels de l'esprit humain,

---

1. *La Philosophie ancienne, histoire générale de ses systèmes*, par Bénard, ancien professeur de philosophie dans les lycées de Paris et à l'École normale supérieure. — 1 vol. in-8, Félix Alcan. Paris, 1885.

mon intention n'est pas de suivre M. Bénard dans le
recherches qu'il a faites sur cette matière, embrassée
dans sa généralité ; je m'arrêterai seulement à deux
points qu'il a traités avec un soin particulier et qui
méritaient cette prédilection par la place qu'ils occu
pent dans les développements de la pensée hellénique
pendant une de ses périodes les plus fécondes. Je
veux parler de la philosophie de Socrate et de l'en
seignement des sophistes.

Par une sorte de fatalité, quelques-uns de no
écrivains les plus sérieux sont en ce moment irrésis
tiblement entraînés vers ces faux sages qui on
séduit, ébloui et corrompu la Grèce à une certaine
époque de son histoire, et vers le martyr, non moins
grand par son âme que par son génie, qui seul a
osé lutter contre cette funeste influence, et n'a pa
hésité à sacrifier sa vie pour l'honneur de la raison
pour l'honneur du bon sens et de la conscience d
l'humanité. Voilà, en effet, outre le livre de M. Bé
nard, le tome III de la traduction française du grand
ouvrage de M. Édouard Zeller : *la Philosophie de
Grecs considérée dans son développement historique*
le mémoire de M. Boutroux sur *Socrate, fondateu
de la science morale* ; les substantiels articles publié
sur le même sujet par M. Charles Lévêque dans le
derniers numéros du *Journal des Savants*, et enfin
le travail de M. Ludovic Carrau qu'on a pu lire tou
récemment dans la *Revue des Deux Mondes*. Cett
rencontre n'est pas un pur effet du hasard. Il es
impossible que des esprits accoutumés à l'observa
tion n'aient pas remarqué une étroite ressemblance

entre la manière de penser et de raisonner, qui domine depuis quelque temps dans notre pays, et celle qui a donné la célébrité aux anciens sophistes de la Grèce. Pas plus aujourd'hui qu'à cette époque éloignée, il n'y a un principe, une croyance, une règle de morale, de droit, de critique historique, artistique ou littéraire qui se tienne debout ou qui compte un certain nombre de partisans résolus. Pas plus aujourd'hui qu'au temps de Gorgias et de Protagoras, ce travail de dissolution n'est une cause d'insuccès et de discrédit. Tout au contraire, ceux qui s'y livrent avec le plus de suite et d'emportement sont ceux à qui l'opinion décerne ses plus brillantes récompenses. Le nom des sophistes a dû naturellement réveiller dans la mémoire celui de Socrate. En assistant à la résurrection des premiers, on a été amené à faire reconnaître à côté d'eux leur glorieux adversaire, et c'est ainsi qu'on les a réunis dans la restauration scientifique dont nous sommes témoins.

Je dirai d'abord ce que pense M. Bénard des sophistes et avec quelle vigueur de bon sens, avec quelle solidité d'érudition il réfute leurs modernes apologistes, les Grote, les Lewes, et même, malgré la mesure apparente qu'il garde dans ses paradoxes, le grand Hegel.

Dans un chapitre qui n'est pas un des moins savants ni des moins intéressants de son livre, M. Bénard nous fait connaître, avec sa biographie, le rôle particulier de chacun des sophistes de la Grèce et le genre d'argumentation, souvent très étrange, dont il avait l'habitude de se servir. Mais nous ne pouvons pas lui emprunter même une faible partie de ces curieux détails ; il faut nous contenter de nous faire une idée générale des personnages qui nous les présentent. Or, ici, appuyés sur l'autorité des grands hommes qui les ont vus à l'œuvre et qui ont passé une partie de leur vie à les démasquer, de Platon, d'Aristote, de Xénophon, nous ne sommes pas exposés à nous tromper. Leur jugement, unanimement accepté par les générations qui les ont suivis et consacrés depuis deux mille ans, peut être élevé au rang d'une vérité historique. Les sophistes, sans distinction d'origine ni d'école, étaient des artistes en paroles, ce qu'on pourrait appeler des *bravi*, des maîtres d'escrime de la dialectique et de la rhétorique, qui se donnaient en spectacle à prix d'argent, faisaient payer très cher à la jeunesse dorée d'Athènes l'enseignement de leurs exercices et se vantaient de leur talent à faire triompher devant les tribunaux la cause de l'injustice quand on les avait gagés pour cela, ou à soutenir la cause contraire quand ils y trouvaient leur compte. Non seulement la vérité et l'erreur, le bien et le mal leur étaient indifférents, mais ils tiraient vanité et faisaient profession de cette indifférence. Ce n'est pas sans raison que Xénophon les compare aux courtisanes. De même que celles-ci trafiquent de leurs charmes sans aimer aucun de ceux qui les payent, de même les autres trafiquent de leur art sans préférence pour la cause qu'ils attaquent ou qu'ils défendent, surtout sans amour pour la vérité et pour la science.

Pourtant il faut qu'on sache que les sophistes n'étaient pas étrangers à la philosophie. C'étaient une manière de philosophes sortis de toutes les écoles qui avaient précédé l'avènement de Socrate ; mais les propositions dans lesquelles les philosophes convaincus résumaient leurs observations ou les arguments souvent subtils dont ils faisaient usage pour réfuter les conclusions de leurs adversaires, les sophistes les employaient contre les idées qu'ils avaient intérêt à combattre ou au profit de celles que leur avantage ou leur honneur était de soutenir. C'est ainsi que, de la doctrine ionienne, assez semblable à quelques systèmes de nos jours, que dans la nature entière il n'y a que des phénomènes transitoires et que ces phénomènes ne nous sont accessibles que par nos sensations, Protagoras a tiré cette conclusion devenue justement célèbre : « L'homme est la mesure de toutes choses ». C'est ainsi que l'école panthéiste d'Elée dont Zénon et Parménide étaient les chefs les plus illustres, ayant soutenu que l'être ou la réalité des choses est autre que les phénomènes dont nos sens sont frappés, et que ce n'est point par ces phénomènes que nous pouvons nous faire une idée de l'être ou nous croire autorisés à affirmer son existence, Gorgias a pu dire sans s'éloigner beaucoup de ses leçons : « Nous ne savons pas s'il y a un être ou s'il n'y en a pas. S'il y en a un, nous sommes hors d'état de le connaître, et, si nous le connaissons, les paroles nous manquent pour le définir. » N'est-ce pas à peu près ce que l'école positiviste et l'école évolutionniste nous disent aujourd'hui de l'Inconnaissable ? Les deux dernières propositions de Gorgias sont même fréquemment, avec les intentions les plus pieuses, appliquées à Dieu. N'entendons-nous pas, en effet, répéter sous mille formes que la nature divine est au-dessus de toute intelligence et qu'il n'existe dans aucune langue des expressions propres à la définir et à la peindre ? Oui, mais positivistes, évolutionnistes et croyants de toutes les sectes ont une conviction, ont une doctrine, ont des principes d'où ils font sortir une règle de conduite, une mesure du bien et du mal, de l'erreur et de la vérité. Gorgias ne reconnaissait rien de pareil, ni lui ni aucun de ses compagnons en sophistique. Et ce sont pourtant ces hommes-là qu'on s'est avisé, depuis peu, de nous présenter comme des victimes d'une antique calomnie, d'un préjugé d'école, on n'ose pas dire d'Église, entretenu avec soin pendant une longue suite de siècles, comme des serviteurs méconnus du progrès, de la civilisation, de la liberté dans le domaine de la pensée, comme les précurseurs et les modèles des professeurs de nos Universités.

Parmi ces apologistes modernes des vieux sophistes de la Grèce, il en est surtout trois qui se recommandent à notre attention. L'un, c'est Hegel, considéré encore aujourd'hui comme le plus éminent représentant de l'idéalisme allemand. Les deux autres, Georges Lewes et Grote, appartiennent au positivisme anglais et en sont les interprètes dans le domaine de l'histoire, particulièrement de l'histoire de la philosophie grecque.

Pour Hegel, toute école, tout système, toute doctrine qui a joué un rôle appréciable dans l'histoire est un anneau indispensable de la chaîne qui nous représente le développement général de la pensée humaine. Mais c'est un anneau vivant, c'est-à-dire transitoire, un *moment* qui, succédant à un moment antérieur, précède lui-même le moment suivant, tout prêt à paraître. Il y a plus, ces moments s'appellent les uns les autres par la contradiction et ensuite s'effacent, se neutralisent, se complètent dans un état supérieur destiné à être nié et à disparaître à son tour. C'est ce que dans la langue hégélienne on appelle le *procès dialectique* de la pensée. Selon les lois de cette dialectique en action, aussi ancienne que le genre humain, et qui ne finira qu'avec lui, la sophistique a été nécessaire, elle est venue en son temps, elle avait sa place marquée d'avance et n'a pas joué dans l'histoire de la philosophie grecque un rôle moins utile que la doctrine de Socrate et de Platon. Elle a amené la fin d'une époque et marqué l'avènement d'une époque supérieure. Détournant l'esprit du spectacle du monde extérieur, elle l'a forcé à se replier sur lui-même, à étudier la portée de ses propres facultés. Elle a poursuivi, après tout, le même but que Socrate; mais tandis que celui-ci n'a tenu compte que de l'universel et de l'idéal, les sophistes se sont attachés à ce qu'il y a en nous de particulier, de variable et de sensible. Ce n'est pas la raison qui les a séduits, mais le raisonnement, dont ils ont fait un art raffiné, à peu près inconnu dans les siècles précédents. La pratique de cet art leur a donné richesse, crédit, puissance, et l'on sait que, pour Hegel, la puissance et la force se confondent avec le droit. Il résulte de là que la sophistique, selon lui, ne doit être ni louée ni blâmée, il faut l'accepter comme un fait, et comme un fait nécessaire, comme une façon de concevoir les choses dont l'esprit humain n'a pu se passer; sans la réhabiliter, il faut la réintégrer dans l'histoire intellectuelle de l'humanité.

Cette apparente indifférence est, au fond, une apologie, comme M. Bénard le démontre très bien; car, comment soutenir que le mépris de tout principe, que l'indifférence entre le bien et le mal, que la défense de l'injustice et de l'erreur érigée, non en système, mais en profession et pratiquée comme un moyen de faire fortune, soit chose absolument nécessaire, une source de lumière, un complément d'information scientifique? La critique de M. Bénard est d'autant plus juste que Hegel ne s'arrête pas longtemps à réclamer pour les sophistes l'avantage de l'impartialité et la simple restitution de ce qu'on pourrait appeler leur état civil; il leur fait un mérite d'avoir détrôné le sens commun, objet de sa particulière aversion, par leur science verbale et leur charlatanisme superficiel. Il leur est reconnaissant aussi, lui qui fait de la contradiction la base de son système, d'avoir enseigné à leurs contemporains à se passer de tous les principes en les falsifiant sans scrupule et en les retournant contre leurs propres conséquences. Rien que ce détail nous est déjà une preuve de l'immoralité et de la corruption qu'a déchaînées sur le monde moderne cet idéalisme menteur, ce fatalisme implacable de Hegel. Si nous voulions bien chercher, nous verrions que c'est de là que sont sortis et que sortent tous les jours les rhéteurs et les sophistes qui énervent, qui empoisonnent, qui dissolvent la société contemporaine.

Les positivistes anglais Grote et Lewes ne prennent pas autant de détours. Leur dessein avoué est, non pas de réintégrer, mais de réhabiliter les sophistes. Et comment en serait-il autrement? Tout ce que l'antiquité reproche avec indignation aux Gorgias, aux Protagoras, aux Calliclès, aux Thrasymaque, le mépris de toute justice et de toute vertu humaine, le mépris de toute métaphysique et de toute morale, la confusion du bien avec le mal, de la vérité avec l'erreur, le rejet des principes le plus universellement consacrés par la raison et par la conscience de l'humanité, est dans les conclusions logiques du positivisme anglais, conclusions d'ailleurs acceptées par les partisans de ce système avec une entière franchise. On sait que pour eux la vérité est inconnaissable, par conséquent qu'elle n'a aucune action sur notre intelligence et sur notre âme, sur nos idées et sur nos décisions. Au-dessous de ce sommet perdu dans les nues, et qui est pour nous comme s'il n'existait pas, nous n'apercevons que des faits personnels, transitoires, variables à l'infini. La justice elle-même est un de ces faits personnels, égoïstes ; et quant à la charité, l'un d'entre eux en fait un crime antisocial, parce que, aider des malheureux à vivre, c'est nuire à la sélection de notre race et travailler à sa décadence. Ce n'est pas non plus le profit qu'ils tiraient de leur métier, qui pouvait attirer aux sophistes le blâme des deux philosophes anglais dont nous parlons. Ils leur comptent la richesse pour un titre d'honneur. D'ailleurs, si nous en croyons Grote, l'habitude prise par eux de faire payer leurs leçons est le seul trait qui les distingue des philosophes, et c'est par là aussi qu'ils ressemblent aux professeurs de nos établissements universitaires. Autant d'arbitraires affirmations dont M. Bénard, armé des textes les plus vénérables, n'a pas de peine à faire justice.

C'est à tous ces agents de dissolution, à tous ces précepteurs de mensonge et de vice que Socrate avait entrepris de faire la guerre, et comme leur race est loin d'avoir disparu, un nouveau Socrate ne serait pas de trop dans le temps où nous vivons; je dis un Socrate plutôt qu'un Voltaire, car nous ne sommes que trop enclins, malgré nos professions de foi pessimistes, à rire de tout et de nous-mêmes. Il nous faudrait quelqu'un qui nous apprît à croire à quelque chose d'une foi raisonnée et réfléchie, qui nous enseignât à prendre la vie au sérieux et à rendre leur antique honneur aux noms de devoir, de patrie, de liberté, d'humanité, en ce moment et depuis des années déjà devenus le texte d'intarissables plaisanteries.

« Socrate, écrit M. Charles Lévêque [1], n'est pas seulement, aux yeux de la postérité, le chef d'une grande école philosophique; il est l'un des maîtres de l'humanité, l'un de ses plus sublimes modèles. »

1. *Journal des Savants*, cahier d'avril 1886, p. 224.

Il n'y a aucune exagération dans ces paroles, elles sont l'expression fidèle de la vérité historique ; elles s'accordent à la fois avec la doctrine, avec la vie et avec la mort de Socrate. Ce n'est pas assez d'appeler Socrate un philosophe, ce n'est pas assez de dire que c'était un sage ; c'était un apôtre, bien décidé, quand il le faudrait, à devenir un martyr ; mais ce rôle il l'a rempli à la façon d'un Grec, d'un Athénien raffiné, dont il n'a jamais abandonné la libre pensée, les audaces de raisonnement, la mordante ironie, tempérée par la grâce et le ferme bon sens. A toutes ces qualités, essentiellement helléniques et attiques, se mêle une exaltation sans laquelle il n'y a pas d'apostolat et qui, bien que particulièrement connue de l'Orient, n'était pas étrangère à la Grèce. Nous en trouvons déjà quelques traces chez Pythagore et chez Empédocle ; elle se mêle, dans les écrits de Platon, aux plus hautes et aux plus subtiles spéculations de la métaphysique ; elle arrive, dans l'école d'Alexandrie, enflammée par le contact des idées orientales, à l'état d'une théorie universelle et permanente. Chez Socrate, elle a toujours un caractère individuel et personnel ; c'est son démon, dont la voix purement spirituelle, et séparée de toute forme visible, ne se fait entendre que de lui et dans les grandes occasions. C'est sa doctrine ou son enseignement qu'il donne pour universel, et qui l'est en effet, car il s'adresse aux hommes de tous les temps et de tous les pays, il est le fond même de la raison et de la conscience de l'humanité qui n'existent pas si elles ne sont éternelles et universelles, c'est-à-dire absolues. Quel sourire de pitié on aurait amené sur ses lèvres si on lui avait parlé d'une certaine morale, toujours égoïste dans son principe et dans ses conséquences, ou d'une certaine philosophie, toujours identique avec la sensation, d'une certaine idée de la personnalité et du droit qui se forme d'âge en âge par la sélection et qui dérive en droite ligne du gorille ou de plus bas encore! Et qu'aurait-il dit de nos pessimistes étrangers ou nationaux, vieux ou jeunes, qui ne voient que le mal dans la nature et dans l'homme, sans avoir l'air de se douter que l'idée du mal est incompréhensible sans l'idée du bien, et que pas plus la première que la seconde ne peut être mise en œuvre par une puissance inconsciente?

Tout vrai philosophe et tout homme qui aspire à le devenir devrait constamment avoir présent à l'esprit cet admirable passage d'Aristote [1] : « Quand un homme vint proclamer que c'est une intelligence qui, dans la nature aussi bien que dans les êtres animés, est la cause de l'ordre et de la régularité qui éclatent partout dans le monde, ce personnage fit l'effet d'avoir seul sa raison et d'être en quelque sorte à jeun après les ivresses extravagantes de ses devanciers ». En s'exprimant de la sorte, Aristote ne pensait pas à Socrate, mais à Anaxagore. Mais, cette voie qu'Anaxagore avait ouverte près d'un siècle avant lui, Socrate l'a parcourue en y répandant une lumière

---

1. *Métaphysique*, liv. I, chap. III; traduction de M. Barthélemy-Saint Hilaire. — Je ne comprends pas pourquoi M. Bénard n'a pas gardé cette traduction, beaucoup plus fidèle et plus expressive que la sienne.

et en y recueillant des trésors que nul jusqu'alors n'avait soupçonnés.

J'ai déjà dit que si Socrate était un apôtre et même un inspiré, comme le prouve son attitude devant Potidée, c'était à sa façon, non à celle d'un prophète hébreu ou de l'un des douze compagnons de Jésus. Il ne faudrait pas non plus se le représenter comme un docteur enseignant du haut d'une chaire ou comme un professeur, même comme un précepteur intime, uniquement appliqué à former des élèves. Sa vie entière, selon la remarque pleine de justesse de M. Bénard, fut une conversation qui ne finit qu'à sa mort, et cette conversation consistait à questionner les autres plutôt qu'à parler en son propre nom. Il est vrai qu'à la manière dont les questions étaient posées et aux difficultés interminables qu'il relevait dans les réponses, on comprenait ce qu'il désirait qu'on répondît ; et cela, il finissait toujours par l'obtenir. A l'exception des grandes circonstances où il était impossible qu'il ne prît pas et ne gardât pas la parole, c'était donc son interlocuteur et non pas lui qui faisait la leçon. C'est cela surtout qui est grec, c'est cela qui est philosophique et, comme nous dirions aujourd'hui, libéral ; car c'est supposer que chacun porte en soi, non pas seulement le germe, mais la substance de toutes les vérités ; c'est ériger en principe la liberté intellectuelle et la dignité générale de l'espèce humaine.

Que de profondes et salutaires idées Socrate a introduites dans le monde sous cette forme indirecte et en quelque sorte impersonnelle ! C'est encore moins la valeur de la science qu'il a cherché à faire comprendre à ses contemporains que la valeur de la raison, et encore moins la valeur de la raison que celle de l'âme et la grandeur de sa destinée, la hauteur de sa tâche au sein de la nature et dans les relations de la société. Le fait est que toutes ces choses, sans se confondre, sont inséparables dans son esprit. Il a voulu se faire une idée supérieure et précise de la science elle-même, comme le soutient M. Edouard Zeller, mais parce que la raison ne se montre à nous, ne nous laisse assurés de sa présence que lorsqu'elle a revêtu sa forme la plus élevée, qui est la forme scientifique. Il n'attachait tant de prix à la raison elle-même, que parce que c'est la raison qui, après tout, élève l'homme au-dessus de la brute, qui met l'ordre et la dignité dans sa propre existence et lui montre que la nature aussi obéit aux lois de l'ordre, que la nature aussi et chaque partie de la nature a un but, a une fin, a une raison d'être. C'est un fait acquis à l'histoire que le principe des causes finales était pour Socrate une des plus hautes vérités enseignées par la raison et une des premières conditions de la science. Mais quelle est la plus élevée, la plus universelle, la plus nécessaire de toutes les fins, celle que supposent toutes les autres et à laquelle elles sont toutes subordonnées ? C'est le bien ; donc l'idée du bien est le fond même de la raison et toute science se ramène à la science du bien ou à la morale ; du moins la morale en est-elle le couronnement nécessaire. C'est sous l'empire de cette conviction que Socrate et après lui Platon en étaient venus à s'imaginer que la vertu était une science, qu'il suffisait de la connaître pour la pratiquer et que nul ne peut avoir une idée exacte du bien sans l'aimer d'un amour irrésistible, par conséquent sans le faire. On pourrait citer des philosophes chrétiens que leurs spéculations ont conduits au même résultat et qui ont défini le péché l'ignorance du bien : *peccatum est ignoratio boni*. Si c'est une erreur, il faut convenir qu'elle vient de plus haut et qu'elle est plus facile à justifier que celle de Schopenhauer et de M. de Hartmann.

On voit quelles sont les conséquences qui sortent de ces prémisses et que Socrate lui-même en a courageusement tirées ; l'existence d'une providence qui gouverne le monde par les lois de la raison et que Socrate appelle simplement « le Dieu » ὁ Θεός ; la spiritualité de l'âme ; l'espérance d'une vie immortelle ; la nécessité d'admettre des lois non écrites qui sont supérieures et antérieures aux lois écrites ; l'égalité morale de l'homme et de la femme ; la réhabilitation de l'esclave et du travail manuel ; l'obligation de se soumettre, même quand elle se trompe, à la justice de son pays. Mais je n'ai pas l'intention de résumer ici en quelques lignes la philosophie de Socrate ; il me suffit d'en avoir rappelé les traits les plus saillants. Je dirai seulement avant de finir qu'aucun historien de la philosophie n'a mieux démontré que M. Edouard Zeller l'injustice de la condamnation dont Socrate a été la victime. Ceux qui ont prononcé, et bien plus encore ceux qui ont provoqué contre lui une sentence de mort, ont cru défendre contre ses nobles enseignements un ordre de choses, une forme de la société et de l'opinion publique qui tombait en ruine; mais ce passé qu'ils voulaient sauver, ils avaient cessé d'y croire. Or, s'il est difficile de relever ce qui n'est plus, cela est impossible quand on n'apporte à cette œuvre de restauration ni sincérité, ni confiance.

LES ŒUVRES
DE
HUGUES DE SAINT-VICTOR[1]

Il ne fallait rien moins que la patience et le savoir de l'historien de la *Scholastique*, du continuateur du *Gallia christiana*, de l'auteur de tant d'autres livres recherchés des curieux, pour entreprendre ce travail d'érudition raffinée et de haute critique, et, ce qui est plus, pour le mener à bonne fin. Il a si bien réussi que, en dépit des rares lecteurs auxquels il s'adresse, il obtient aujourd'hui les honneurs d'une seconde édition.

Qu'est-ce donc que ce Hugues de Saint-Victor, dont le nom est resté si célèbre, dont la doctrine excite encore tant d'intérêt dans notre siècle agité, dissipé, affairé, révolutionnaire, pour qu'on s'inquiète de savoir quelles sont ses œuvres, quel en est le nombre,

---

1. *Les Œuvres de Hugues de Saint-Victor, Essai critique*, par B. Hauréau, membre de l'Institut, nouvelle édition. — 1 vol. in-8. Librairie Hachette et Cie, Paris, 1886.

quels en sont les sujets et à quels signes on est sûr de les reconnaître quand elles ne portent pas de nom ou se trouvent confondues avec des œuvres étrangères? Hugues, chanoine, écolâtre et, selon quelques-uns, prieur de Saint-Victor de Paris, était un moine du XIIᵉ siècle, un contemporain de saint Bernard et d'Abélard, mais bien différent de tous les deux. Ce n'était pas un homme d'action, une sorte de tribun officiel, un fougueux défenseur de l'orthodoxie comme le premier, ni un batailleur obstiné, un raisonneur aventureux ou, comme nous dirions aujourd'hui, un libre esprit comme le second; c'était un mystique, le plus grand, le plus profond de tous les mystiques du moyen âge, on peut dire leur père spirituel, mais qui passait dans les cloîtres et dans les écoles pour le plus savant théologien de son époque. Il n'était donc pas uniquement un homme de sentiment et d'imagination; mais à ces deux facultés qui atteignirent chez lui, comme je le montrerai tout à l'heure, un haut degré de puissance, il joignait, avec l'art d'écrire, tout ce qui tenait alors lieu de science, tout ce qu'on savait de philosophie et de théologie. On l'appelait « la harpe du Seigneur, l'orgue du Saint-Esprit, le philosophe chrétien par excellence ».

Je ne suivrai pas M. Hauréau dans son voyage d'exploration à travers les sept éditions qu'ont eues les œuvres de Hugues de Saint-Victor. Je ne m'arrêterai pas davantage aux découvertes qu'il a faites sur ce sujet dans les manuscrits de la Bibliothèque nationale et ceux des autres bibliothèques publiques de la France et de l'étranger. Encore moins suis-je disposé à rendre compte des discussions bibliographiques qu'il soutient contre les critiques plus ou moins renommés qui l'ont précédé dans sa tâche. J'aime mieux montrer ce qu'il ajoute par ces laborieuses recherches à ce que nous savions ou avons cru savoir du grand mystique du xii° siècle et compléter, s'il est possible, l'idée qu'on s'est faite du mysticisme lui-même, tout au moins du mysticisme chrétien du moyen âge.

Une première observation qui se présente à l'esprit, c'est que le livre de l'*Ecclésiaste*, dont nos modernes critiques ont fait un code de scepticisme et même de matérialisme, une profession de foi purement épicurienne, a été comme le centre auquel se rattachaient les idées mystiques répandues dans l'Église aux époques de la plus grande ferveur religieuse ; et, avec un peu d'impartialité, on est obligé de reconnaître que la véritable interprétation du texte biblique est celle qu'ont adoptée les théologiens de ce temps-là. Il faut, en effet, un singulier amour du paradoxe et une grande habitude de jouer avec les textes pour apercevoir le culte du plaisir dans un écrit qui ne respire que le mépris du monde, le dédain de la vie, et qui, après nous avoir montré que tout est vanité et poussière, ne laisse subsister que l'âme, émanation de Dieu, destinée à rentrer dans sa source. Il est bien juste de le considérer comme une apologie du mysticisme, et c'est ainsi que l'a compris Hugues de Saint-Victor.

Le mysticisme de Hugues, ce n'est pas simplement le mépris du monde et l'amour de Dieu tels qu'ils sont professés dans tous les cloîtres et même dans toute l'Église : c'est quelque chose de plus, c'est quelque chose de tout différent. C'est un complet retour non seulement vers le mysticisme alexandrin, mais vers le mysticisme bouddhique. Quelque effort qu'on fasse, il est impossible de trouver un autre sens à un passage très remarquable des homélies de Hugues, que cite M. Hauréau et dont je reproduis la partie la plus significative.

« Le feu placé sur du bois vert a d'abord quelque peine à s'en emparer; mais qu'il soit excité par un souffle vigoureux et qu'il commence à chauffer plus vivement cette matière rebelle, aussitôt nous voyons s'élever d'énormes tourbillons d'une épaisse fumée qui voilent et ne laissent plus briller que par instants le rayon comprimé de la flamme scintillante; enfin, peu à peu, l'incendie se propage, la fumée est dissipée, le nuage disparaît, et nous n'avons plus sous les yeux que le foyer resplendissant d'une pure lumière. Alors la flamme victorieuse court de l'une à l'autre extrémité du bûcher qui pétille; libre, elle l'enveloppe, le domine de toutes parts, l'enserre dans ses molles étreintes, le pénètre, le dévore en le caressant, et ne s'arrête qu'après s'être insinuée dans ses parties les plus retirées, après avoir, en quelque sorte, en elle-même absorbé tout ce qui était hors d'elle. Et quand, par l'effet de l'incendie, tout ce qui était matière inflammable a été consumé et a perdu sa propre nature pour prendre la ressemblance et la propriété du feu, alors tout bruit cesse, on n'entend plus rien pétiller. »

Ce bois vert, c'est notre cœur charnel. Ces tourbillons de fumée, ce sont nos passions terrestres. La flamme qui purifie tout et dévore tout, c'est l'amour divin. Quand cet amour nous a pénétrés, il ne reste plus rien de nous, nous entrons dans le repos de la béatitude, délivrés de tous les troubles et de tous les bruits. « Alors on sent véritablement que Dieu est tout dans toutes choses : *Deus omnia in omnibus esse sentitur*; car le cœur éprouve tant de joie à laisser venir Dieu jusqu'à ses plus intimes retraites, qu'il ne reste plus rien du cœur, si ce n'est la place occupée par Dieu. »

Ce n'est pas seulement l'idée de ce que Plotin appelle l'unification (*enosis*) ou la simplification (*aplosis*), c'est l'idée du *Nirvana* bouddhique, ce sont les images mêmes par lesquelles on le représente à notre imagination. Si l'on fait réflexion que Hugues de Saint-Victor n'avait jamais entendu parler du bouddhisme et qu'il ne connaissait pas beaucoup mieux, malgré les écrits de Jean Scot Érigène, les philosophes de l'École d'Alexandrie; qu'il n'avait lu de Platon que le *Timée* traduit par Chalcidius, il faut bien admettre qu'il y a des formes de l'esprit humain, soit philosophiques, soit religieuses, qui reparaissent à certains moments et dans certains milieux séparés les uns des autres par de longs intervalles et qu'il n'y a rien de plus chimérique, quand on l'applique à l'humanité, que l'hypothèse d'une évolution universelle et continue.

A la renaissance du mysticisme indien et alexandrin se joint son accompagnement inévitable, je veux dire la croyance plus ou moins voilée à l'unité de substance. Comment l'âme rentrerait-elle au sein de Dieu, si elle n'en était une émanation? C'est pour l'avenir que saint Paul avait annoncé que Dieu serait tout en toutes choses. Hugues de Saint-Victor l'affirme pour la vie présente des âmes pénétrées de l'amour de Dieu.

Cette idée est si enracinée dans l'esprit de Hugues de Saint-Victor qu'il ne peut s'empêcher de la reproduire toutes les fois qu'il en a l'occasion. C'est ainsi que, en cherchant à déterminer les rapports qui existent entre la vertu et la vérité, il arrive à cette conclusion que la vérité n'existe que dans la vertu, ne peut être connue que par la vertu, et que la vertu consiste à renoncer à soi-même, à s'anéantir soi-même au sein de Dieu, à répudier, comme une illusion de la pensée trompée par les sens, toute distinction entre la créature et le Créateur. Dieu est tout en toutes choses, tel est le dernier mot, tout à la fois, de la vertu et de la science.

Dans un dialogue entre un maître et son disciple, le disciple demande : « Où le monde a-t-il été fait? *Ubi factus est mundus?* » Et le maître répond : « En Dieu : *In Deo.* » Si le monde a été fait en Dieu, il est difficile de croire qu'il ait été fait de rien, et que la matière dont il a été fait ne soit pas comprise dans l'essence divine. Saint Paul a dit, il est vrai : *In ipso, ex ipso et per ipsum omnia facta sunt.* Mais cela n'est pas aussi précis ou du moins aussi pressant que les mots que je viens de citer.

Dans un écrit qui a pour titre : *Éloge de la cha-*

rité (*de Laude charitatis*), on trouve d'autres paroles qui ne sont pas moins significatives. La charité dont il est ici question, ce n'est pas la vertu sociale qui nous fait compatir aux maux de nos semblables et nous porte à voler à leur secours, c'est l'amour mystique qui nous unit à Dieu et la vertu métaphysique qui fait que Dieu se manifeste dans ses créatures et dans la création tout entière. Aussi, Hugues de Saint-Victor se croit-il autorisé à dire que la charité ou l'amour n'est pas seulement un don de Dieu, mais qu'il est Dieu lui-même : *Charitas non solum donum Dei, sed etiam Deus dici potest.* — *Deus charitas est.* Qui se serait attendu à revenir par le mysticisme chrétien à la théogonie d'Hésiode qui nous montre dans l'amour le premier principe de toutes les existences, soit au ciel, soit sur la terre?

Enfin, je signalerai encore l'opinion de Hugues de Saint-Victor sur les rapports qui peuvent s'établir entre l'intelligence humaine et la substance divine. La connaissance de la substance divine est, selon lui, le dernier terme de la connaissance, le résultat le plus élevé de la contemplation. Mais la connaissance de la substance divine n'est possible que par l'identification de la pensée humaine avec l'éternelle substance ; par conséquent, elle met fin à la pensée humaine, elle met fin à la raison et à toutes les facultés non seulement de notre intelligence, mais de notre âme; elle ne laisse plus rien subsister ni de la volonté, ni de la mémoire, ni de la conscience, comme nous dirions aujourd'hui. Hugues de Saint-Victor se sert d'expressions certainement équivalentes, puisqu'il nous représente cet état comme le sommeil de l'âme, « heureusement endormie, dit-il, et dans le repos absolu livrée tout entière aux baisers de l'époux ».

Je suis de l'avis de M. Hauréau : s'il y a là une logique, c'est la logique des alexandrins. Je pense aussi, comme lui, que le mysticisme de Hugues de Saint-Victor, échappant par sa nature même, par le sentiment tout personnel dans lequel il a son siège, à toutes les formes consacrées par la tradition, a beaucoup contribué à l'émancipation des âmes et des intelligences. Les mystiques ne sont pas moins redoutables à l'autorité que les raisonneurs.

On voit que le savant et consciencieux livre de M. Hauréau n'intéresse pas moins la philosophie que la bibliographie philosophique.

LA
PHILOSOPHIE RELIGIEUSE
EN ANGLETERRE
DEPUIS LOCKE JUSQU'A NOS JOURS [1]

Il y a déjà quelque temps que ce livre a paru et j'aurais dû en entretenir plus tôt les sérieux lecteurs du *Journal des Débats*, car il fait le plus grand honneur à celui qui l'a écrit et à la philosophie française de notre temps. Mais il faut quelque courage pour traiter un sujet de philosophie spiritualiste et religieuse à une époque aussi agitée que la nôtre et où les sciences de fait le prennent de si haut avec toute tentative de spéculation. Cependant la question religieuse, sous quelque forme qu'elle se présente, la forme métaphysique ou la forme théologique, est restée au fond et restera jusqu'à la fin une des pro-

---

1. *La Philosophie religieuse en Angleterre depuis Locke jusqu'à nos jours*, par Ludovic Carrau. — 1 vol. in-8, Félix Alcan. Paris, 1888.

mières préoccupations de l'esprit humain. On sait quelle place elle a tenue en France, même dans la dernière moitié du XVIII° siècle, quand on affectait de la mépriser, et pendant la fièvre révolutionnaire, lorsqu'elle était officiellement proscrite. Elle n'a pas joué un moindre rôle en Angleterre sous tous les régimes qu'a traversés ce pays aussi agité que le nôtre, malgré son apparente constance. C'est précisément la philosophie religieuse de l'Angleterre que M. Carrau s'est proposé de nous faire connaître. Encore ne l'a-t-il pas embrassée dans son unité et dans la totalité de ses œuvres, ni dans ses rapports avec les croyances dogmatiques, si brusquement modifiées au delà du détroit par la volonté d'un roi absolu. Il ne la considère que dans les systèmes qui la représentent depuis le commencement du dernier siècle jusqu'aux années où nous sommes arrivés. La carrière est assez féconde et assez variée pour mériter notre intérêt. D'ailleurs, M. Carrau ne se borne pas au rôle d'historien, il y joint celui de critique, et la critique elle-même aboutit chez lui à une conclusion. Il ne pense pas, comme tant d'autres, que le doute soit le dernier terme de la sagesse et qu'il n'y ait pas pour la science d'autre résultat à espérer que la connaissance des perpétuelles contradictions de l'esprit humain.

La philosophie en Angleterre n'a jamais été, comme en France, un libre développement de la raison, restée étrangère à tout autre intérêt que celui de la vérité. Elle est née d'un esprit d'opposition contre la théologie ou de l'intention de lui venir en aide, quand elle est trop vivement attaquée dans ses dogmes essentiels.

Voici d'abord Berkeley qui, pour mettre à l'abri des objections du matérialisme l'existence de Dieu et celle de l'âme, supprime la matière et le monde extérieur. Sans doute, son système procède de celui de Locke; mais le théologien y a trouvé son compte, et le théologien chez lui ne se sépare point du philosophe, si même il ne l'absorbe complètement; c'est précisément ce qui fait son originalité. C'est l'intérêt de la théologie qui lui ouvre les yeux sur les vrais caractères de la loi morale dont Locke — ni aucun autre philosophe de son école — ne s'est jamais douté, dont la philosophie expérimentale, quelque nom qu'elle porte, ne se doutera jamais.

Ce que je dis de Berkeley s'applique en grande partie à Butler. Lui aussi est un théologien, un prédicateur qui appelle la raison au secours du dogme. La morale, contenue dans ses quinze sermons, est une protestation anticipée contre le système de Bentham et de John-Stuart Mill, enseigné implicitement dans l'*Essai sur l'entendement humain*. Il voyait clairement que la négation de la règle absolue du devoir est la négation même du christianisme. Aussi, comme moraliste, a-t-il été un devancier de Kant. Ses intentions théologiques se montrent encore plus clairement, mais aboutissent à des résultats moins heureux dans son grand ouvrage : *Analogie de la religion naturelle et révélée avec la constitution et le cours de la nature*. M. Carrau observe avec raison que les prétendues preuves de Butler en faveur de la Providence divine et de l'immortalité de l'âme ont fait plus de matérialistes et de sceptiques que de croyants.

Mais, à propos de Butler, je ferai une vive querelle à M. Carrau. « Le nom de Butler, dit-il, est à peine connu parmi nous. » Cette proposition contient une erreur difficile à justifier, même à expliquer. Cousin, dans son *Cours d'histoire de la philosophie moderne*, se montre parfaitement informé des idées philosophiques de Butler. Jouffroy, dans la 19º leçon de son *Cours de droit naturel*, lui consacre une place très convenable et expose sa doctrine avec une grande exactitude. Il n'est pas moins bien apprécié dans l'*Histoire de la philosophie morale* de Mackintosh, traduite en français par Poret en 1834. Le principal ouvrage de Butler, son *Traité de l'apologie de la nature et de la religion*, a été mis à la portée de tout le monde par une traduction française qui porte la date de 1821. Enfin, on me permettra de dire que les deux éditions du *Dictionnaire des sciences philosophiques*, dont la première a paru en 1843, contiennent sur Butler un article où M. Carrau aurait pu trouver la substance de ses propres réflexions. Les Allemands eux-mêmes, observe M. Carrau avec plus de candeur que de patriotisme, ne connaissent pas Butler. Est-il bien démontré que ce que les Allemands ignorent est ignoré du monde entier? On pourrait citer une multitude d'exemples du contraire, et j'ajouterai que ce que les Allemands connaissent le moins, c'est la philosophie française, particulièrement celle de notre temps. Mais reprenons la suite des péripéties de la philosophie religieuse en Angleterre.

Après les apologistes, plus ou moins déclarés, de la révélation, nous rencontrons ses adversaires, à savoir : Toland, Tindal, Collins, Bolingbroke et surtout David Hume, le vrai maître du scepticisme moderne.

Toland n'est pas un matérialiste, un athée, ni même un déiste, comme un philosophe français de l'école de Rousseau; il a la prétention d'être chrétien; mais son christianisme, en souvenir de celui que Locke a appelé le christianisme raisonnable, n'admet pas de miracles, pas de révélation surnaturelle. *Christianity not mysterious*, le christianisme sans mystères, tel est le titre de son principal ouvrage. Il faut dire cependant que le fond de sa pensée est un peu plus hardi. Dans un petit écrit qui porte le nom de *Panthéisticon*, il fait du panthéisme, réduit à son principe le plus vague et le plus superficiel, une véritable religion ayant son culte, ses dogmes, ses rites, transmis d'âge en âge par la tradition.

Tindal est plus circonspect sans être moins agressif contre la révélation. Il s'en tient au déisme, fait du déisme toute la substance du christianisme et soutient que le christianisme a commencé avec le monde : « le christianisme aussi ancien que la création », ce sont les mots qu'il inscrit en tête de son dernier livre, publié par lui en 1730, à l'âge de soixante-dix ans. Il ignorait sans doute, ou ne se souvenait pas que les théologiens, en laissant au christianisme son caractère surnaturel, lui attribuent la même antiquité. Sans parler d'Origène et de Clément d'Alexandrie, qui font remonter la première révélation au temps où les anges, selon le récit de la Genèse, eurent commerce avec les filles des hommes, est-ce que saint Paul ne nous donne pas toute l'histoire et toutes les lois de l'Ancien Testament pour une figure de la révélation évangélique? La thèse de Tindal ne diffère pas au fond de celle de Selden, qui prétendait prouver par des raisons historiques l'existence d'une révélation adamique, d'où sont sorties celles du Sinaï et du Golgotha. Tindal n'en était pas moins persuadé que, en faisant naître le christianisme à la même date que le genre humain, il élevait contre la tradition religieuse une objection insurmontable. C'est lui le premier parmi les philosophes du XVIII° siècle qui, voyant dans les Chinois un des peuples les plus anciens de la terre, sinon le plus ancien, a été conduit par là même à le placer, pour sa sagesse et sa science, au-dessus du reste de l'humanité. Voltaire, dans l'admiration sans bornes qu'il professe pour la même nation, n'a fait qu'imiter le philosophe anglais, à qui il a d'ailleurs emprunté beaucoup d'autres idées.

Collins, très connu, très célèbre et très étudié en France, dans le cours du dernier siècle, ne s'est point seulement attaqué à l'origine divine du christianisme, mais au spiritualisme philosophique, à l'unité substantielle de la personne humaine, à l'immortalité de l'âme et surtout au libre arbitre. Cependant il a eu la prétention, dans un de ses ouvrages, son *Discours sur les fondements et les raisons de la religion chrétienne*, de rationaliser, si l'on peut ainsi parler, les dogmes chrétiens et les récits miraculeux sur lesquels ils s'appuient. On se demande ce que cela pouvait lui faire, à lui fataliste, matérialiste en principe et par conséquent athée, que la foi chrétienne pût être ramenée à la raison, au respect de la vraisemblance dans le domaine de l'imagination; mais c'était, à l'époque dont nous sommes occupés, le courant général de l'esprit anglais, sorti de l'esprit même du protestantisme. Collins n'y échappait pas plus que ses contemporains. Or, quel est le moyen qui lui sert à se donner satisfaction sur ce point? C'est le sens figuré mis à la place du sens littéral; c'est l'application de ce qu'on appelle en théologie la méthode allégorique. Avec un peu plus d'érudition qu'on n'en avait de son temps sur les matières religieuses, Collins aurait su que la méthode allégorique est aussi ancienne que le christianisme lui-même, puisque saint Paul en fait usage, et que même elle est antérieure au christianisme, puisqu'elle est mise en pratique par Philon, par les esséniens, par les thérapeutes et, en maintes occasions, par les traducteurs grecs de l'Ancien Testament, par les auteurs de la version dite des Septante. Ces exemples, d'ailleurs, nous sont une preuve que la méthode allégorique est plus favorable au mysticisme qu'au rationalisme, et surtout à une philosophie purement expérimentale.

Cette philosophie, c'est la seule que reconnaisse Bolingbroke, le maître avoué de Voltaire, celui des philosophes anglais qu'il cite le plus souvent et avec le plus de déférence. Pour Bolingbroke, nul ne mérite le nom de philosophe s'il reconnaît une autorité autre que celle de l'expérience. Platon, Descartes, Leibniz ne sont à ses yeux que des rêveurs. Ils n'ont pas compris que l'âme fait partie de la nature et qu'elle nous est connue uniquement par les sens, comme le corps avec lequel elle forme un seul tout. Si, malgré cela, il fait profession de déisme, c'est que Dieu est pour lui un objet d'expérience. Dieu est reconnu par le genre humain, et le témoignage du genre humain est un fait. L'intelligence que nous observons en nous est un autre fait, et, puisqu'elle ne peut s'expliquer par une cause inintelligente, elle ne peut avoir que Dieu pour auteur. C'est par Dieu aussi que nous nous rendons compte de l'ordre qui règne dans la nature. C'est dans ce sens que Bolingbroke se déclare partisan de l'optimisme, non dans le sens moral, ou celui d'une rémunération ajournée à une autre vie. Il faut dire que l'optimisme a été, en grande partie, adopté par Bolingbroke en haine du christianisme. Il répudie le péché originel et tous les autres dogmes chrétiens. Il répudie le principe même de la révélation et évite de se mettre en contradiction avec lui-même en s'efforçant de l'expliquer par la raison.

Mais de tous les adversaires que les croyances religieuses ont, dans le cours du XVIII° siècle, rencontrés en Angleterre, de tous ceux qu'elles rencontrent encore aujourd'hui en Angleterre ou ailleurs, aucun n'est comparable à Hume. Aussi est-ce à lui que M. Carrau s'est arrêté le plus longtemps. C'est à lui qu'il a consacré le meilleur, le plus substantiel et le plus vigoureux chapitre de son livre.

David Hume, en réduisant à un simple rapport d'association le principe de causalité, a été le vrai fondateur du positivisme et de ce qu'on appelle l'école associationniste, l'école qui revendique l'honneur d'être seule restée fidèle à la méthode expérimentale. Ayant ainsi enlevé à la raison le fondement de toute connaissance, le motif de toute affirmation, Hume a été nécessairement conduit à la négation de l'âme et de Dieu, à la négation de toute existence au delà des purs phénomènes. Il s'est donc attaqué non seulement au christianisme et à la révélation, mais à la religion naturelle, surtout à la religion naturelle, puisque, sans elle, aucune autre n'est possible. Cette tâche, il la poursuit directement ou indirectement dans toutes ses œuvres, nulle part cependant avec autant de force et de précision, avec une dialectique à la fois plus profonde et plus subtile que dans son *Essai sur l'histoire naturelle de la religion*. « L'*Essai sur l'histoire naturelle de la religion*, dit M. Carrau, peut être considéré comme le dernier mot de Hume sur la question du déisme. » L'analyse et la réfutation qu'il nous en donne sont supérieures, je ne crains pas de le dire, à celles que nous offrent les histoires générales de la philosophie et les études particulières dont jusqu'à présent, à ma connaissance, le grand adversaire du principe de causalité a été l'objet en France et à l'étranger.

En même temps qu'il combat le scepticisme universel de Hume, M. Carrau ne se montre pas moins opposé au scepticisme idéaliste de Kant. Au fond, et en exceptant la morale enseignée par le philosophe allemand, il ne voit aucun motif sérieux de préférer cette dernière forme du doute à la première. Que nous importe, après tout, que Dieu, l'âme humaine, la liberté, l'univers, par conséquent l'humanité, ne soient rien, c'est-à-dire qu'ils se réduisent à de pâles sensations, à de pures images, à de simples modes de notre sensibilité, de la sensibilité de notre cerveau, ou qu'ils soient uniquement des formes, des états, des concepts, des lois de notre pensée, et pas autre chose, pas une chose qui existe hors de notre pensée? M. Carrau n'accepte pas, et j'ajoute qu'il a raison de ne pas accepter, cette compensation à l'impuissance absolue de rien savoir à laquelle nous condamnent certains systèmes demeurés parmi nous en grand crédit. Je pense, comme lui, qu'un idéal, qui n'est pas affirmé comme le fond même de la réalité et comme la règle suprême de notre vie et de notre intelligence, doit être considéré comme l'équivalent du néant. Cette manière de voir est si peu commune dans le temps où nous vivons qu'on peut la compter à M. Carrau et à ceux qui la partagent avec lui pour un trait d'originalité.

Après son chapitre sur Hume, M. Carrau nous introduit en plein XIXᵉ siècle, et le nom qui le premier se présente sous sa plume est celui d'Hamilton, un Écossais, comme l'auteur de l'*Essai sur l'histoire naturelle de la religion*, et un Écossais qui peut rivaliser avec lui dans l'art de manier la dialectique, quoiqu'il en ait fait un autre usage. Si Hamilton n'est pas un sceptique, et l'on ne peut le qualifier ainsi sans commettre une criante injustice, c'est, du moins, un esprit bien subtil, bien contourné, bien peu naturel. Comment être sûr de le comprendre, quand il distingue l'infini de l'absolu et qu'il nous les présente comme inconciliables ; quand il dit que l'absolu est l'inconditionnellement limité et l'infini l'inconditionnellement illimité, ou quand il affirme d'une manière générale que penser c'est conditionner? Nous croyons que la véritable condition de la pensée, c'est d'être intelligible et de se servir de la langue de tout le monde. M. Carrau, tout en faisant justice de ces logogriphes, accorde à Hamilton quelque chose de la profondeur de Parménide et de la subtilité de l'école mégarique. Cet éloge même pourrait passer pour une critique.

On ne peut prononcer le nom d'Hamilton sans penser à Stuart Mill, son contradicteur et son juge plus que sévère. Je n'ai jamais pu m'empêcher de voir dans John-Stuart Mill une belle âme, une rare intelligence et un esprit faux. Il a l'esprit faux en morale, quand il nie la liberté et donne pour unique règle à nos actions l'amour de soi. Il a l'esprit faux en psychologie, quand il n'aperçoit dans l'âme que des associations de phénomènes et pas un seul principe, pas une seule idée maîtresse, même celle de causalité. Il a l'esprit faux en politique, quand il demande pour les femmes les mêmes droits électoraux qu'il reconnaît à l'homme. Il a l'esprit faux en matière de droit naturel et d'économie politique, quand il nie le droit de propriété. Il ne faut donc pas s'étonner qu'il ne raisonne pas d'une manière plus juste quand il aborde les problèmes de la religion naturelle.

Lui, positiviste, négateur obstiné de l'idée de cause, par conséquent des causes finales, non seulement à la manière d'Auguste Comte, mais à l'exemple de Hume, il reconnaît dans l'univers les marques d'une sagesse supérieure. Mais cette sagesse, la sagesse divine, pour l'appeler par son nom, il nie absolument qu'elle soit unie à la toute-puissance. La puissance de Dieu, selon l'idée qu'il s'en fait, est limitée par les propriétés de la matière, qu'il se représente comme nécessaire et éternelle. Nous voilà donc ramenés au nom du progrès, au nom de la philosophie positive, à une des hypothèses les plus chimériques et les plus décriées de la vieille cosmogonie, j'allais dire de la vieille mythologie. Ce qu'on peut dire de plus honorable en faveur de cette opinion, c'est qu'on y retrouve presque sans changement le dualisme naïf d'Anaxagore. Les objections qu'elle soulève se présentent en foule; je n'en indiquerai que deux. Comment l'expérience, puisque c'est à elle seule qu'il faut nous rendre, peut-elle nous faire savoir qu'il y a une matière, c'est-à-dire une substance, une force tout à fait distincte des phénomènes? Comment l'expérience peut-elle nous apprendre que cette matière est éternelle? Et d'où nous vient l'idée d'éternité, quand, selon la psychologie associationniste, qui est celle de Mill, nous n'avons pas même la notion du temps? Ce qu'il y a de plus surprenant dans la théologie de Mill, c'est que l'esprit a eu un commencement, tandis que la matière n'a pas commencé, elle a toujours existé et existera toujours. C'est dans ces propriétés éternelles et nécessaires de la matière qu'il faut chercher l'origine du mal. Dieu n'en est pas responsable. Cela aussi est d'un autre âge, c'est du pur mysticisme, ce sont les gnostiques et les philosophes alexandrins qui tenaient ce langage. M. Carrau dépense beaucoup d'érudition et de logique à combattre ces rêveries. Je les trouve suffisamment réfutées par cela seul qu'on s'est donné la peine de les faire connaître.

Ce rapide résumé de l'histoire de la philosophie religieuse en Angleterre ne saurait être clos plus convenablement que par le nom de Herbert Spencer. Herbert Spencer, c'est le grand philosophe du moment, non seulement en Angleterre, mais en France et dans d'autres pays. En Allemagne même, il tient un rang éminent. Il est la personnification du système de l'évolution, et l'évolution, à notre époque de décomposition et de décadence morale, est considérée, dans un milieu plus étendu que profond, comme le dernier mot de la philosophie et de la science. Je n'ai pas à m'occuper ici du système général de Herbert Spencer et de la façon dont il explique, par le seul effet des lois de la mécanique, les plus étonnantes merveilles de la nature et les œuvres les plus prodigieuses, osons dire les plus saintes et les plus sublimes de la volonté et de l'intelligence. Je veux seulement m'arrêter à ce qu'il pense du principe de toute religion; car enfin les religions existent, il n'est possible ni de les supprimer ni de les faire rentrer dans la vie végétale ou animale. Auguste Comte lui-même, sur la fin de sa vie, s'est vu amené, non par inconséquence, mais par la force des choses, à leur donner une place dans sa tentative d'universelle rénovation. Or, selon Herbert Spencer, le principe, le fond de toute religion, par conséquent le principe, le fond de sa philosophie religieuse se traduit par un seul mot : l'agnosticisme. L'agnosticisme, si le nom de religion peut lui être appliqué, c'est la religion de l'*inconnaissable* (le mot lui appartient). L'inconnaissable, ce n'est pas seulement ce que nous ignorons ou ce que nous ne connaissons pas, mais ce que notre nature, la nature de notre esprit, la nature même des choses ne nous permet à aucun degré, dans aucune mesure, sous aucune condition, de connaître. Qu'est-ce que cela? Absolument la même chose que le néant; car le néant, c'est ce qui ne répond à aucune idée, ce qui ne revêt ni ne peut revêtir aucune forme de l'existence et de la pensée. D'où l'on est en droit de conclure que la religion de Herbert Spenser est simplement l'athéisme.

C'est ce que démontre M. Carrau, un peu longuement peut-être, mais victorieusement, après avoir mis en lumière l'inanité et l'arbitraire des hypothèses par lesquelles Herbert Spencer cherche à expliquer les différentes croyances de l'humanité relatives à l'existence de Dieu, à l'existence de l'âme et à la vie future. M. Carrau pense que l'inconnaissable de Herbert Spencer n'est pas autre chose au fond que cette force universelle et indéfinie à laquelle il fait produire toutes les existences de l'univers et l'univers lui-même, tous les phénomènes de l'étendue, de la vie et de la pensée. Cela n'est pas impossible; mais, s'il en est ainsi, l'inconnaissable ne mérite plus son nom. Tout indéfini qu'il est, il est accessible à notre intelligence, puisque nous savons ce qu'est une force par analogie de celle qui est en nous, de celle que nous sommes ou que nous subissons, et que la condition de toute force est d'agir sous peine de ne pas exister.

Il me vient à l'esprit une autre réflexion que je demande la permission de ne pas passer sous silence. Nous avons déjà trouvé le mysticisme dans la matière éternelle de Stuart Mill. Il n'est pas impossible de le reconnaître aussi dans l'agnosticisme de Herbert Spencer. Comment s'y prendrait-on pour signaler une différence entre l'inconnaissable de Herbert Spencer et le *bythos*, l'abîme impénétrable des gnostiques ou l'ineffable unité, le Père innommable et absolument inconnu de l'école d'Alexandrie? Ces mystérieuses entités nous représentent, elles aussi, le principe d'où sont sortis et d'où sortent éternellement tous les êtres, toute la nature et toute l'humanité. Et comment en sortent-elles? De la même manière que du sein de l'inconnaissable, par une suite de transformations ou d'évolutions. Voilà donc où nous conduit ce grand tapage de l'évolutionnisme dont on nous étourdit l'esprit et les oreilles. Voilà donc ce que contient ce culte fanatique du positivisme et de la méthode dite expérimentale. Il n'y a pas lieu de s'en étonner, car la méthode expérimentale ainsi comprise, c'est l'abandon de la raison, et, hors de la raison, quand il s'agit de philosophie, peut-être aussi quand il s'agit de politique, il n'y a rien à attendre de bon.

Je m'arrête devant la conclusion de M. Carrau; elle n'appartient pas au sujet qu'il a voulu traiter, et elle m'entraînerait à passer en revue toute la métaphysique contemporaine. Le peu que j'en ai dit par avance suffit, d'ailleurs, pour en faire connaître l'esprit. Je dirai seulement que, s'il arrivait que les Allemands ne parlassent pas de M. Carrau ou ne lui fissent pas l'honneur de le compter parmi les philosophes contemporains, il n'en aurait pas moins fait un bon livre.

FIN

TABLE DES MATIÈRES

Avant-propos	v
Victor Cousin, par Paul Janet	1
Victor Cousin, par Jules Simon	51
Le nouveau spiritualisme, par Vacherot	71
L'irréligion de l'avenir, par Guyau	129
Les principes de la morale, par Beaussire	165
Les principes du droit, par Beaussire	191
Études familières de psychologie et de morale, par Francisque Bouillier	245
Le gnosticisme égyptien, par Amélineau	275
La philosophie ancienne, par Bénard	321
Hugues de Saint-Victor, par Hauréau	337
La philosophie religieuse en Angleterre, par Ludovic Carrau	345

www.ingramcontent.com/pod-product-compliance
Lightning Source LLC
Chambersburg PA
CBHW050534170426
43201CB00011B/1416